科学创业

SCIENTIFIC ENTREPRENEURSHIP

林传科 刘军 丁芹伟 编著

图书在版编目（CIP）数据

科学创业 / 林传科，刘军，丁芹伟编著. —北京：机械工业出版社，2019.9
（2025.1 重印）

ISBN 978-7-111-63507-9

I. 科… II. ① 林… ② 刘… ③ 丁… III. 创业 – 研究 IV. F241.4

中国版本图书馆 CIP 数据核字（2019）第 173548 号

  本书共有定方向、创模式、搭班子、做产品、树品牌、促增长、带团队七大关，以每一阶段最需要集中精力解决的关键决策为主线贯穿全书。每一关的第一节，专门概述这一关关键任务设置的原由；根据每一关的关键任务，介绍与之对应的相对科学的核心方法论并进行案例解读。学习完每一关后，读者便可大致了解在该阶段要做的事情和要学的知识，然后可以自主进行主题式学习。希望读者通过"创业科学方法论＋科学试验验证"的科学创业方法，做对每一个关键决策，让创业少走弯路。

科学创业

出版发行：机械工业出版社（北京市西城区百万庄大街 22 号　邮政编码：100037）				
责任编辑：林晨星		责任校对：殷　虹		
印　　刷：北京建宏印刷有限公司		版　　次：2025 年 1 月第 1 版第 10 次印刷		
开　　本：170mm×230mm　1/16		印　　张：18.75		
书　　号：ISBN 978-7-111-63507-9		定　　价：69.00 元		

客服电话：（010）88361066　68326294

版权所有・侵权必究
封底无防伪标均为盗版

致 谢

《科学创业》的基础构建,来源于各位大咖老师的理论贡献和创始人学友的反复实践。本书核心方法论和实践案例由以下17位老师及创始人提供,特此致谢(名单按拼音顺序排列):

邓　良　　冯卫东　　何德文　　记　豪
季益祥　　蒋伟良　　快刀何　　李　勇
林桂平　　刘官华　　倪云华　　欧阳开贵
曲　卉　　汪志谦　　王津荣　　杨振华
姚　琼

Preface 推荐序

和其他任何追求成果的人类活动一样，创业是存在科学方法论的。

在当今时代，创业企业成长为"独角兽"的速度越来越快，说明这些"独角兽"企业必定做对了许多关键决策。另外，创业失败率一直居高不下，创业失败的损失规模也有增无减。这些现象意味着，对创业的每一点认知进步，都能产生巨大的社会经济效益。

我在17年的股权投资生涯中，考查过无数创业者和创业企业，也对其中一些企业进行了从数百万元到数亿元人民币的投资下注。在这个过程中，我深切地体会到了创业科学化的必要性。无数凭热情、凭经验但违反科学方法论的创业者，最后不仅把自己搞得倾家荡产，还把商业合作伙伴一起拽入了困境。这种情况见多了并未令我麻木，反而让我产生了一种推动创业科学化的使命感。

当高维学堂进入创业者培训领域，发起"科学创业"运动时，我立即决定向他们提供自己力所能及的支持。除了成为高维学堂的天使投资人，我还将自己在定位理论方面的研究成果转化成了高维学堂的一门核心课程——升级定位。

科学创业培训课程，并不是要把企业家培养成职业经理人的MBA课程，而是针对企业家的三大核心职能（发现机会、整合资源、承担风险）构建的创业者核心知识体系课程。

从定位理论发展而来的升级定位理论，将教会创业者识别、验证商业机会（即新品类和定位的机会）。该理论通过品牌战略利用机会的基本方法，将精益创业方法论与多种商业理论（特别是微观经济学理论）进行了初步结合。而股权设计、商业模式设计、组织管理，就是整合资本资源、商业资源、人力资源的理论与方法体系，能让创业者避开企业成长过程中无数的"大坑"。当然，创业者未必要成为这些知识领域的专家，但创业者必须清晰地看到科学创业所涉及的关键知识领域的拼图，避免认知盲区，才能通过自己或他人去完成相应模块的能力建设。

我自己受过商学院的 MBA 教育，深知其长处和局限。创业者教育需要新的知识体系，更需要新的学习方式。创业者不需要先集中学完一套庞大的知识体系，而是应当根据自己所处的创业阶段和当前的关键问题，针对性地学习、实践、反馈，与创业培训导师一起进步，而这正是高维学堂开创的创业培训方法，也是高维学堂培训导师迭代完善课程的方法。

高维学堂在创业培训实践中形成了一幅行之有效的科学创业知识路线图。高维学堂自己也是一家创业企业，它也是按照这幅知识路线图实现了自身创始团队的认知成长，让企业没有走太多的弯路，并成为创业培训领域备受关注的新星。

《科学创业》这本书的出版，是科学创业运动吹响的第一声号角，必将吸引更多社会力量来思考、推动科学创业运动，促进相关知识领域的发展，极大提升创业成功率，数量级地降低社会资源浪费。

我希望本书能唤起所有创业者对科学创业的重视：一切红利都是认知红利，最大的优势是认知优势。先实现科学创业的创业者，将会拥有热兵器对冷兵器般的竞争优势。

最后，我想推荐自己认为的科学创业最有代表性的三门必备知识：第一门，定位理论，它能让你正确定义企业的经营成果，真正明白竞争在哪里，是如何发生的；第二门，精益创业方法，它将科学试验方法论改造成商业试验方法论，低成本验证重大商业假设，避免盲目全押（all in）造成触目惊心的浪费；第三门，商业模式设计，它对于整合资源、降低交易费用往往具有四两拨千斤的威力。本书也反复提到和运用了这三门知识。

《科学创业》梳理了创业验证期的七大关卡，并为之适配了相应的核心知识与方法论。因为篇幅有限，这七关只是聚焦在创业验证期的科学方法论上，但实际上，创业是没有终点的，各个阶段的创业者都需要提升认知的天花板，都需要认知进步，都需要科学创业的知识体系。

创业验证期是失败率最高、浪费最大的创业阶段，也是大多数创业企业所处的阶段。因此，《科学创业》优先解决了创业验证期的问题，这本身就是科学方法论的运用，即将资源优先投入产出最大的活动。

当然，这次出版的《科学创业》其实只是"科学创业"系列的第一部，我期待《科学创业》第二部尽快出版。期待本书出版之后，能更广泛地传播科学创业的认知，让更多创业者踏入科学创业的新世界！

冯卫东

天图投资 CEO

2019 年 8 月

致谢

推荐序

从经验创业到科学创业

0.1　90%的创业死亡率，是因为运气不济？ // 002

0.2　做对关键决策，绝地重生 // 004

0.3　精益创业的兴起 // 008

0.4　从精益创业到科学创业 // 012

　　0.4.1　什么是科学创业 // 012

　　0.4.2　品牌战略五阶段 // 013

　　0.4.3　科学创业路线图 // 015

　　0.4.4　科学创业将成为通往新世界的门票 // 018

　　0.4.5　重要提示 // 019

科学创业之定方向

1.1　第一关为什么是定方向？选择远比努力重要 // 022

1.2 识别机会价值最大化的创业赛道 // 024
    1.2.1 品类是天生不平等的 // 024
    1.2.2 开创新品类 // 028
    1.2.3 寻找差异化 // 031
    1.2.4 创业方向盘 // 033

1.3 准确定义自己的品类名和品牌名 // 035
    1.3.1 品类命名八字诀 // 036
    1.3.2 品牌起名四要 // 040
    1.3.3 千万别忘了精益验证 // 046

1.4 品类类别 // 049
    1.4.1 产品品类、渠道品类和导购品类的划分 // 049
    1.4.2 产品品类、渠道品类和导购品类的实践打法 // 051

1.5 高维学友通关案例 // 053
    1.5.1 科学创业实践之"汪仔饭"软狗粮 // 053
    1.5.2 科学创业实践之"熊猫不走"蛋糕 // 054

第 关

创模式：创新和验证效率最高的商业模式

2.1 第二关为什么是商业模式 // 058
2.2 从交易结构入手，构建企业核心能力 // 059
    2.2.1 跟谁交易 // 060
    2.2.2 交易什么，怎么交易 // 061

2.2.3 如何定价 // 064

2.2.4 总结与两份工具 // 065

2.3 打造赋能型组织 // 068

2.3.1 什么是赋能 // 068

2.3.2 赋能的三个核心问题 // 069

2.4 判断商业模式好坏的两大指标：效率和成本 // 072

2.4.1 设计商业模式时必须回答的四大问题 // 072

2.4.2 精准案例：年收入 90 亿日元，只做一个单品，将规模经济做到极致 // 075

2.5 风险提示 // 080

2.6 科学创业实践之高维学堂 // 083

第三关

搭班子：选对创始合伙人，分对股权

3.1 第三关为什么是搭班子 // 088

3.1.1 志公教育李勇：几乎踩遍所有股权的"坑" // 089

3.1.2 创业兄弟反目成仇 // 094

3.2 关键任务：选对合伙人 // 095

3.2.1 搭建创始团队的四大核心因素 // 096

3.2.2 建立合伙关系的两种方式 // 099

3.3 关键任务：分对股权 // 103
    3.3.1 企业价值创造的三种类型 // 103
    3.3.2 如何设计进入机制 // 104
    3.3.3 如何设计退出机制 // 106
    3.3.4 如何设计股权调整机制：真功夫 vs 海底捞 // 109
    3.3.5 如何设计控制机制 // 113
    3.3.6 离婚、去世……怎么办 // 116

3.4 支线任务：建设公司的合伙文化和合伙机制 // 119
    3.4.1 四大维度看股权激励 // 120
    3.4.2 股权激励要有用户思维 // 123
    3.4.3 五种股权激励机制辨析 // 124
    3.4.4 从股权激励到内部创业 // 126

3.5 科学创业实践之高维学堂股权设计 // 133

第四关
做产品：验证产品的用户价值和市场竞争力

4.1 第四关为什么是做产品 // 136

4.2 为什么要精益产品创新 // 137
    4.2.1 以前做产品 vs 现在做产品 // 137
    4.2.2 重构用户认知 // 143
    4.2.3 用户驱动共创 // 147

4.3 精益产品创新怎么做 // 152

    4.3.1 精益产品创新三原则 // 152

    4.3.2 支付意愿测试 // 156

    4.3.3 持续动态运营 // 158

4.4 产品价值观 // 160

4.5 科学创业实践之高维学堂产品观 // 163

    4.5.1 高维学堂的精益产品验证 // 163

    4.5.2 高维产品试验输出和沉淀 // 168

树品牌：找准品牌定位并植入用户心智

5.1 第五关为什么是树品牌 // 171

5.2 校准品牌之品牌三问 // 172

    5.2.1 什么是品牌 // 172

    5.2.2 品牌三问之第一问：你是什么 // 174

    5.2.3 品牌三问之第二问：有何不同 // 176

    5.2.4 品牌三问之第三问：何以见得 // 180

5.3 如何打造品牌：配称与相关设计 // 182

    5.3.1 配称 // 183

    5.3.2 定位公关 // 185

    5.3.3 被大量浪费的广告语 // 190

    5.3.4 视觉锤 // 195

    5.3.5 最频繁的关键时刻 // 207

5.4 高维学友通关案例 // 212

5.4.1 科学创业实践之广西志公教育 // 212

5.4.2 科学创业实践之汪仔饭 // 215

5.4.3 科学创业实践之高维学堂定位三级跳：开创"科学创业"新品类 // 217

第六关

促增长：验证增长路径和增长引擎

6.1 第六关为什么是促增长 // 222

6.2 探寻适合自己的最优增长路径 // 223

6.2.1 AARRR 模型 // 224

6.2.2 三种增长引擎 // 225

6.3 增长黑客方法论 // 228

6.3.1 何时启动增长黑客 // 228

6.3.2 增长黑客七步走 // 231

6.4 一点思考 // 238

第七关

带团队：验证组织模式和有效工作方法

7.1 第七关为什么是带团队 // 243

7.2 人效为什么越来越低 // 244

7.3 创业公司要找什么样的人 // 248

    7.3.1 组织上做减法 // 248

    7.3.2 用什么吸引你想要的人才 // 251

7.4 打造赋能型组织 // 254

7.5 成为有效的管理者 // 258

    7.5.1 贡献四问 // 258

    7.5.2 如何有效提问 // 262

7.6 用 OKR 管理绩效 // 267

    7.6.1 OKR vs KPI // 267

    7.6.2 OKR 的操作要点 // 269

    7.6.3 OKR 实践和模板 // 272

7.7 科学创业实践之高维团队建设 // 275

科学创业，少走弯路 // 281

参考文献 // 283

引言

从经验创业到科学创业

愚者建立高墙，智者建立桥梁。

——电影《黑豹》

0.1　90%的创业死亡率，是因为运气不济？

每个创业者都坚信自己的道路与众不同，都竭尽全力追求成功。然而，只有极少数创业公司存活下来了，大部分只能煎熬至死亡或负债累累。这看起来似乎是运气使然，然而事实真是如此吗？

我是高维学堂创始人林传科，大家习惯叫我KK，我更喜欢的一个身份是高维学堂1号产品经理。

创业的前四年属于我的创业上半场，似乎是"运气不济"，屡败屡战，历经了三次创业生死轮回。在那四年里，我摸着石头过河，用的是大多数创业者常用的"肉身填坑大法"，也就是自己犯过的大错不要再犯。

2012年，我懵懵懂懂地开始了人生第一次真正的创业，跟随一位老大哥一起合伙创业。我们综合考虑内心情怀的向往和现实资源的支撑，选择了创始人俱乐部这个创业方向，以会员制的服务方式，帮助创始人去创新、升级企业的商业模式。这个想法看上去不错，刚起步也比较顺利，但因为用户对俱乐部的产品认知是模糊的、对交付的价值成果是不可预期的，故我们很快就陷入增长困境。

说不清楚的东西，就说明其还未真正实现产品化，我们选择了俱乐部这种产品形态，从第一天起就注定了要失败。随着发展会员越来越难，现金流难以为继，我们又做了一个荒诞的决策：涨价！且加价不加量——也没有增加实质性服务。两年里4次涨价，会员费从2.8万元/人涨到7.8万元/人，后来卖不动了，又不得不降到6.8万元/人。

一个错误的决策让整个公司陷入骑虎难下的死循环，也让我至今都愧对于那一群后期加入俱乐部的会员好友。然而，令我汗颜和感动的是，俱乐部的这些会员好友，后来在我人生低谷时，鼓励我创立高维学堂并持续帮助高维的成长。

这是一段特别痛苦和煎熬的创业经历，不仅让我掏空了积蓄、掏空了身体，更因为对会员、团队、家人的种种承诺无法兑现，而让我时刻处于极度的焦虑和巨大的压力中，乃至失眠了好几个月。假如你未经历过这样拼命挣扎而又无力挣脱的困境，很难想象其中的痛苦，我真心希望创业的你不会经历到这些感受。

当然，最沉痛的经历，也会带来最深刻的反思。我用自己"肉身填坑"，获得了三点珍贵的教训：

（1）情怀创业是内部视角，容易遮蔽理性和客观，而创业是一场向外求证的过程。

（2）努力和成功不是因果关系。选择正确，我们的努力才有价值。

（3）认认真真地做好产品、服务好用户，这是企业存在的唯一理由，这是企业的本分职责，是一切的基础。

依据排除法，第一次创业失败的经验应该会让下一次创业离失败远一点。于是，我不服输地进行了第二次创业、第三次创业，可现实不仅狠狠地打了我的左脸，还狠狠地打了我的右脸。

我的第二次创业是投机式创业，2014年为了追赶O2O风口，我进入自己完全陌生的行业，还没到施展身手就已经阵亡。这次我得到的教训是：不熟不做！每个表面看起来简单的行业，深扎进去后，你会发现里头的门道都很不简单。所以说，创业，请优先在自己熟悉的领域或擅长的能力圈内寻找价值最大化的创新机会、未来机会。

吃一堑长一智，我的第三次创业回到了自己熟悉的商学院圈子，搭建技术团队开发了"众筹式学习"的软件系统，取名"我包啦"，计划卖给各商学院 EDP 中心来创新改变传统的低效招生模式。结果 9 个月我们成功卖出了 3 套，合计 9000 元，总收入都抵不上一个程序员的月薪，技术团队都跑了。

在连续 3 次创业失败后，我环顾四周才蓦然发现，创业的深坑不计其数。查理·芒格说过："如果我知道自己会死在哪里，那我将永远不去那里。"同样地，如果我能提前认知此处有坑，能够看见坑、判断坑，那我就绕开它。

摸着石头过河这种"肉身填坑大法"，试错成本太高了，人生的创业黄金期是非常短暂的，没有多少个 4 年还能再被如此糟蹋。更何况每次创业失败，给团队、家庭、社会带来的浪费和伤害都是触目惊心的。创业成本比我们想象的要高得多。

放眼整个社会，超过 90% 的创业死亡率的失败经验，并没有给"创业"本身带来实质性的进步。创业的路，本不该是这样。

0.2 做对关键决策，绝地重生

为了让自己挣脱屡战屡败的魔咒，也为了让身边的创业好友们避免失败，我开始认真探寻：是否存在一条成功概率高且可重复的道路呢？为此，我问询了近百位成功的创始人："'九死一生'的创业路上，你觉得最重要的是做对了什么？"在众多回答中，我发现有一个答案的频次特别高，犹如当头棒喝。

这个答案就是做对关键决策！

企业的路，就是做对一个个关键决策，从而相互联结发展出来的。决策对错决定生死，能力强弱决定快慢。而现实的挑战是，我们身处的商业时代有两大主题：互联网化和全球化。互联网化，加速了市场、用户、需求、技术、模式等商业核心要素的不确定性，而企业要在这些加速度变化的要素中组合出一条属于自己的确定性的成长之路，这使做对关键决策的难度系数暴增。

同时，现今的时代对关键决策的容错率也越来越低。互联网让全球变"平"了，这给商业带来了信息文明，也带来了饱和竞争。不管你选择哪一个行业，在你颤颤巍巍刚创业起步时，就要面对全国乃至全球的竞争对手，直接在同一个维度上展开竞争，展开市场份额和用户的争夺。创业变成了聪明人之间的赛跑，每一个风口、每一条赛道都会被迅速填满，每一种有效打法都会被迅速复制。任何一个商业新机会，都有无数的成熟竞争对手参与其中。这些挑战时刻考验着我们，既要避其锋芒，培育出自己独特的竞争力，又要走对每一步、做对每一个关键决策，一招不慎就会成为"炮灰"。

于是，几乎所有的创业，都是一个危险性很高的选择游戏：活着，需要做对无数个关键决策；死亡，只要一两个关键决策失误！

在创业这条没有尽头的路上，会接连不断遇到岔路口：赛道的选择、核心用户的选择、产品方向的选择、商业模式的选择、增长方式的选择、合伙人的选择、股权分配的设计、融资节奏的安排等，都是一个个决策大难题。每一个关键决策的最终确认键，都只能由创始人亲自按下：选择做这个还是做那个，选择这么做还是那么做。

我发现自己就是因为做错了某个关键决策才掉进创业大坑里。我深入地拷问自己，为什么总会在岔路口做出错误的决策，从而掉进坑里呢？然后我发现了引导自己做出错误决策的两大元凶。

第一元凶是认知的盲区。它负责误导你掉进坑里。

认知盲区，可以理解为无知。现在回想起来，我前几次失败的创业，都夹带着对自己盲目的自信和对商业、企业的无知。记得《格列佛游记》里有句话，"盲目可以增加你的勇气，因为你无法看到危险"。

高维学堂有个学友，就因为对股权投资协议存在认知盲区，签订了不合理的个人回购条款。结果创业不顺，近两年他已经卖了3套深圳的房产，并把钱用于公司，公司破产后，还因这一纸协议背负了2000多万元的个人债务。这件事印证了哈佛大学前校长德里克·博克曾说过的一句刺耳而又实在的话："如果你认为学习的成本太高，那你就试试看无知的代价。"

我在复盘自己创业过程中的重要决策时发现，自己以往大都是凭着经验和直觉，在认知盲区中做出了非常重要的关键决策。这就像盲人上战场，不挨子弹、不出事才怪呢。

在决策过程中，更可怕的不是无知，而是一知半解。无知，会让你做出错误的决策；而一知半解，不仅会让你做出错误的决策，还会让你坚信自己并"正确"地执行到底。学错了知识，并付诸实践，很大可能会让自己的企业成了"冤大头"。

第二元凶是人性的弱点。它专门负责诱导你一步步陷入坑里。

贪婪，会让你非理性地追求利润、追求规模；虚荣，会让你静不下心来把本应该做的事做实做好；自我，让你听不进不一样的声音；恐惧，会让你错失发展良机；骄傲，会让你远离用户、远离市场，一条路走到黑……

所有人性的弱点，都会在创业过程中被暴露无遗；所有人性的弱点，都会在创业过程中被无限放大。

回想上一段创业，我们一上来就做一个工具型平台，希望把众筹端口卖给各大商学院，让它们把课程、学员整合到平台上来，幻想着把辛苦活都交给它们去完成。可我们一没师资二没用户，凭什么坐享其成呢？选择做平台而不愿"趴在地上"踏踏实实做产品，用心服务好每一个用户，这在某种程度上是受到了自己内心深处"贪婪"和"偷懒"的蛊惑。

"人性的弱点"是事实，并不是某一个人的错，但不能因此把这种风险传递到决策上，转嫁到组织上，必须通过机制设计、群体决策，规避、解决这个漏洞，降低因个人因素导致的决策偏差。即使知道了我们为什么会做错决策，那究竟该如何才能做对关键决策呢？企业成长的路上，需要无数的决策，其中哪些才是关键决策呢？关键决策有三个基本特征：

（1）价值会无限放大、影响深远，比如战略方向选择、产品设计、核心成员的人事决策、创新业务、企业文化等。

（2）可逆成本非常高，比如股权设计、薪酬、融资、商业模式等。

（3）触及底线风险，比如品牌信用、用户体验、价值观、财务、制度等。

简而言之，战略、模式、股权、合伙人、融资、产品、用户、运营、品牌、增长、团队、财务、人力、市场、研发、文化、制度、流程、薪酬激励、管理体系、创新等，虽然每个词我们都认识，但对应的每个知识体系我们却不熟知，甚至连正确的逻辑原理都没掌握，能让企业正常运转，确实只能凭直觉、碰运气。

面对这么多知识盲区，每个知识盲区里还有无数我们不知道的雷区，我们该从何着手学习和扫盲呢？我们团队在实践中找到了一个有效的方法，就是从自己的急用知识开始入手学习和实践。急用知识，简单来说就是对自己当下工作、当下关键决策最重要且急需用到的知识体系。为用而学，一学就能用，且能越用越好、越用越深。

经历了"血淋淋"的三次创业失败,我从头再出发,第一个急用知识是什么呢?是选方向、选赛道的知识体系。在关键决策时刻,我遇见了天图投资 CEO 冯卫东,这正是他有重大建树的知识领域。他了解了实际情况后,建议说:"众筹式学习模式,只是形式的差异化,无法构建可持续的优势竞争力。关键还在于被众筹老师的实战水平和课程内容质量,你们如果能具备课程产品开发和运营能力,就自己办一个接地气的商学院吧。"

由此,我们决定转型换赛道,不再卖众筹学习系统了,而是选择做一家实战型的商学院。我们一切从零再开始,重建团队,品牌名也从"我包啦"更改为"高维学堂"。三个月后,学习完定位课程,我们才知道"赛道的选择"属于品类的知识。

冯卫东除了建议我们换赛道之外,还向我们推荐了《精益创业》这本书,也正是这本书,帮助我们在一年后发现了"科学创业"的创业新方法。

0.3 精益创业的兴起

在创业管理方面,全球两个创业产业最发达的经济体——中国和美国的主流认知截然不同。

国内说起创业,有人说创业者是天生的,有人说创业是摸着石头过河走出来的,有人说创业者要靠情怀、靠人脉、靠资源、靠经验、靠烧钱,更有很多人说创业是靠运气抓住了机会、做对了某个决策而成功的……总之创业决策是不确定的。这种认知上的取向,导致我们对创业方法论,或者说创业这件事情的客观规律、因果逻辑,缺乏普适性的总结。错了不知道做错了什么事,成功了也不知道做对了什么事。

反观在硅谷,一群理工科和商科出身的创业者与投资人,一直在探究和总结创业的科学方法论,特别是从 2008 年以来,埃里克·莱斯提出的具有革命性意义的"精益创业",已经成为美国创业领域的主流创业方法论。该理论让创业变成一门严谨的科学,让精益创业蓬勃发展成为一项全球运动。

精益创业方法论提倡创业就是一个"验证性学习"的过程——先向市场推出极简的原型产品,然后通过不断地试验和反馈,以最小的成本和有效的方式真实验证产品是否符合用户需求,在"奔跑"中敏捷调整方向。如果产品不符合用户需求,最好能"快速地失败、廉价地失败",而不要"昂贵地失败";如果产品得到用户认可,也应该不断学习,挖掘用户需求,迭代优化产品。

接触到精益创业方法论之后,理工科背景的我像是找到了一直在寻找的某种东西,其实精益创业的整套方法论都是基于我所熟悉的"试验":针对一个目标,学习课题的相关知识,产生一个试验假设,设计试验,分析结果,看看假设是对还是错。如果对了,把假设投入下一个应用;如果错了,修正假设,继续下一个试验。精益创业的精髓之一,就是按照科学试验的原则,"尽量"准确地设计试验和观测结果,从而建立起一个"认知—假设—验证"的循环反馈环。

于是,《精益创业》成为高维团队的第一门必修的急用知识,帮助高维学堂在产品、核心用户、定价、商业模式、市场选择、增长模型等方面认清事实并进行了一系列的创新探索。

在实践过程中,我们发现精益创业的方法不仅仅适用于产品、模式、增长的试验,而且几乎能运用于所有的关键决策。精益创业的底层不是精益、敏捷的方法,而是验证思维,是思维模式和决策逻辑的转变:

(1)不以确定性为前提,而是以不确定性为前提。

(2)不以判断预测为前提,而是以科学试错为前提。

(3)不以掌握真相为前提,而是以逼近真相为前提。

所以，我们决定把精益创业放在引言里：它不应该是单独的一章内容，而应该是贯穿整个创业过程的标准执行动作，应该成为每一位创业者的"肌肉记忆"。所以验证、试验、精益这些逻辑一脉相承的词会高频、反复出现在本书所有章节中。

我开始持续锻炼用验证思维做关键决策，像做试验一样做企业、做决策。在这个过程中，我越来越体悟到精益创业中提到的"验证性学习"这五个字的美妙：一切过程皆试验，一切过程皆学习。

与大家分享高维内部一个重要的决策工具——"精益决策三角"，如图0-1所示。它来源于精益创业方法论，改变了我们团队做决策的思维模式和操作流程，从而避开了很多大坑。

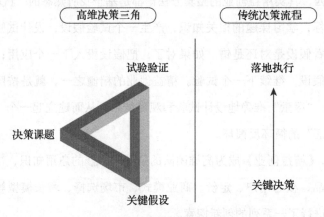

图 0-1　精益决策三角形

下面让我们来看一下这个工具。首先，你要掌握试验需要的理论知识，也就是决策课题知识。然后，应用这些知识得到你的关键假设，关键假设也就是我们传统认知中的关键决策。同样是一个新决策，它们有什么区别呢？

一个是等待试验证实的验证性假设，一个是板上钉钉等待执行的确定性决策。如果没有精益创业的验证思维，我们直接就去落地执行了。但现在我们会采用科学的试验方法，用尽可能低的试验成本，快速获得结果数据，验证这些关键假设是否可行。这个过程和结论，经常是反经验、反直觉的，会大大出乎你的意料。相较于前者"赌徒"式的决策，这种"做试验"的科学决策方式，大幅提高了决策的准确率，更加避免了类似顺丰嘿客等大干快上，一个决策就给企业带来十几亿元损失的夸张现象。顺丰嘿客完全可以先开 10 家或 100 家店铺完成同样的验证。科学试错，才能不犯大错。

在我们的实践中，精益决策三角就像操作系统，它帮助我们把从高维大咖们那里得到的大多数方法论，有效地应用到高维学堂上，取得了定位、模式、股权、绩效、产品、技术、运营等模块的决策成果。

举个例子，2017 年，我们在重点攻克高维品牌定位的关键决策时，通过学习和应用定位理论，得到了高维定位的两个关键假设：一是"众筹大咖"，二是"科学创业"。我们必须做出二选一的决策，当时非常纠结，一方面，因为众筹式学习模式是我们首创的并已使用了一年多；另一方面，"科学创业"是一个全新的概念、一个新的品类，初创公司基本没有能力和实力去教育市场和用户。然后，我们就用 A/B 对比测试的方法，去验证哪一个定位能给高维学堂带来更高的品牌价值。如图 0-2 所示，这个下方双定位语的高维学堂 LOGO，左边传递"众筹"的差异化认知，右边传递"科学创业"的差异化认知，这个 LOGO 在高维学堂的真实学习环境中存在了半年。通过半年的真实测试和指标观察，我们最终确定了"科学创业"这个定位。

图 0-2　高维学堂第 1 版 LOGO

0.4 从精益创业到科学创业

0.4.1 什么是科学创业

精益创业的确是准确可行的，通过"科学试验"的验证方式，可以大幅提高关键决策的准确率。但是精益创业并不完整，精益创业解决了企业核心层面的价值验证和增长验证，不过企业仅有这两个还不够，它还需要方向的选择和验证，还需要搭班子、分股权，还需要品牌定位和团队管理等一系列的科学方法论和认知进步。

在实践应用的过程中，我发现精益创业作为一个创业方法论，是不能够补足创业者对创业全视野的系统性认知的。如果没有其他方法论的补充，在开展精益创业时你将会发现，等待你去试验验证的假设项数量会无限组合式暴涨，从而使精益创业方法论无法帮助创业企业快速、准确找到待验证的关键假设。

事实上，精益创业也没有打算解决这些复杂问题，它更像是一套有效的创业工作流程。如果说创业就像在茫茫黑夜中漫游探索，那么精益创业只是一把盲人杖，用盲人杖探路，遇到坑能早点发现，不会跌得太惨。精益创业不解决创业方向的问题，该方法认为方向是在探索中由创业者自己找到的，比如想游泳就跳海，能活下来的都学会游泳了。但事实上，选择方向、选择赛道是创业过程中第一个最重要的选择，是有相应科学方法论的，在第一关中我们将详述。

高维学堂用了 4 年时间，联合了 30 多位兼具科学方法论和丰富实战经验的大咖老师，陪伴了 15 000 多位创始人并帮助他们进行企业的实践验证，在"精益创业"的基础之上，共同探索、发展出"科学创业"的新方法。我们要做的不是简单的推测或经验总结，而是尽可能地把背后的客观规律找到，把每一个结果正确归因并用"逻辑+实证"的方法揭示其因果逻辑关系。简单地说，就是用一系列"科学方法论＋科学试验"的方式做对每一个关键决策，来缔造新一代的创业企业。

在具体展开科学创业之前，我们有必要先简短提炼"科学"二字的内涵：一是，科学不可能预测每一个研究对象的具体活动，但可对整体的事物活动规律有很好的描述和预测；二是，经验主义追求抽象、简洁、普世的结论，而科学主义会追求复杂、多元、有条件限制的结论，二者不是一定要分出优劣高低，但其区别是科学的方法和结论是可以被复制和验证的，也就是可以有效指导实践；三是，科学是用来推动理念和思维的，不是用来提供确定性的。因此，所谓科学创业方法论，不是教条，也不是纸上谈兵，而是能被验证的、能指导实践的、立竿见影的方法论。

科学创业旨在让创业理论系统化、方法清单化：有理论，方能变通，有方法，才能落地；降低试错成本，减少创业失误；做对关键决策，避免创业大坑。

科学方法论是实践的理论基础、认知基础，有很多过来人已经用科学严谨的精神构建了许多经过证实的认知成果体系，我们没必要自己再重复构建一遍，只要掌握它、应用好它，我们就能将它们的价值最大化落在自己的企业里。当然，掌握科学方法论，不是为了让自己可以减少思考、直接复制，而是要理解真正的原理、逻辑、要点，然后再结合自己的情况得到答案。

只有这样，创业路上的很多坑和弯路才可被提前识别并被避开，这就是我们要提出"科学创业"的目的。但现实是不同的企业、不同的阶段、不同的创业团队，面对的关键决策和重点难题各不相同，因此需要的对应的科学方法论也各不相同。那么，应该如何串联起这些繁复的点和面呢？

0.4.2　品牌战略五阶段

天图投资 CEO 冯卫东认为，品牌从无到有，再到主导某个品类或占据某个定位，最后随着品类或定位一同衰落，这个生命周期可以划分为五个阶段：原点期、扩张期、进攻期、防御期、撤退期。

原点期通过低成本试错，获得创建新品牌所需的认知成果；扩张期则将认知成果快速兑现为第一波商业成果，但避免与领导品牌直接竞争；进攻期则向领导品牌发起进攻，扩大商业成果；防御期则是在站稳定位后，抵御后来者的进攻；撤退期则是面对品类或定位的衰退，理性撤退，最大化品牌生命周期现金流，折现价值。

本书作为"科学创业"系列的第一本，内容聚焦于原点期。该阶段企业的生命是最脆弱的，但却要完成最多不确定性的挑战——在最短时间内用最少的人、最少的钱完成关键商业假设的验证。本阶段的核心特征是品牌战略中充满了未经商业验证的假设：

首先，通过顾客需求、品类分化、竞争分析所发现的品类和定位机会，是否是真实的机会？即使大咖之言，未经商业验证，也只能当作相对靠谱的假设。比如，有餐饮创业者向定位大咖们求教，自己的品牌应该选择"西安小吃"品类还是"肉夹馍"品类，大咖们也达不成共识，需要用"A/B对比测试法"验证哪个品类获客效率更高。

其次，品牌所能获取的资源及能力支持，是否足以抓住该机会？低估业务难度和投入是常态。很多时候由于资源、能力不足，新品牌测试出来的机会被大企业用资源优势收割。比如"营养早餐奶"是一个小企业试出来的机会，但被娃哈哈公司发现后，其用渠道和资源方面的压倒性优势，推出"营养快线"品牌，将该机会为己所用。

最后，所要捕捉的机会与企业家的价值观是否一致，这会影响企业家潜能的发挥和长期承诺。比如，随着游戏对学生的影响越来越大，盛大网络创始人陈天桥越来越怀疑其事业的社会价值，因此最后改行做教育投资，而盛大在游戏领域的地位则相继被网易、腾讯超越。

因此，品牌战略原点期面临着"可做、能做、想做"的艰难探索和选择，也正是企业家才能发挥作用的地方。企业家才能是企业家独一无二的个人经历及社会关系的产物，难以复制，但正确的理论可以成倍放大企业家才能的价值。

0.4.3 科学创业路线图

请大家看一张图——科学创业路线图，如图 0-3 所示。

从 2015 年开始，高维学堂用了 3 年多时间，近 400 场课程，与 30 多位兼具科学方法论和丰富实战经验的大咖老师一起，陪伴了 6000 多家企业的学习和成长，才共同摸索、构建出这条"科学创业路线图"，它是老师和学友们共同的智慧结晶。这张图对创业企业的意义尤其重大，万事开头难，创业企业普遍受资源局限，需要走对每一步，才能活下来、赢得竞争。

创业起步时，宁可慢一点，也不要犯大错，所以叫作"创业验证期"，也就是品牌战略五阶段的"原点期"，通俗点理解就是"从 0 到 1"。这一阶段从最重要的事业方向、商业模式、股权架构开始，这是顶层设计的三大模块；然后，立稳产品、品牌、增长路径、团队这落地的四大支柱。

验证期过程中，一切皆是假设，首要追求的是认知成果。始终要以"精益、敏捷"的试验方式快速验证每一个关键的商业假设，谨慎走对每一步。

通过验证期之后，企业会出现一个显著特征：出现顾客拉动现象。这时须抓紧时间将人、财、供应链能力准备到位，跨越进入"扩张期"，也就是"从 1 到 100"。扩张期的要点是慢不得，需要继续保持高度聚焦，保证有节奏地持续增长，以最大化获取市场成果。所以，一方面业务线需做好充分准备，备齐作战的"粮草"、扩大市场份额、保证产能供应；另一方面组织线也必须跟紧，这相当于"练内功"，构建起组织结构、文化制度、薪酬人才等体系。两手都要抓。

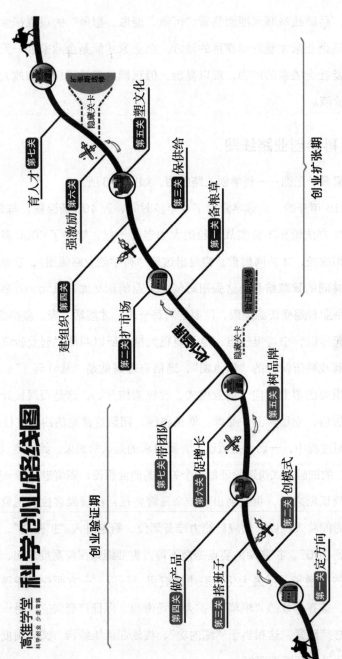

图 0-3 科学创业路线图

等企业有实力、有能力了，无争地带已经占领完毕，准备就绪后将进入第三阶段的"进攻期"，也就是"从100到1000"，开始和赛道上的领先者正面交锋，吹响战略进攻的号角。再往后是守住江山的"防御期"和另辟江山的转型"撤退期"。

科学创业这套方法论是根据大量创业现实和经验，结合模块知识整理出来的，我们目前在验证期和扩张期这两个阶段的方法论比较深入、完整，因为大部分高维学友企业都处在这两个阶段。

其实企业从诞生之初，每个阶段要做的事可能都在穿插并行，比如文化、财务、人才激励等这些在扩张期的关键任务，只要企业有团队、有业务就会存在，只是验证期不宜放过多精力和时间在上面，基本够用、不出原则性错误就好，所以科学创业路线图上的顺序，是沿着企业生长的需求，写出每个阶段最需要集中全力去攻克的关键任务，绝非唯一任务。

一般来说，完成验证期需要3~5年的探索，完成扩张期则需要更久的时间。但现实中，我们接触过不少企业10多年还未真正走完验证期，只是自以为走通了，所以一扩张就遇到阻碍，只能被迫三番五次撤回到验证期重新补课，究其原因是其中有的关键关卡没有做透、做实。

高维学友学习后进行的多次落地实践表明：在每一个重要创业关上，最好的学习方式是"主题式学习"，即针对一个目标，学习课题的相关知识，只有真正有体系地深度学透，才能减少落地偏差，进而再进行"验证式落地"，也就是用试验的方式去验证关键决策。

实际中，绝大部分企业肯定不是按科学创业路线图的顺序进行操作的，但这正是科学创业的价值——它代表的是一种全新的创业方式。很多创始人在看到这张路线图之后会说："如果让我重新开始创业，我一定按着这个科学创业路线顺序走一趟，这样可以节省大量的时间。"

本书旨在引导大家做对验证期的每一个关键决策，闯过七大关，建立起可持续的业务和团队。每一关通关的知识模块如果铺开来详细论证，都可以单独成为一本书，因此集齐七关的本书所做的更多是帮读者纵览全局——我们把这七大关卡的核心方法论辅以实践案例输出，完成基本的核心理论普及和风险提示，致力于让每位创业者都能手握一张科学创业路线图踏上征途。

0.4.4　科学创业将成为通往新世界的门票

学习最大的成本不是金钱，更不是时间，而是学了错误的知识并付诸实践。本书秉持以"对"和"用"为导向，遵循每个知识模块的原创方法论，即高维大咖们的认知成果，辅以实践应用案例，通过分析创业不同阶段的关键挑战，依次展开对应的知识体系与应用方法。掌握科学方法论，不是为了让我们自己可以减少思考、可以直接复制使用，而是要理解原理、逻辑、要点，然后结合自己的情况得到答案。

高维学堂就是因为吸收了"精益创业"和"升级定位"对验证期企业的理论指导，才能够在这四年里不贪多不贪快、追求认知成果而不是财务成果、只聚焦做培训而不受其他周边业务的利益诱惑，才能让我们有底气写这本书。事实上，这些决策都是反人性的，很容易迷惑人心，只有升级了认知，才能用理性驾驭人性。

冯卫东认为"科学创业"将成为通往新世界的门票。我们对此深信不疑，因为一路走来的无数事实都指向了这个未来。至于这张门票未来会成为稀缺品还是创业者人手必需品，将交由时间去考证。

从最开始提出"科学创业"时的小心求证，到如今，它已经成了高维学堂的定位和终生使命，也成为很多大咖、学友们参与和践行的共同使命。未来正来，现在我们仍然只是迈出了一小步。

我经常想象一个画面：当我摸着石头过河，千辛万苦摸到河中央时，抬头一看，不远处就有一座别人早已搭好的桥。所以最后，请允许我借用一首非著名的美国小诗——《架桥者》，来正式拉开验证期科学创业的大幕：

架桥者

这条路我已经走过，

还会有后来者走来。

他也必须穿过这里，

我的桥是为他而建！

致敬每一位"趟坑者"和"填坑者"，谢谢你们在创业路上架设的桥！

0.4.5 重要提示

- 科学创业这条路上，我们刚刚启航，且前方没有领路人，所以探索和尝试一直伴随。对于科学创业路线图及其内涵，我们期待与各位一起共创和完善。

- 科学创业不是特指某一类知识，而是多种知识的融汇，其底层逻辑是首先根据科学方法论定出关键假设，然后进行主题式学习，再去验证假设，最后做出关键决策。

- 企业发展要做出很多关键决策，所涉及的知识领域各异，比如商业模式、股权、产品、团队等，因此本书知识浓度较高、知识点密集，且每一关都是不同的知识模块，所以跳跃感相对明显。

- 我们努力做到基本结构的统一：一是，全书共有七大关，以每一阶段最需要聚焦精力解决的关键决策为串联；二是，每一关的第一节，专门概述这一关关键任务设置的原由；三是，根据每一关的关键任务，介绍与之对应的相对科学的核心方法论并进行案例解读。学习完每一关内容后，你会大致清楚在此阶段要做的事情和要学的知识。书中无法呈现完整的结构化知识，但你已能按图索骥，自己进行主题式学习。

- 我们不敢奢望用一本书就能完整诠释科学创业的内涵，实际上也做不到。诚如前面所说，科学是用来推动理念和思维的，不是用来提供确定性的。科学创业是一项运动，不是高维学堂个体的事业，期待各位的指正和建议，共同举起这面旗帜，推动科学创业的发展和普及。
- 作为"科学创业"系列第一本第1版，难免有诸多不周不足之处，比如我们更多是提供筛选后的相对系统化的方法论，清单化做得还远不够。科学创业的重要动作之一是精益验证，出书同样遵循此规律——精益出书。本书第1版会搜集反馈和建议，在之后的再版里我们会据此进行修订，小步快跑、快速测试、不断迭代，最终使得《科学创业》这本书真正能代表科学创业。

第  关

科学创业之定方向

要想大成,光靠勤奋和努力是远远不够的……顺势而为,不要做逆天的事情。

——雷军

本章主要作者
天图投资 CEO、高维学堂战略导师冯卫东

关键任务
识别、验证并确定机会价值最大化的创业方向

支线任务
确定品类、品类名、品牌名、品类类别

核心方法论
冯卫东"升级定位 24 讲"课程，程浩"精益创业 13 讲"课程

任务相关工具
强弱势品类，品类命名八字诀，品牌起名四要，MVP 四部曲

试验成果
选定一条赛道，起好品类名，起对品牌名

1.1 第一关为什么是定方向？选择远比努力重要

创业的第一件要事就是选定一条可以为之奋斗的赛道，也就是定方向。但很多人认为定方向能有什么办法，或者，也没有那么重要吧？在他们看来，创业，要么因为某种初心或情怀，要么因为在某个行业拥有长期资源和经验累积，要么是追风口、热点趋势……成功或失败更多是看之后的"造化"。

这种看法实际是大错特错。创业路上的确有些许不可控的因素，但大

部分成功或失败并不是由于"造化",创业是有科学方法论的,成功可以被复制,失败可以被避免。比如在创业起步选赛道时,如果没有科学方法论的指导,不一定是生死的问题,但越往后做你会越累,企业有可能一直都是一个"小婴儿",无法长大;就算长大,对比其他赛道,也就是一条小溪之于大江大河,而此时人力物力已经全都投入进去了,再调整或者重新开始则是劳民伤财的大动作。也就是说刚出发时,就已经有深坑等待各位雄心勃勃的创业者,在大家浑然不知的时候,企业的命运转折点就已经来了。所以毫不夸张地说,企业家的首要才能就是识别机会,选择不对,后面再努力可能都是做无用功。

天图投资CEO冯卫东在2018年第一届"科学创业节"上演讲时说:

投资人比创业者要幸福些,有9条命(失败了9个项目,但有1个项目把钱都赚回来甚至翻倍的情况很常见),但可能有7条命都是葬送在"弱势品类"的坑里面。

中国有句话叫男怕入错行,企业也怕入错行,什么是行?其实就是品类。不管有多少使命愿景,你去跟客户说你是谁,是干什么的,如果说不清楚,就表示你没有品类思维的概念。也就是说,你的使命愿景不能转化为品类思维,顾客是永远听不懂的。

强势品类也是相对的——就是出门会想到买的那些品类,既能够完成品类心智预售,品牌也能完成心智预售。而弱势就是品类能够完成心智预售,但是品牌不能——比如说你知道自己家的拖鞋、抱枕是什么品牌吗?而最弱势的就是连品类都完成不了心智预售。很多创业者建立了一个最弱势的品类,我们是不会投资这样的企业的,可能流量短期来看它们增长很快,但是很快就会遇到瓶颈。

比如我们投资过一个无线固话企业,投了将近2000万美元,亏了1000万美元,就是填的弱势品类的坑。无线固话是很难完成心智预售的,因为消费者选择的是运营商的品牌，而不是固话机，运营商给他配什么话机就是什么话机。

我们也投资过汤品，后来也发现这是弱势品类。谁会总是在吃饭时先想我要喝什么汤？是先想到主菜、主食还是再喝汤？同样的例子，近两年有很多友商投资了各种各样做沙拉的企业，我们吃饭的时候会先想吃什么沙拉吗？一般都是为了清理肠胃才会选择吃沙拉。所以这都是极其弱势小众的品类，极难发展壮大。

所以说，出发时的第一关"选方向"，不仅有办法，还有一套科学方法论——品类知识，接下来我们将跟随冯卫东的"升级定位24讲"进行梳理。

1.2 识别机会价值最大化的创业赛道

1.2.1 品类是天生不平等的

品类的正式定义是，顾客在购买决策中所涉及的最后一级商品分类，由该分类可以关联到品牌，并且在该分类上可以完成相应的购买选择。比如提到可乐，顾客能够想到可口可乐；提到空调，顾客能够想到格力；提到矿泉水，顾客能够想到农夫山泉；提到超市，顾客能够想到沃尔玛。因此可乐、空调、矿泉水、超市，这些都是品类。

《品类战略》[一]里是这样诠释的：实际上，引起消费者购买欲望、推动他购买的并不是品牌，而是品类，只有在消费者决定了品类之后，才说出该品类的代表性品牌，我们把消费者的这种行为特征称为"用品类来思考，用品牌来表达"。因此，品类价值决定品牌价值的天花板，品牌的价值是有数量级差异的。世界最著名的营销战略家之一里斯先生在《品牌的起源》[二]

[一][二] 此书已由机械工业出版社出版。

一书中讲到，影响品牌价值数量级差异的根本因素是品类——品类价值决定了品牌价值的天花板；品牌价值决定了企业价值的天花板（如果企业只经营一个品牌的话）。

但是品类是天生不平等的：有的品类需求大，有的品类需求小；有的品类正在兴起，有的品类正在衰亡；有的品类关注度高，有的品类关注度低；有的品类能出强势品牌，有的品类几乎没有品牌。

由于企业经营的核心成果是品牌，因此，品类能否建立强势品牌，是我们最关心的。能够建立强势品牌的品类就是强势品类，否则就是弱势品类。那么，如何才能区分强势品类和弱势品类呢？

最应做的是考查品类自身完成心智预售的能力。顾客产生一种需求时，往往有多个品类可以满足该需求，而最弱势的品类，品类自身就难以完成心智预售。比如，你去水果店之前，是不太可能想到要买"鸡蛋果"这种水果的，因此鸡蛋果就是最弱势的水果品类之一。那么，要打造鸡蛋果的专家品牌，就难于登天。全球有一万多种水果，显然绝大多数水果都难以完成心智预售，无法打造专家品牌。

另一些品类虽然自身能完成心智预售，即顾客在购买前会想到要购买这些品类，但这些品类通常单价很低、购买频率很低，或顾客容易自行判断质量、属于个人私密消费因而不需要品牌提供彰显价值，那么，顾客就不太会费心去记忆产品品牌，也就很难打造专家品牌，比如拖鞋、纸杯、指甲刀、铅笔、便笺纸等就是弱势品类。

反过来，如果品类能够完成心智预售，而且单价较高、顾客难以自行判断质量或者属于社交及当众消费，那么顾客就希望由专家品牌来提供保障价值和彰显价值，这些品类就是强势品类，强势品牌就能应运而生。比如空调、冰箱、洗衣机等多数大家电，教育、医疗等购买风险较高的品类，汽车、手表、手机等大额、耐用、彰显性的消费品，都是强势品类。B类顾客（企业顾客）的核心生产设备、购买风险高的战略定位咨询服务，也是强势品类。

由于在弱势品类里打造品牌的难度较大，那么选择这些品类进行创业的难度也就更大，有经验的投资人也会回避弱势品类中的创业项目。比如，有创业者想在凤梨酥这个品类中创业，我就替他捏一把汗。因为除了在特定的旅游城市，凤梨酥连品类心智预售都难以做到。

但是，弱势品类也是顾客需要的品类，也是市场上实际存在的品类。那么，一个尖锐的问题就来了：弱势品类相关企业的经营成果还是品牌吗？如果是，又如何体现呢？幸好，升级定位理论能做到逻辑自洽，不会自相矛盾。突破口就在于从购买决策角度看，顾客如何完成弱势品类的购买决策。

第一种看法是顾客依靠渠道品牌完成购买决策。比如顾客不可能记忆一万多种水果的专家品牌，他们只需要记住百果园这样的渠道品牌，因为百果园会对采购和销售的水果进行质量把关。因此，在一个抽象品类中的具体品类多而且弱时，就容易出现强势的渠道品牌，这正是天图投资百果园的底层逻辑之一。

第二种看法是顾客依靠强势品牌的延伸完成购买决策。比如，水果这个抽象品类中有橙子、香蕉、奇异果这样的强势品类，产生了相应的强势品牌，比如新奇士、都乐、佳沛，这些强势品牌延伸到弱势水果品类时也会被顾客优先选择，比如都乐的菠萝。因为在弱势水果品类中缺乏专家品牌，延伸品牌能提供保障价值。办公用品中弱势品类也很多，3M这样的强势品牌就可以延伸到很多弱势办公用品，仍能被顾客优先选择。但3M延伸到电脑、打印机这样的强势品类，就力所不及。

可是还有一个重大疑点：弱势品类的生产企业如何创造自己的经营成果呢？

弱势品类生产企业有两种办法创造经营成果，一是在相关的强势品类中建立强势品牌，然后将品牌延伸到弱势品类中去，例如老板在油烟机中建立了强势品牌，延伸到燃气灶、消毒柜就很成功；另一种办法是在产业链上退一步，成为OEM品牌，即代工品牌，例如富士康就是相当强势的代工品牌，它销售的不是某种具体电子产品，而是提供按需制造电子产品的代工服务。我有一位学员就采纳了退一步策略，从做蜂蜜柚子茶品牌的亏损中解脱，靠优质产能做蜂蜜柚子茶代工，从而很快实现了盈利。

强势品类与弱势品类的划分，还会碰到一个挑战，就是新品类在诞生的初期，也是很弱小的，因为绝大多数人不知道，因此也难以完成品类心智预售。但新品类和弱势品类还是有很大不同：新品类满足了现有品类未能有效满足的需求，因此潜在顾客虽然不知道新品类的名字，但却迫切需要新品类。

强势品类发展到一定阶段，有可能出现性能过剩、创新停滞、各品牌逐渐同质化的现象，就会导致品牌的保障价值越来越弱，这时品类就会逐渐演变成弱势品类，顾客对品牌的依赖就会转移到渠道品牌或强势品牌的延伸上去，只有奢侈品牌靠彰显价值还能生存下去。

例如，中国某个时期人们用剪刀剪指甲，很不好用；当指甲刀出现后很快就成为强势品类，这时就出现了指甲刀强势品牌，比如"777"；但由于指甲刀很快就达到性能过剩状态，顾客随便在超市、小商店买一把指甲刀就够用了，所以就不再关注指甲刀品牌了。

弱势品类难以打造新品牌，也就阻止了更多资源投入到同质化竞争中去，这正是市场内在效率的体现。在品类由强转弱时，市场内在的效率逻辑有利于原来的领导品牌加强领导地位，阻止新进入者。比如碱性电池已经变成了弱势品类，所以原来的领导品牌南孚电池的市场份额越来越大，已进入了垄断状态。

电风扇品类也在经历由强到弱的过程，创新日渐枯竭，产品越来越同质化，因此顾客对风扇品牌的关注度不断下降。但 Dyson 进行了颠覆式创新，推出了无叶风扇，分化出一个相对强势的新品类，使 Dyson 成了强势品牌，然后它开始向相近的弱势品类延伸，顺利收割吹风机、台灯等弱势品类，而这也是市场鼓励有效创新的一种内在效率机制。

上面提到的品类分化，也是选择赛道时的一个重要方向。

1.2.2　开创新品类

艾·里斯在《品牌的起源》中说："开创并主导一个新品类，是打造强势品牌的捷径。"分化是商业界发展的原动力，分化的力量使得新品类不断涌现，从而推动了整个商业社会的发展。在商业界，技术、文化和传播环境的变迁创造了促使品类分化的条件，市场越成熟，竞争越激烈，分化的程度就越高。把握趋势，认识并利用分化力量的企业，都取得了巨大的成功。

品类的进化、分化和衰亡，非常类似于生物界物种的进化、分化和灭绝。品类进化就是品类的不断完善，变得功能更强大、性能更稳定、使用更方便、性价比更高。可以想象，鞋子品类的起源，很可能是因为某个原始人脚底受了伤，就用树皮包住脚走路，结果发现非常舒服，于是伤好了之后仍然喜欢在脚底绑上树皮。最原始的鞋就这么诞生了，然后就不断进化，比如为了让穿鞋和脱鞋更方便，于是有结构的真正的鞋子就出现了，不再是原始的捆绑方式。

品类进化现象无处不在，智能手机是品类高速进化的例子。它进化的速度非常快，不断升级换代、增加功能；它已经进化得如此强大，几乎消灭了照相机、收音机、录音机、手表、闹钟、手电筒、钱包等其他品类。当然，也有不少品类进化较为缓慢，比如可乐、扒鸡、饭碗、筷子。

而品类分化现象，则是更为强大的商业力量，因为品类分化导致新品类不断产生，创造了古人无法想象的丰富多彩的现代生活。而开创和主导一个新品类，则是打造强势品牌的最佳途径。商业的历史表明，绝大部分强势品牌都是在品类兴起的初期打造出来的。

品类的分化，遵循着一定的规律，和物种的分化很相似。品类的进化更好地满足了顾客需求，对品类的需求就会越来越大，但也会变得众口难调。比如随着鞋的进化，穿鞋的人越来越多。但不同人对鞋有不同的要求，比如有的要求柔软，有的要求结实，有的要求透气，有的要求防水，有的要求时尚，个性化需求其实是无止境的。但是当品类总规模很小时，个性化需求就达不到经济上可行的规模，所以没有人去生产；当品类成长到足够大规模时，个性化需求也能达到经济可行规模，于是就会有企业针对该小众需求去做差异化的产品；当差异化大到一定程度时，顾客就会认为新产品是不同的品类，这叫作认知隔离。认知隔离是新品类形成的标志，就像生殖隔离是新物种形成的标志一样。

以鞋为例，为了方便随时穿脱，出现了没有后跟的鞋，它和正常的鞋子很不一样，顾客就认为那是一种新的鞋子品类——拖鞋。鞋品类分化的方式很多（见图1-1），比如用完全不同的材料，顾客就会认为是不同的品类，例如草鞋、布鞋、皮鞋。除了按材料分化，还可以按用途分化，比如运动鞋、劳保鞋、雨靴。而且，这种分化是没有止境的，品类完全分化之后，原来的品类就变成了抽象品类。早些年运动鞋是一个具体品类，一双运动鞋做什么运动都能穿。但现在运动鞋已经变成了抽象品类，如果家人让你去买一双运动鞋，你多半要问："什么运动鞋，球鞋、跑鞋还是旅游鞋？"早些年穿一双球鞋什么球都能打，但现在连球鞋也变成抽象品类了，它分化成了足球鞋、篮球鞋、羽毛球鞋、网球鞋、高尔夫球鞋等。

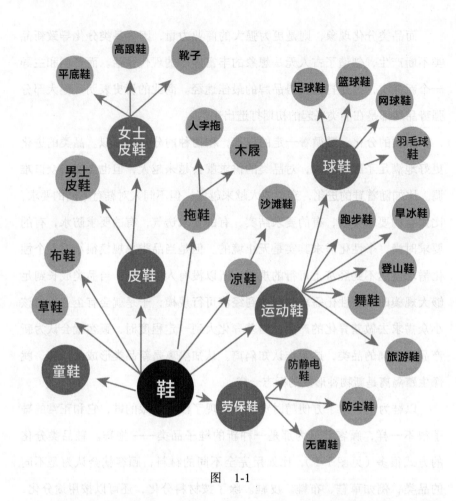

图 1-1

由于顾客是由众多个体组成的,不会一致行动,所以存在品类分化标准不统一、分化程度不统一的现象。比如,沙滩鞋是从凉鞋还是拖鞋里分化出来的?没有唯一标准,也不需要唯一标准。分化程度不统一,是指在不同顾客中品类的分化程度不一样,对应着品类的不完全分化现象。例如,在葡萄酒重度消费人群中,葡萄酒已经分化成黑皮诺、解百纳、赤霞珠、气泡酒、贵腐酒、干白、冰酒等品类。而在普通顾客心中,葡萄酒也许只分化成了红葡萄酒、白葡萄酒两个品类。

品类不完全分化现象往往预示着某种趋势。因为，任何品类分化都是从少数顾客的认知开始的，不可能一夜之间家喻户晓。这种不完全分化能否扩大到广谱人群，从而成为完全分化的新品类，这是企业家要去判断的重大问题，也就是识别新品类的机会。

定位圈有一个争议性的广告："郎酒，中国两大酱香白酒之一。"针对它的主要反对意见是"很多顾客都不知道酱香白酒这个分类"。实际上，白酒重度消费人群大多知道酱香白酒这个分类，而且知道其代表品牌是茅台。因此，酱香白酒是白酒品类的不完全分化，酱香白酒味觉区分度足够高，将来很有可能成为广谱人群接受的白酒品类分化。

品类的分化是无止境的，但现存的品类却是有限的，因为品类也像物种一样，会灭绝。地球装不下无穷多的物种，同样，顾客心智也装不下无穷多的品类。新品类的产生就意味着竞争，就意味着老品类的顾客流失，造成老品类的衰退。当顾客流失使品类失去经济可行规模时，企业就会停止生产，导致品类的消亡。比如电灯消灭了煤油灯，也消灭了作为照明用途的蜡烛，而从蜡烛品类分化出来的生日蜡烛、香烛、香熏蜡烛还继续存在。

所以，品牌的生命力取决于品类的生命力。当品类消亡时，品牌也会随之消亡，但企业可以用新品牌去把握新品类机会而获得更长久的生命力。绘制品类分化树，有助于把握品类分化趋势、发现新品类机会、找到新赛道。

1.2.3 寻找差异化

当然，创业不一定就是开创新品类才有机会，很有可能是选择了一个已存在的强势但也热门的品类，也就是说已经有不少竞争者在同一赛道上。在这种状态下，大量企业会陷入痛苦不堪的同质化竞争中，甚至是惨烈的价格战中。

反观美国西南航空，即使在"9·11"时期也能持续盈利，股票市值是北美其他三大航空公司的总和。这在长期同质化竞争的航空市场是神话般的存在，就是因为它有非常清晰的差异化定位——廉价航空。找到有效的差异化，事半功倍，能有效快速地让用户记住你。那怎么能找到差异化呢？我们可以用顾客心智地图寻找差异化定位。

比如在洗发水市场，宝洁有很多品牌在顾客心智中都占据了一个固定的位置——柔顺用飘柔、去屑用海飞丝、专业用沙宣、营养用潘婷……怎么得出这些品牌的定位呢？最好的方法就是和大量的顾客交流访谈，或者去看这些品牌的广告，是否不断地重复传达一个概念、试图占据顾客心智中的一个位置。

中国重庆曾经有一个品牌叫奥妮，在宝洁众多洗水发品牌中杀出了一条血路：主打黑发特性。宝洁那些空降的高管想不到有中国人有黑发这个需求，所以奥妮很快获得了初步成功，然后聘请一个广告公司进行品牌升级。该广告公司最后得出的结论是奥妮品牌最有价值的特点应该是飘逸，随即策划出一个广告方案："不腻不燥，爽洁自然"。广告片的核心创意是一幅瀑布，由头发构成的瀑布，线下还策划了"买奥妮游黄果树瀑布"等一系列活动。结果销量不增反减，之后病急乱用药，换成了另一个广告，打民族情感牌——"长城永不倒，国货当自强"。这使销售额下跌得更厉害了，直到最后无力回天。

奥妮在一圈折腾后把"黑发"这个心智让出来了，夏士莲立即占用，并取得了不错的成绩。现在复盘来看，奥妮当时所做的一系列"变革"都令人啼笑皆非，如果它一直坚守黑发这个差异化定位，结果会大不一样。

图1-2是一份图表工具，可以辅助你寻找差异化。

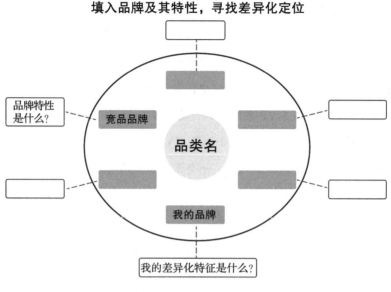

图 1-2　寻找差异化工具

除此之外,特劳特在《与众不同》[⊖]一书中指出了 9 种有效的差异化,更多是从市场特性角度进行分析,比如开创者、领导者、热销、受青睐等,但这些内容暂且按下不表,因为不太适合还在寻找方向、连产品都没有的企业。在第五关将正式详细展开这部分内容。

1.2.4　创业方向盘

关于选赛道的核心方法论——品类知识,前三小节分别从强弱势品类和品类分化两方面切入,这一小节我们来看一下科学创业者怎么说,比如迅雷创始人程浩在"精益创业 13 讲"里关于需求探索的建议,也可以作为找方向的建议参考:

需求探索的第一步就是找到痛点。通常来讲,创业者找到的痛点,都

⊖ 此书已由机械工业出版社出版。

是自己体验到的。如果这个痛点是你的朋友或者家人告诉你的，那么意味着两种可能性，一是这个痛点不够痛，二是你自己不是核心用户。

找到一个潜在的痛点后，用常识判断一下这到底是不是痛点。这里我要特别提醒大家注意：在创业过程中，常识永远都很重要。因为你不可能把所有的风险，都用MVP实际验证一遍。可能10个里面有9个，你是通过常识去判断真伪的，只有1个去做了MVP。

那么哪些是常识？举个例子，一个互联网产品有流量就能赚钱，最起码能卖广告，这个就是常识；你想在网上卖东西，可以随时接入移动支付和快递服务，这也是常识，不需要验证。

除此之外，常识还会告诉你非常重要的三件事：一是，你到底喜不喜欢这个事；二是，这个领域你到底擅长不擅长，例如这虽然是个风口，但这是你的风口还是别人的风口？三是，常识还会告诉你，你自己是不是核心用户。所以，常识判断非常重要。

那么这三件事里面，喜不喜欢、擅不擅长、是不是核心用户哪个更重要呢？都重要，但如果一定要选一个最重要的，我的选择是喜不喜欢。因为我认为做任何事情，兴趣是一切的原动力；只要有兴趣，即使不懂也可以学，也可以招聘这方面的专业人员。

当然，创始人是否是核心用户其实也很重要。但是也有很多创始人不是核心用户也很成功的案例。比如我的好朋友陈华创立的唱吧。陈华就是一位理工男，他基本上不唱歌，却做了唱吧。还有一位很好的朋友徐易容，他做了美丽说。美丽说的用户都是小姑娘，他显然也不是核心用户。

最理想的状态当然是三样全占，我既喜欢又擅长，同时我还是核心用户。我做迅雷的时候，其实就是这样，我很喜欢下载各种东西，所以硬盘总不够用。同时呢，我以前还是学分布式计算的。最后我当然是绝对的核心用户。

在冯卫东提出的验证期可做、能做、想做的三个方向的探索基础上，我们自己也绘制了一个创业方向盘，如图 1-3 所示，由三个圆圈组成：第一个圆圈是前景，就是你选择赛道的价值空间够不够大，有没有未来发展前景，不要管它现在是不是很红火；第二个圆圈是兴趣，就是你个人对这个事是不是热爱；第三个圆圈是能力，就是在这个领域里面你有没有相应的能力，或者你能否去建立这个能力。这三个圆圈一画出来，它们之间的交集可能就是你创业方向的最好选择。

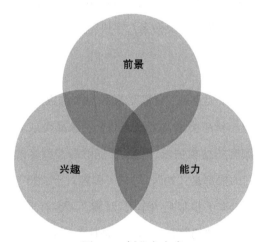

图 1-3　创业方向盘

1.3　准确定义自己的品类名和品牌名

大致确定创业赛道之后，如果你开创的是一个新品类，为它起个好名字尤其重要，只有明确品类归属，才能有效对接顾客需求；品类名确定之后，起一个好的品牌名也是一本万利的事情，冯卫东总结的品类命名八字诀和品牌起名四要，既是科学方法论，也是直接可以拿去用的清单工具。

1.3.1　品类命名八字诀

新品类满足了现有品类未能有效满足的需求，因此潜在顾客虽然不知道新品类的名字，但却迫切需要新品类。因此，新品类开创者要为新品类起个好名字，并代言新品类的核心利益，就有可能让潜在顾客一见倾心，接纳新品类和新品牌。

如果你选的赛道并非是在已有品类中，而是开创了新品类，那么还有关键的一步就是为新品类命名。命名可以总结为四个要点八个字——有根、好感、直白、简短，简称"品类命名八字诀"。

1. 有根

品类命名的第一个要点是"有根"，就是品类名应当表明新品类的来源，符合品类分化规律。新品类通常来源于某个抽象品类或老品类的分化。抽象品类能够对接顾客的抽象需求，老品类能够对接顾客的具体需求。比如酸奶、豆奶，它们的根都是"奶"，对接了顾客对于"奶"所代表的营养元素的需求；轿车、卡车的根都是"车"，对接了顾客对于"车"所代表的运输功能的需求。这里的"奶"和"车"都是抽象品类。

但并非所有新品类名都以抽象品类为根，比如"智能手机"这个名字，它的根是具体品类"手机"，一看到"智能手机"这个名字，顾客就知道它是一种新型的"手机"，具备"手机"的全部功能，而且更强大。

值得一提的是，当"智能手机"变得普及后，原来的手机被叫作"功能手机"，于是"手机"阶段性地变成了抽象品类。但当智能手机淘汰了功能手机，所有手机都是智能手机时，"智能"这个定语就不需要了，于是手机品类实现了一次改变方向的品类进化。

其实，苹果公司曾经推出过一种能打电话、能上网、能做计算的新产品——Newton PDA。虽然这个新产品花了很多钱，甚至被当时的媒体称为"划时代的产品",但仍然失败了。其中一个原因就是品类名PDA,即"个人数字助理",没有根或者根很弱。想一想,有几个消费者用过"助理"或"数字助理"呢?后来,苹果公司把Newton PDA的技术用于iPhone智能手机,结果大获成功。

由于对接顾客需求是品类名的核心任务,因此一个无根的品类名,会给新品类的推广带来巨大障碍。强大如苹果公司,也没能将PDA品类做大;而实力弱小的创业公司,就更难成功了。有个创业者把自己的产品叫作"家庭云娱乐一体机",他向我解释了半天,我也听不明白,直到看到实物后才恍然大悟,原来就是智能音箱,只不过娱乐功能比较强大。

有时候,新品类有多个可以选择的根,比如一种用苹果汁发酵生产的饮料,既可以叫作"苹果醋饮料",也可以叫作"发酵苹果汁",这时该如何选择呢?基本原则就是"选强者",选择更强的品类,也就是选择顾客更多的那个品类为根。显然,"苹果汁"比"醋饮料"更强大,顾客更多。

2. 好感

品类命名的第二个要点是"好感",指的是当新品类存在几个候选名字时,应当选择能让顾客产生更大好感,也就是更有价值感的名字。比如,从大豆中提取的黄油,叫作"大豆黄油"或者"人造黄油",哪一个让你更有好感?显然,"人造黄油"让你倒尽了胃口,戴着"人造黄油"这顶帽子,这个品类想要发展壮大几乎是不可能的。

又比如,一种采用汽油和电池两种动力源的新能源汽车,被叫作"混合动力车",简称"混动车"。这在中国消费者看来就缺乏好感,因为"混"不如"纯"。如果改成"双动力车""双引擎车",简称"双擎车",就会更有价值感,因为对中国消费者来说,"双"优于"单"。所以,丰田新推出的雷凌混合动力车就改叫雷凌"双擎车"了。

在观赏植物里面，一个有价值感的好名字甚至会成为品类的主要卖点，比如"发财树""金钱树""富贵竹""罗汉松""君子兰""仙人掌""天堂鸟"等，它们在审美上未必优于同科属的不知名植物，但因为名字能够激发美好联想，于是变成了同类植物中的宠儿。

3. 直白

品类命名的第三个要点是"直白"，也就是品类名应当直指品类核心特性或形象化，不要迂回曲折、令人费解。

"水蜜桃"这个品类名，就直白地表达出了这种桃子的核心特性——甘甜多汁，让人一听就食欲大增，所以水蜜桃成了桃子中最强势的品类。"自行车"这个名字也很直白，表达了新品类的核心特性，因为当时的其他车辆都需要司机。

一个不够直白的例子是"平衡车"，对顾客来说相当费解，有什么车是不平衡的呢？"平衡车"的命名也纯属偶然，只是因为有人在国外骑行 Segway 时，被国内某媒体报道为骑行"平衡车"出行，其他媒体跟风使用这个名称，也就约定俗成了。虽然说约定俗成是品类名形成的标志，但首次命名者就像蝴蝶的翅膀，有机会引发完全不同的风暴，因此责任重大。考虑到"直白"的要求，我会将这种新型代步车命名为"立行车"——站立骑行的车，是不是更形象呢？

曾经有个生产"纳米银抗菌袜"的学员咨询我的意见，我就问："纳米银抗菌袜的核心功能是什么？"他回答说："防臭。"我问他为什么不直接叫"防臭袜"呢，不然有些顾客还会以为是预防足部疾病用的，因此建议直截了当地叫作"防臭袜"，精准对接顾客需求，并结合纳米银的持久抗菌防臭性能，以"××防臭袜，出差七天只要一双"为广告语，以差旅人群为源点顾客建立相关配称。后来，企业按照这个思路取得了很好的业绩增长。

4. 简短

品类命名的第四个要点是"简短"。在信息超载的时代,传播的负担越小越好,因此品类命名应当惜字如金。由于品类名常用于构词,增减一个字,便可导致天壤之别。

例如,"计算机"比"电脑"更严谨正式,所以早期"计算机"用得更多,但随着计算机的普及以及不断参与构造新词,"电脑"便压倒性胜出了,否则"电脑包""电脑桌""平板电脑"就得叫作"计算机包""计算机桌""平板计算机",明显会更费劲。又比如"西红柿"和"番茄",单独说的时候,人们可能说"西红柿",而组合成词的时候,则更可能说"番茄",比如"番茄炒鸡蛋""番茄蛋花汤",因为这样说起来更省力。

如果品类名太长,顾客就会自动将其简化。比如"超级市场"被简化成了"超市","四轮驱动越野车"简化成了"四驱越野";即使对于不会说英语的老人,他们也会说"GPS"而不说"全球定位系统",会说"CT"而不说"计算机断层扫描"。这些都是自发的"传播减负"现象。

还需要指出的是,"简"和"短"其实是两件事。"短"是纯字面意义的,字数越少就越短;而"简"则涉及听说读写和是否容易理解。品类名应当尽量使用常用、通用字眼。对于长度相同的两个候选品类名,浅显的优于生僻的、顺口的优于拗口的、听得出字眼的优于听不出字眼的、打字容易的优于打字困难的。

因为"简"和"短"不是一回事,所以有时候长名字比短名字说起来更省力。比如"西红柿",说的时候口型基本不变,而"番茄",说的时候口型变化比较大,所以单独说的时候"西红柿"比"番茄"更省力。我们在买菜的时候多半说"西红柿",在组词的时候多半用"番茄",比如"番茄酱"。有没有人说"西红柿酱"呢?下次买东西时,你可以试试这样说时对方的反应。

以上就是新品类命名八字诀的全部内容。如果你并未开创一个新品类，而是在原有品类里寻找机会，或者在为新品类命名之后，应该为品牌起个好名字，这是一件"一本万利"的事情。名字对品牌的影响被很多企业家忽略，有的从自己的偏好出发，有的跟风模仿，有的玩文字游戏，有的故弄玄虚，这对企业的伤害是"绵里藏针"。该如何辨别品牌名的好坏呢？冯卫东总结的"品牌起名四要"理论清单就是品牌名字的"照妖镜"。

1.3.2 品牌起名四要

关于品牌名，定位理论创始人里斯和特劳特极度重视，在他们的著作中一再强调名字的重要性。在他们所著的《定位》㊀这本书中甚至写道："在定位时代，你能做的唯一重要的营销决策，就是为你的产品起个好名字。"注意，两位大师的措辞是"唯一重要"，不惜牺牲一点儿严谨性，这也要引起读者的高度重视。

天图投资 CEO 冯卫东升级总结的"品牌起名四要"，精辟科学、拳拳到肉，让很多企业在实践中受益，比如我们高维学堂。我们刚起步时的名字叫"我包啦"，当时自己还挺满意的：非常生动形象，而且很有互联网的感觉，博人眼球。结果很多人以为我们是卖包的。冯卫东来我们这里上课时说："你们这个名字要改，不改我估计我来不了几次，不是我不愿意来讲，是你们'活'不了多久。"于是在他的指导下，我们才有了现在这个名字——"高维学堂"。所以，各位读者可以用这个简洁清晰的起名工具，对比自己的品牌名或者生活中常见的品牌名，相信一定会有收获。下面就让我们一起来看看冯卫东总结的品牌起名四要。㊁

根据我 20 余年的商业观察和投资检验，好名字不能保证一定成功，但

㊀ 此书已由机械工业出版社出版。
㊁ 以下内容源自冯卫东"升级定位 24 讲"课程。

坏名字则很难成功。好名字能够更有效地实现定位沟通和传播，比如百果园、周黑鸭这样的名字，一看就像大品牌、专家品牌，顾客记忆和转介绍的难度也比较低，所以好名字可以持续节省营销费用，实现一本万利。而坏名字则刚好相反，难说、难记、难理解，甚至犯忌，于是每次沟通和传播都要付出更高代价。比如，为了让顾客记住品牌名，好名字可能只要曝光一次，而坏名字则需要三次，那么坏名字就得花三倍广告费，而且就算记住了，顾客选择坏名字、转介绍坏名字的意愿也更低。

比如，你愿意喝一种叫"蝌蝌啃蜡"的饮料吗？蝌蚪啃蜡烛，听起来就难喝。这就是可口可乐刚进入中国时的名字，后来改译为"可口可乐"，才流行开来。

在一些容易同质化竞争的领域，好名字可能是你最容易保持的差异化，因为注册为商标的品牌名可以获得法律保护。在"同质化竞争"这个限定条件下，为你的产品起个好名字，可能真的是你能做的"唯一重要的营销决策"。

千万别小看了好名字带来的顾客选择和传播优势，因为在激烈的市场竞争中，这一点优势产生的马太效应，甚至可以决定竞争的胜负。那么，对于品牌名来说，到底什么样的名字才是一个好名字呢？

1. 品牌反应

首先，一个好的品牌名要有"品牌反应"，就是品牌名看起来、听起来都要像一个品牌名，而不是像一个通用名词。

假设有人在谈论你的品牌，我从旁边路过时只听到品牌名而没有听到上下文，如果你的品牌名有品牌反应，那我就知道这些人在谈论一个品牌，从而有可能记下来，否则就会直接忽略。如果记下来了，以后遇到你的品牌时，我就会产生"这个品牌我听说过"的熟悉感。在其他条件相同时，顾客通常会优先选择熟悉的品牌。

如果有人谈论"红牛",由于现实中没有红色的牛,因此我会觉得他们在谈论一个品牌。但是,如果有人谈论"黄牛",我就不会认为他们在谈论一个品牌,而会认为他们在谈论买票的事。如果他们真的是在谈论一个叫"黄牛"的品牌,很遗憾,因为没有品牌反应,这个品牌就失去了一次传播的机会。

有一次,我太太打电话问我:"你们投资的那个德州扒鸡叫什么牌子?"当时我正在给天图投资的一家企业做定位理论培训,这个电话提供了一个现身说法的案例。"德州"这样的地名,不容易产生品牌反应,顾客有可能不把它当作品牌对待,结果竞争品牌就多了一些机会。因此,德州扒鸡应当尽可能把自己表述为"德州牌扒鸡",以产生足够的品牌反应。

有家做智能快递柜的公司,最初的品牌名叫"我来啦",在我的建议下改了名字,才有了"速递易";有家做科学创业培训的公司,最初的品牌名叫"我包啦",也在我的建议下改了名字,才有了"高维学堂"。现在这两个品牌都成了各自领域很有影响力的品牌。

天图还投资了一个做家电安装维修的品牌——"扳手"。扳手是大家都熟悉的一种工具,因此缺乏品牌反应。在工具包、工作服上面印"扳手"两个字,会让顾客感觉莫明其妙;但如果印"扳手会"三个字,一看就像安装维修的专业组织,让顾客产生信赖感。于是在我的建议下,该企业将品牌名改成了"扳手会"。

类似"扳手会"这样,通过加一两个字把通用名变成有品牌反应的好名字,是常用的起名技巧之一。比如"天才"两个字几乎没有品牌反应,但"小天才"就有品牌反应;"果园"两个字没有品牌反应,但"百果园""农夫果园"就有较强的品牌反应。

2. 定位反应

其次,好品牌名还应当有"定位反应",就是当顾客看到或听到品牌名时，就能猜到品牌大概是什么品类、具备什么特性，或者产生价值感。简而言之，就是品牌名要具备"望文生义"的能力，而且"望文生义"的结果要符合品牌定位，最起码不能和品牌实际定位相悖。

比如，顾客看到"农夫山泉"就能猜出是矿泉水，看到"百果园"就能猜出是卖水果的，看到"鲜橙多"可能会联想到橙汁。有效的定位反应会让顾客觉得这是一个专家品牌，会自动产生信任感。又比如"巴蜀风"，一看就像地道的川菜；而"老院子"，一看就像北方菜。2002年我刚到深圳时，巴蜀风和老院子都是比较火爆的川菜馆，但17年过去了，巴蜀风依然红火，而老院子早已消失。虽然很难判断名字在成败之中到底占多大比重，但老院子这个名字自带的顾客转化能力肯定比巴蜀风差那么一点点，日积月累，效果可观。

另外，有些定位反应还有可能限制产品使用场景。比如"米聊""微聊"，易让人产生聊天的联想，在上班时间使用会让人略感愧疚；如果叫"米信""微信"，就能降低这种心理负担。无巧不成书，腾讯既做过"微聊"，也做过"Q信"，但都没有成功。拥有先发优势的米聊，最终也被微信打败。名字是不是压垮米聊的最后一根稻草呢？

总之，宁愿品牌名没有定位反应，也不要误导性的或者负面的定位反应。噱头可以被谈论，却难以被信任。不是说营销不能玩噱头，但不能用品牌名玩噱头。因为名字要用很久，而噱头的新鲜期很短，过期之后就只剩下一个感觉：非常低俗。

3. 易于传播

再次，品牌名要易于传播，就是要尽一切可能降低传播负担，增加传播机会。

易于传播的第一个考虑是"听音知名"，即顾客一听就知道是哪几个字,不需要多作解释,比如"农夫山泉""周黑鸭""淘宝"。如果做不到听音知名,顾客转介绍时就会被追问"哪几个字",这就增加了传播负担。比如,我曾经居住的小区名叫"侨香诺园",每次打车回家都要被司机追问是哪几个字,为了省事儿,后来我打车回家时就会说隔壁小区的名字,对方一听就明白。

要做到听音知名,就要尽量使用常用字的常用组合。如果放在不常用的组合中,即使常用字也很难听出是哪个字。比如有家酸菜鱼店叫"渔语鱼",渔夫的渔,语言的语,鱼头的鱼,每个字都很常用,但组合在一起,99%的人听不明白。古人说"授人以鱼,不如授人以渔",学了定位理论,就可以把这句话改为"授人以鱼,不如教人结网"。

要做到听音知名,还要避免使用生僻字,比如"栎"和"砼",用这种生僻字作为品牌名怎么可能成功呢?生僻字不仅做不到听音知名,而且顾客担心读错字丢面子,因此会避免推荐这个品牌,就像老师提问学生时会避开生僻的名字一样。可见,如果品牌名做不到听音知名,解释起来费劲还容易读错,必然增加传播负担,错失传播机会。

易于传播的第二个考虑是简短。在汉语中,品牌名最好是两个字或三个字。一个字在汉语中基本没有品牌反应,需附加"牌"字,如"柒牌""马牌""雕牌"。这些品牌用了两个字,但浪费了一半的表达力。四个字的品牌名也可以,但要求定位反应足够强,能直接联想到品类,否则加上品类名之后就会太长,增加传播负担。比如"农夫山泉"就是优秀的四个字品牌名,无须说出"农夫山泉矿泉水"。

四个字以上的名字都不可取,顾客通常会自行简化,比如"我的美丽日记",顾客会自行简化成"美丽日记"。有明确的简化方向还算好,像"很高兴遇见你"这样的名字,顾客不知道该怎么简化,因此在转介绍或谈论时倾向于回避这类长名字,这就让品牌损失了部分传播机会。

易于传播的第三个考虑是避免字母缩写与混合文字。用字母缩写来做品牌名，通常既缺品牌反应，又缺定位反应，而且读起来也不够简短，比如HTC、TCL，像科技名词的缩写，中国人读起来需要一字一顿，相当于四个字，传播负担较重。另一个混合文字的例子是"鲜の每日C"，用了中日英三国文字，很多顾客不知道该怎么读，在电脑上打日文字也麻烦，因此传播机会损失非常大。

4. 避免混淆

最后，好的品牌名应当避免混淆，也就是不要与众所周知的名字人相似。

最常见和最糟糕的混淆方式就是与知名品牌相似，这会让顾客觉得你是个山寨品牌。珠宝领域是个重灾区，比如周大福、周生生、周大生、周六福、周百福、周瑞福、周福生、周金生、周大金、金大福、金六福、金百福、金大生、金福生。其中某个品牌的老板曾感叹："当年人穷志短，就想沾点别人的光；现在无论怎么努力，都会被顾客当作山寨品牌。"

另一种混淆方式是与其他常用名词谐音，比如"黄太吉"，黄色的黄、吉祥的吉，与清太宗"皇太极"谐音；"大黄疯"，疯狂的疯，与昆虫"大黄蜂"谐音；"牛炖"，炖汤的炖，与科学家"牛顿"谐音。有人把这种玩文字游戏的谐音当作好名字，其实不然，因为在传播中，顾客其实听错了，但却自以为明白，品牌连解释的机会都没有。

简而言之，给品牌起名时应当遵从的四大要点是品牌反应、定位反应、易于传播、避免混淆。但是如果当你看到这些文字的时候，你能想到的好名字都被别人抢注了，你该怎么办？一种办法是发挥无穷的创造力，继续想；另一种办法就是花钱，从别人手里购买好名字。第二个办法虽然可能要花不小的代价，但比起好名字带来的威力而言，是值得的。比如步步高公司进入儿童电话手表市场时，不惜花费300万元从别人手里买下了"小天才"这个商标。"小天才"这个品牌名不仅一听就明白，而且听起来就像大品牌和专家品牌，无形中节省了大量营销费用。

如果看到这些文字的时候，你正在使用的品牌名是一个坏名字，你该怎么办？一个字：改！而且早改比晚改好。对于名气不大的品牌来说，改名成本不大，但未来收益很大；而对名气很大的品牌来说，改名可以成为一场公关事件，成本大收益也大，但关键在于要确保新名字大大优于旧名字，否则就不必折腾了。

留一个思考题给大家：你认为腾讯把"广点通"改为"腾讯社交广告平台"，是改好了还是改差了？

1.3.3　千万别忘了精益验证

定位理论有助于建立相对可靠的假设，排除明显错误的假设，大幅减少试错范围，从而提高创业效率。所以，如果用品类知识科学调整或确定了赛道之后，是不是可以直接大步迈向并到达最终目的地呢？并不是。前言里我们反复提到科学创业的关键要素是"验证"，"科学创业＝科学方法论＋科学试验"，选定的方向尚且只是一个关键假设。

那么到底什么是"验证"和"科学试验"呢？《精益创业》这本书给出了大部分的答案。本小节内容来自经过整合的迅雷创始人程浩主讲的"精益创业 13 讲"[⊖]。请牢记本节的内容，因为精益验证将是贯穿整本书的标准执行动作，"验证"和"试验"将会高频反复出现在本书所有章节中。

1. 用户验证

用户验证需要做 MVP，MVP 的全称是 minimum viable product，即最小可行性产品，其包括以下四个关键步骤：

⊖　"精益创业 13 讲"是由迅雷创始人程浩主讲、开发的线上音频课程。

第一步，找出你最需要验证的一个问题，这里面的重点是只验证一个问题，而不是两个或多个。你只需要验证自己最拿不准的"一个问题"！

第二步，针对这个问题设计一个最简单、最有效的 MVP，做好后给核心用户去体验。记住任何 MVP 都是有成本的，所以和验证这一问题无关的功能，一定不要出现在 MVP 中，要把做 MVP 的成本降到最低。

第三步，做数据收集并亲自体验，然后再次访谈。埃里克·莱斯在《精益创业》只提到了数据收集，并没有提到后两点。但我认为后两点，也就是亲自体验和再次访谈更为重要。数据并不能代替你的亲自体验，并不是数据好就是真的好，因为数据很容易被"修饰"。

第四步，也就是用户验证的最后一步，是验证假设。通过前面的 MVP、数据收集、评估，以及你自己的切身体验，你要对之前验证的问题下一个结论，也就是这件事到底有没有得到验证。如果验证成功，那么恭喜你，你可以大刀阔斧地开干了！如果验证不成功，也恭喜你！你用了两天的时间避免了两个月甚至两年的错误。

在美国有一个公司叫 Groupon，是团购网站的鼻祖，相当于美国的美团。Groupon 在 2008 年就成立了，那时候还没有团购网站的概念。请你想想，如果你是第一个做团购网站的人，你最想验证什么？

其实对 Groupon 来说，是要验证两端的需求。第一个是用户端，即用户会不会在网上购买打折券。这个相对容易判断，因为从常识上来说下载一个优惠券就能省 10 美元，直觉上用户是愿意购买的。所以，更需要验证的是另外一端，也就是商家端。通过团购券，给商家带来了流量，但因为团购的毛利很低，所以商家没什么赚头。故而未来这些用户会不会重复到店消费，这个才是关键问题。

那么如何做这个需求验证呢？传统的方法是做这几件事：第一，要先做一个网站；第二，这个网站要有很多商品的分类，所以必须有一个内容管理系统；第三，这个网站还要支持线上直接购买电子优惠券，所以要有网上支付系统；第四，网站工作人员还要跟线下的商家做好 IT 对接，消费者是否真的拿着购买的优惠券到商家去消费了，要有个对账系统，这样方便跟商家结算。

如果做 MVP，你要思考自己到底想验证什么，是想验证你能不能做网站吗？肯定不是。是想验证网上的支付系统吗？当然也不是，亚马逊已经替你验证了。你其实最想验证的是商家愿不愿意接受这种方式，也就是通过团购到底能不能帮他们招揽生意。

所以，和验证这点没关系的功能一概不要做，精益的方法应该是什么样子的呢？Groupon 在起步阶段根本没做网站，直接将内容放在博客里面，受众就是博客的粉丝，而且也不花时间去做分类和内容管理系统。然后每天只做一个产品团购，也不做网上支付，用户要手动通过 PayPal 付款。用户支付成功后，Groupon 的员工再手动把优惠券生成 PDF 格式，直接通过电子邮件发送给客户。最后他们也不做对账系统：他们根本不在乎打印出来的 PDF 优惠券，到底有没有被消费，默认买了优惠券的人都会去——即使没去也无所谓，无非就是给店家多结算一些钱。但不做对账系统，极大地简化了流程，能更快的验证团购这件事可不可行。

这样简化下来，传统流程里可能要花足足两个月时间的工程量，两天就做完了，最关键的是验证了其最想验证的事。这就是精益。

2. 品类名的验证

前面我们一直强调，品牌只有明确品类归属，才能有效对接顾客需求，不然做了一大堆动作，也无法让顾客明白你想让他了解到的信息，会干扰转化率，因此品类名尤其关键。比如就算海底捞已经无人不知，但在店铺招牌上，海底捞三个大字后面还是加上了火锅店三个字，就是因为海底捞是无法让人直接联想到火锅的。

我们有个学友是做少儿体能训练的，这虽然不是新品类，但顾客认知并不普遍，因此品类命名很关键。它原来叫"××少儿体能馆"，在我们的建议下，想改成"××十项全能运动馆"，也不能确定到底哪个让顾客听上去更有感觉，于是就拿着这两个名字去街头做盲测、在朋友圈搜集意见。意识到品类名有可能对接不了客户需求，然后做改名调研，多做的这一小步，就是在实践科学创业。当然，更科学的是多选几个名字一起去做盲测。

少儿体能馆偏向线下实体，做验证时的低成本选择不是很多，比如没办法直接改店铺招牌，因为这样代价较大。而有些互联网项目，做验证时可选择的路径丰富不少，比如有家企业做椰子汤，在冯卫东建议之下，首先知道了汤这个品类属于弱势品类（这也是为什么这家企业开始势头不错后来增长乏力的关键因素之一），之后开始进行品类名的精益验证：既然汤这个品类的天花板有限，那么就先用最低成本快速测试，不动具体的产品（汤、饭），将品类名从原来的"吃个汤"改成"椰汤饭"或"椰汤腊味饭"。而且，不是改线下店面的招牌，是改外卖平台上的店铺名称，然后用标准的 A/B 组测试来看哪个名字更能有效对接需求，并实时观测、对比数据，再依此做出选择。这也是不断实践科学创业的表现。

1.4 品类类别

1.4.1 产品品类、渠道品类和导购品类的划分

下面，我们要说一下品类类别的区分。在我们选定品类之后，还可以再分析三大品类类别的区分——也就是你做的是产品品类、渠道品类还是导购品类。因为很多企业区分不好自己的品类界限，甚至都没有区分的概念，在战略战术上就会出现失误。

比如三只松鼠的创始人章燎原，他是位很有魄力和想法的人，带领三只松鼠把坚果这个品类做到国人皆知，但他还是犯了一个错误：混淆了产品品牌和企业品牌。作为一个纯互联网食品品牌，三只松鼠却一直在同时操着渠道品牌的心，所以配称不可能做到高效，后果就是一直高速增长却无法或者很难盈利。按实际利润率来说，它像是渠道品牌，因为渠道品牌的利润一般来说是5%左右，产品品牌的利润率则平均在10%以上。

产品品牌的基本策略是扩渠道做品牌，管理渠道冲突；渠道品牌的基本策略则是扩产品，做选择题，管理认知边界。

三只松鼠两手同时抓，容易两端都出纰漏，导致资源无法集中。反之，如果是渠道品牌，一两个产品有问题，影响并不是很大，立即撤掉即可，比如超市里卖的某品牌洗发水质检不合格，这样的偶发性事件对用户体验不会产生致命的影响。但三只松鼠并不是渠道品牌，产品是其自家的产品，所以应该集中资源和力量做好产品，扩好渠道做品牌，不要再一心二用。

那到底怎么区分产品品类、渠道品类和导购品类呢？冯卫东的"品类三界论"提供了充足的理论说明和实践打法。

冯卫东认为根据品类与购买决策三大问题的关系，同样可以把纷繁复杂的品类划分成三大界别：回答"买什么"这个问题的，是产品品类，比如家用空调、智能手机、汉堡快餐，能够关联到的品牌就是产品品牌，比如格力、华为、麦当劳；回答"去哪买"这个问题的，是渠道品类，比如超市、电器店、水果店，能够关联到的品牌就是渠道品牌，比如沃尔玛、国美、百果园；回答"如何选择"这个问题的，是导购品类，比如搜索引擎、餐饮指南、旅游攻略，能够关联到的品牌就是导购品牌，比如百度、大众点评、马蜂窝。

产品品类和渠道品类有时不太容易区分，因为产销分离不彻底。比如品牌服装专卖店，实际上是产品品类，是品牌服装自产自销；比如周黑鸭也开店直销，但周黑鸭明显是产品品牌，因为它回答的顾客问题主要是"买什么"而不是"去哪买"，顾客更多说的是"去买周黑鸭""买一盒周黑鸭"。随着新型零售渠道兴起，周黑鸭正在进入网购、外卖和新型便利店，实现产销分离。

因此，区分产品品类和渠道品类，首要标准就是看它回答的是"买什么"还是"去哪买"的顾客决策问题。其次就是看该品类是否有明显的生产性增值活动，因为产品品类是为顾客创造使用价值的，必然涉及明显的生产性增值活动。

是否有明显的生产性增值活动这个标准，可以帮助我们判断电影院这样的品类属于产品品类还是渠道品类。直觉上人们很容易把电影院看成电影的销售渠道。实际上，电影院有明显的生产性增值活动，电影胶片只是其中比较重要的原料。正如米面供应商应将餐馆看成自己的顾客而非销售渠道，因为餐馆购买米面是要进行再加工后才会出售的。

1.4.2 产品品类、渠道品类和导购品类的实践打法

对于产品品牌来说，基本策略就是打造品牌、扩展渠道，实现心智预售。心智预售能力强的产品品牌能给渠道引来顾客，众多渠道品牌就会争夺这些产品品牌入驻，产品品牌就能享受更低的入场费、销售扣点，甚至获得渠道补贴。比如一些品牌不太强的购物中心为了拉拢某些强势品牌入驻，不惜倒贴装修费，甚至对产品品牌反向保底销售额。

对于渠道品牌来说，基本策略同样是打造品牌，按顾客的期望选择和扩展销售的品类及品牌，实现心智预售，成为顾客心智中某些品类"去哪买"的首选，这就是渠道创造的"自有流量"。心智预售能力不强的产品品牌就要为获得这个流量付出进场费、上架费、堆头费、销售扣点等费用，这些费用是渠道品牌的重要利润来源。

但渠道品牌不能简单粗暴地利用自己的交易地位，获得针对产品品牌的持久博弈优势。经济学的内在逻辑要求渠道品牌必须善用自己掌握的顾客需求的信息优势，降低交易费用，提升整个产业链的分工合作效率，比如沃尔玛就通过向供应商开放零售数据，提高了供应商的生产和研发效率。

渠道品类的三大特性是：便宜（同样的货卖得更便宜，而不是卖低价货）；便利（降低直接价格之外的交易费用，比如顾客的通勤成本、决策成本等）；特色（降低特定人群的交易费用，比如所谓的"垂直渠道"）。

对于渠道品牌来说，自有产品品牌策略是一个重点，但也存在诸多误区。对于弱势产品品类来说，打造专家型产品品牌效率不高；反过来说，这就是渠道品牌用自有产品品牌销售的良好机会，因为顾客可能更依赖渠道品牌的保障价值，协助完成对弱势产品品类的购买决策。而对强势产品品类来说，顾客可能更依赖专家型产品品牌，那么渠道品牌在这些品类上用自有品牌参与竞争，会增加竞争的"租值消散"，用通俗的话来说就是会造成两败俱伤，并导致供应商强烈的不安全感，增加长期合作的成本。

对于弱势产品品类而言，顾客也会依赖强势产品品牌的延伸来协助完成购买决策。这时渠道自有产品品牌和强势产品品牌进行延伸，各自的边界在哪里？除了顾客认知效率，这个答案更多地取决于供应的效率，特别是规模经济和范围经济。强势产品品牌延伸的边界，就是不要破坏品牌定位，并且配称共用效率比较高；渠道自有的产品品牌则需要与专业高效的代工品牌合作。总之，颠扑不破的底层逻辑就是经济学的效率法则。

产品品牌和渠道品牌存在分工与合作的博弈，渠道品牌和导购品牌之间也存在分工与合作的博弈。典型的局面是，渠道品牌担心越来越多的流量来自于导购品牌，最终自己会沦为仓储配送中心；而导购品牌也担心渠道品牌拒绝自己的导购流量，使自己丧失变现能力。

这种相互担心和不信任，往往会导致防卫性过度竞争和资源浪费。当顾客越来越纠结于在哪个电商平台购物时，蘑菇街、美丽说、折800、返利网等导购社区或导购工具应运而生。在这些导购品牌风生水起时，淘宝基于上述担心做出了禁止导购流量入淘的决策，迫使许多导购品牌转型为渠道品牌，成为淘宝的永久竞争者。

但是，这些导购品牌在转型过程中也付出了巨大的代价，因为这是一个隐蔽的战略陷阱。当初大众点评眼看美团外卖高速增长，便也开始做外卖业务。由于大众点评是餐饮导购领导品牌，所以流量充足，其做外卖初期业务量增长很快，这就会激励企业加大投入。但这会使其越陷越深，在导购业务上反而投入不足。

实际上，导购品类不像渠道品类那样受制于产品选择、仓储物流、货架管理、销售管理、售后服务等运营活动，从而能够专注于信息处理，全力降低信息费用，因而能把导购功能做到极致，实现权威性、全面性和专业性，而这正是导购品类的三大特性。

渠道品牌和导购品牌都应当明白自己最有效率的专业分工边界，不断加强自己在分工中的地位，并运用自己的地位维护一个良性竞争的格局。淘宝不需要封杀导购品牌的流量进入淘宝，可以设法保持各个导购品牌的均衡；点评也不需要去做外卖，可以设法保持各个外卖品牌的均衡。此外，渠道品牌和导购品牌还可以通过投资参股来稳定分工合作。

1.5　高维学友通关案例

1.5.1　科学创业实践之"汪仔饭"软狗粮

王津荣是高维学堂五年级的学生。他的创业项目是"汪仔饭"，大本营在上海，主营狗粮，这是个典型的快消品，整个产品的逻辑很适合用定位理论去梳理。

他于 2008 年开始做淘宝卖家，一直做得还不错，但是到 2012 年，他观察到一个现象——线上的获客成本越来越高。如果客户留存率和复购率不够高的话，每年都去重新累积客户是很累的。所以他就想哪些品类能把广告和客户沉淀住呢？而且增数要够大、复购率要高、毛利率也得高，符合这个标准的赛道一定很宽。瞄准这些指标之后，他当时就去搜集全网的数据，发现宠物行业高度契合，数据显示它保持着每年 35% 的增速。宠物消费涉及吃穿用住等，狗粮是这个行业里最大的赛道和蛋糕，份额占整个行业的 40%，零食、用品等其他周边的份额相对就比较小。所以他就进一步确认要在宠物行业里做狗粮。

他做这些选择，有这些看法，当时都是凭着一些本能，误打误撞做对了，并不知道其中暗含的规律是什么。后来上了冯卫东的定位课，学习了相关知识，发现他们自己有些事情做得还算正确。

比如为什么最好不要选小品类也就是弱势品类？因为大品类或强势品类带动小品类是合理的、正确的，但是通过小品类带动大品类，将来就是很吃力的。所以刚开始创业时，选赛道就特别重要，选得不对，就算做到顶级也只有很小的体量，到时候再想转身或换赛道，极其艰难。

1.5.2　科学创业实践之"熊猫不走"蛋糕

熊猫不走蛋糕成立于 2017 年 12 月，大本营在广东省惠州市，创始人叫杨振华。用他的话来说，他自己是一个实实在在的"草根"，经历了比许多人更艰难的人生——初中没毕业就去打工养家，所以今年年近不惑的他已是一位不折不扣的多轮跨行业连续创业者。

在创立熊猫不走蛋糕之前，杨振华在 20 多个城市开设了 400 多家 O2O 模式的便利店。关于那时的处境，他是这样说的："当时做便利店的时候，门店数多用户也多，但只靠供货给加盟商来赚取差价太难了，因为大家都是这么做的,所以我们也这么做就没有优势。如果供应链不赚钱,从哪里盈利呢?所以我就想做延伸业务,当时想的是做鲜花、蛋糕和开锁这三个业务。"

他先做的是开锁业务,他想通过这个业务来不断占领市场、开疆拓土。他本打算扎进去义无反顾地干下去,但是隐约感到前进的脚步越来越重。业务发展看上去一切正常,那么症结在哪?

当他在高维学堂学习了冯卫东的"升级定位"课程,并与冯卫东交流后,找到了这个症结:"开锁业务能赚钱,但增长特别慢,市场也特别小,没办法走向全国,所以越到后面复制性越差,越往后越'滚'不动。我向冯卫东请教怎么做好这个业务,但他告诉我,我选择错误了,再努力都没用。他还劝我不要再钻牛角尖了,因为他看出那时的我是一心想把开锁这个业务做好,因此被他批评了一顿。之后我想了大概一个月,终于下决心把盈利中的开锁业务放弃掉了。"

里斯先生在《品牌的起源》一书中讲到,影响品牌价值数量级差异的根本因素是品类——品类价值决定了品牌价值的天花板;品牌价值决定了企业价值的天花板(如果企业只经营一个品牌的话)。开锁这个业务的品类价值天花板肉眼可见,市场小、频次低这是不争的客观事实,杨振华知道再坚持下去就是毫无意义的"执念"了。他很确定自己想找的是一个能消化这么多年积累下来的庞大客户群的足够大的赛道,但开锁显然不能满足,所以他就决定启动线上蛋糕业务。不过,电商蛋糕也并非蓝海市场,初出茅庐的熊猫不走如何突出重围呢?

刚开始熊猫不走的定位是"五星级蛋糕,只送给最重要的人",所以从五星级酒店招聘了一批厨师来做蛋糕。此外,他们还做服务,成本比别人高,定价也是中等偏上。运营了一段时间之后,杨振华总觉得哪里有点不对——没有找到一种"推背感"。

熊猫不走的战略顾问小马宋建议说："其实你们团队的强项和基因是能够给别人带来快乐（比如公司内部同事生日，大家愿意也有兴趣并舍得花时间和成本去创造惊喜、感动和快乐），那为什么不围绕快乐这个强项来做文章，而非得围绕着高端呢？"

杨振华觉得这个建议很有价值："我们做五星级蛋糕的时候也会创造惊喜、感动和快乐，但是明确清晰差异化定位，要做的事情还是很不同的。"聚焦"快乐"之后，熊猫不走好像找到了发动引擎，有层出不穷的创新，有许多事情可以做，这也在最大程度上契合了其团队的基因，发挥了每个人的潜能。此时，熊猫不走团队做到了值得做、能做和热爱做。

杨振华学习了定位课程后，学以致用，科学创业。熊猫不走先是从品类价值的角度换了赛道，然后从命名角度进行差异化定位，加之其自建独特配送系统与"熊猫人上门表演"等极具话题性的种种配称，使得多数用户在社交媒体对其进行二次传播，为其带来了大量的好评，促进了订单的新增与复购。这些都使得熊猫不走在二三线城市的发展速度惊人。

仅仅一年多的时间，熊猫不走就从惠州发展到了广州、佛山、东莞等7座城市。截至2019年5月，其用户数270多万，每天订单约3000单，客单价达到170元以上。以美团外卖为例，在惠州地区，熊猫不走蛋糕占其蛋糕类订单总量的16%、营业额的23%，相当于1家熊猫不走等于其他270家蛋糕店。截至2018年年底，熊猫不走月营收超2000万元，并保持每个月15%~40%的惊人增长速度。杨振华有信心在2019年年底前进驻20座城市，月营收超过1亿元。

创模式：创新和验证效率最高的商业模式

对一个商业模式的真正评价不在于它是否新奇，而在于调整设计后能否提高持续盈利能力。

——林桂平

本章主要作者
《商业模式的经济解释》作者、高维学堂商业模式导师林桂平

关键任务
探索出适合自己的可重复、可升级、可盈利的高效商业模式

支线任务
探索企业内部的交易结构

核心方法论
林桂平"赋能型商业模式"课程

任务相关工具
商业模式画布,商业模式梳理清单

试验成果
找到可重复、可升级、可盈利的高效商业模式

2.1 第二关为什么是商业模式

  同样的赛道,不同的商业模式,成长速度和资本价值往往有天壤之别。同一个创业方向,是做产品、工具、市场、引擎还是平台?制定商业模式相当于决定公司的行动重心、发展节奏、团队构成,因此属于公司的核心决策,一步错步步错,在选定方向之后,紧接着就要设计商业模式。

  这样一个复杂的模块为什么要放在第二关?必须说明的是,越靠前并不代表越容易浅显。事实上,前三关是建设一座摩天大楼的地基,也就是

企业的顶层设计。商业模式可能跟后面的每一关都有关系，属于牵一发而动全身，比如紧接着的第三关"搭班子"：你的商业模式设计是什么逻辑，直接关系到这个班子里是产品先行还是技术运营先行，抑或是并驾齐驱；内部的各个利益相关者如何交易，都会影响股权架构设计。

商业模式最关键的三个要素就是价值、效率和可持续性。创业会面临很多选择题，当下的最优解往往不是一个长远的可持续的选择，所以要牢牢记住这三点：有没有降低行业成本，有没有提高行业效率；关注总量价值、长远价值而不是当下利益；设计出来的商业模式有没有可持续盈利能力。商业模式设计好了，企业越往后走壁垒越高。

所以，一旦选定赛道，就需要进入商业模式的设计。科学创业路线图的意义就在于，如果按这个路径走，遇到的阻碍将大幅减少，不会常常返工。当然，商业模式并不一定就是"复杂难懂"的，迟早，你会感受到商业模式的威力，要么来自于你的企业，要么来自于你的竞争对手，甚至是你的合作伙伴。

2.2　从交易结构入手，构建企业核心能力

在展开任务之前，还是有必要对商业模式这个词进行基本的解释和定义。本书里，我们用的商业模式定义来源于魏炜和朱武祥两位老师：商业模式就是利益相关者的交易结构。这个定义里有两个核心词：利益相关者和交易结构。利益相关者是指具备独立的利益诉求，有相对独立的资源和利益的输入输出，可作为交易结构分析的独立对象。利益相关者包括内部利益相关者和外部利益相关者。与所有利益相关者的交易组合，即整个交易结构。

交易结构一般围绕四个维度展开：一是跟谁交易（交易对象），二是交

易什么（交易内容），三是怎么交易（交易方式），四是如何定价（交易定价）。跟谁交易就是选择你的战场，界定谁是你的客户，谁又是你的竞争对手；交易什么则是通过分析双方的需求和资源能力，重构市场活动的环节；怎么交易，涉及责任、权利和利益的分配；如何定价，则是需要考虑到你的收入、支出和交易的时间节点。

商业模式就是从优化和设计交易结构切入，实现企业的持续盈利。只要以上四个维度中的任何一点发生了改变，商业模式也就随之发生改变。而正是基于这个基本概念，商业模式有了无穷的魅力与价值，值得每一位创始人和企业家探索。

本节主要内容来源于《商业模式的经济解释》作者、高维学堂商业模式导师林桂平的课程——"赋能型商业模式"。

2.2.1 跟谁交易

跟谁交易是最重要的环节。选择谁作为你的客户，谁又是你的竞争对手，决定了之后的所有选择，包括市场策略、产品定价、渠道以及广告等。

深圳的一家电子企业，也是高维学堂学友企业——韶音科技，就是通过重新设计交易结构而成功转型。这家企业一开始做耳机代工，后来发现代工行业竞争太激烈，利润都较低，于是转型到新的领域——军用耳机市场。

军用耳机市场门槛较高，具有两个特点：一是供应商必须具备研发能力，二是一旦确定供应商就不会轻易更换。韶音科技成功打入这个市场后，这部分业务每年能给公司创造几千万的收入。军用耳机跟普通耳机不一样，是骨传导技术。它不需要塞到耳蜗里，只是跟脸上的颧骨接触，就能听到声音。这种耳机有两种好处：一是不用塞到耳蜗里，减少细菌滋生；二是耳朵保持开放，可以"耳听八方"。军用耳机市场是个细分领域，即使做得再好，毕竟市场空间有限。后来韶音科技就试图把这项技术民用化。这款耳机做民用化容易吗？其实很不容易。因为军用耳机对音质要求比较低，但是进入民用市场，就不一样了，音质是最基本的要求。后来他们终于研发出可以达到民用市场要求的耳机，并且申请了全球专利。

那么，如何为这项技术创新设计一种新的商业模式？

韶音科技做的第一步，就是选择美国运动耳机市场。选择美国运动耳机市场的好处是市场规模很大：运动人群有1亿多，产品价格100多美元，意味着这是一个100多亿美元的市场。这种耳机对于运动人群是刚需。运动人群都比较喜欢听音乐，但美国每年由于运动人群佩戴耳机造成的交通事故约占全年交通事故的40%。这个市场足够大，但是如何切入这个市场？

韶音科技选择在美国设立了一个北美公司，然后请了美国消费电子协会的前主席做CEO。中方公司控股北美公司67%的股权。通过这种设计，它顺利打入了北美的市场，直接在亚马逊和百思买销售。这样一来，它的研发生产来自中国，收入则来自美国，中间存在很大差价，盈利十分可观。

你选择的战场，就决定了你会跟谁交易。以韶音科技为例，他们所选择的用户、渠道，都跟中国市场不一样了。

2.2.2 交易什么，怎么交易

在商业模式设计中，你的对手不一定就是对手，通过巧妙的设计，可能成为你的合作伙伴。你的客户、外部合作伙伴，都是如此。

传统模式中，房地产开发商，比如万科和二三线城市的房地产开发商，都要承担项目开发、资金、土地、当地关系等活动环节或资源能力。但是，万科通过"小股操盘"做了优化，把二三线城市房地产开发商变成了合作伙伴。而在传统模式定义下，二三线城市房地产开发商原本是万科的竞争对手。

在新商业模式下,万科在项目中只占比较小的股份,它把自己的边界划定为只做项目开发,而把资金、土地、当地关系划定给当地房地产开发商,双方优势互补、通力合作。万科的收入来自三部分,股权、项目管理费、超额利润分配;当地房地产开发商的收入来自股权和超额利润分配。这种方式下,双方的活动环节、资源能力边界都缩小了,但效率更高了,收益也都得到提升。

通过重新定义竞争对手,万科的模式发生了两个变化。一是,万科扩展到二三线城市开发,轻资产投入;二是,之前万科与二三线城市房地产开发商是竞争对手的关系,现在是合作伙伴关系,共同做大市场、赚取利润。所以,对于中小企业来说,不仅要注重自己的商业模式,还要分析行业的商业模式,特别是巨头的商业模式。一定要学会与大企业共舞。

还有一家世界500强企业,是从中间代理商起步的,最近十几年,常年处于世界500强的前40名,它就是"美国卡地纳健康集团"。卡地纳属于医疗用品的分销商,也就是我们经常说的中间代理商,不过其做法跟我们所熟知的中间代理商截然不同。比如,一个手术可能需要用到纱布、绷带、手套、吸入管等外用物品。以往的做法是医院批发到仓库,手术前由工作人员挑选后放在盘子里送到手术室。这是一般中间代理商的做法:很费时间,而且容易出错。

卡地纳整合了一个在线个性化定制系统,成套定制。目标是让外科医生可以提前模拟手术过程并定制相关的设备和物品。其中,卡地纳自己的产品只占1/3。手术当天早上,这些已经定制好的物品通过卡地纳的分销系统送到医院,按照医用标准打包,并按照手术流程顺序摆放好。这样一来,医院减少了库存,节省了医用人员挑选和医疗用品运输的时间。医生则用上了自己最得心应手的工具,不再担心失误。医院管理流程和效率都有所提高。

在这种情况下，卡地纳本质上已经嵌入到医院的内部价值链，提供一种叫作"嵌入式服务"的方案，深度绑定了医院的内部流程，形成"你中有我，你离不开我"的关系。医院如果需要修改手术流程或上马一个新的手术流程，必然需要跟卡地纳深度沟通，因为后者要给它提供全套的个性化配套手术物品。这部分服务在过去是经常被代理商忽略的，或者说就算知道，也不愿意正视的。

虽然卡地纳和医院还是外部合作关系，但是它已经深深嵌入到医院的体系里，相当于医院的内部部门了。这种深入的合作关系，为双方长期的关系打下了一个基础。通过分销系统，卡地纳收集到各种药品的销售信息，将信息及时地反馈给制药公司，制药公司就可以根据市场需求及时调整策略，更快速、有效地占领市场。

绝大部分企业的商业模式设计，只是关注外部的价值链，把合作伙伴看成一个节点。而卡地纳的模式设计是把合作伙伴打开来看，里面有医生、有护士、有供应链，并真正去思考"我如何降低他们跟我合作的成本，提升他们跟我合作的收益，最大程度满足他们的利益诉求"，从而大大提升了医院跟卡地纳合作的意愿。

这样做的效果也很卓著：通过个性化定制系统，以及与之配套的药品分销、信息系统等，卡地纳已经管理了超过 400 家医院的药房，比它的竞争对手管理的总和还多。

卡地纳为什么成功？设计商业模式之前，首先要分析特征，评估结构是否合适。医院的痛点是产品众多、散乱、物资管理混乱。当卡地纳观察到这个需求的时候，它就开始设计交易结构了。从简单产品代理，到定制成套的服务，客户需求的挖掘是很重要的一步。很多时候，我们看到的只是客户的显性的需求，但是这并不能建立起你的竞争优势。建立竞争优势，一定要挖掘客户的潜在需求，一定要对客户有很深的洞察。

设计完成后，就要评估双方的机会成本和转换成本。在转换中，一般是为了实现价值提升、成本节约、增长加速这几个目标。当你进行转变时，你也会面临一定的转换成本，做出更多投入。这个时候，你的合作伙伴会评估机会成本，只有达到最优，他才会与你的企业一起走向新模式。对于医院来说，选择跟卡地纳合作，不仅更方便，也更节约和高效，所以自然会选择卡地纳新的商业模式。

2.2.3 如何定价

除了产品定价，还有按照时间定价、根据行为定价等方式；除了整体定价，还有切割定价、分时定价等方式。包装纸巨头利乐通过改变定价方式，占据了中国绝大部分的乳业包装纸市场，这也是一种商业模式原型的优化。

利乐原来的模式是一次性销售，即向乳业企业销售成套灌装设备，但设备价格昂贵，一般要数百万元。但21世纪初时，中国的几家乳业企业正处于竞争激烈的阶段，大部分资金都要投入到营销、销售上面，因此很难挤出资金来购买利乐的设备。于是，利乐改变了定价方式，提出一个"80/20"的设备投资方案。客户只要付款20%，就可以安装设备；此后4年，只要每年订购一定数量的利乐包装材料，就可以免交其余的设备款。这样客户可以用80%的资金去开拓市场，或投资其他项目，成功缩短资金运转周期。

利乐的这种"捆绑"销售模式，使利乐设备迅速扩大了市场份额，成了所有牛奶生产厂家的投资首选，并且成功地把竞争对手关在门外，占领了中国90%的市场份额。

随着竞争的进一步加剧，乳业企业发现：最大的一块成本支出竟然是利乐的包装材料。当有些企业试图更换包装材料时，却发现无法更换了。因为，利乐通过"条形码灌装机"的专利，使其他品牌的"包装材料"无法在利乐的设备上使用。那么更换设备呢？成本会更加高昂。此时，牛奶成套灌装设备已经涨价到数千万元，如果更换全部设备，乳业企业就要面临破产清算的风险。如此一来，中国的乳业企业只能继续使用利乐的包装材料，源源不断地为利乐创造利润。

此外，利乐还建立了一个生产过程追溯系统：一旦一盒牛奶出现问题，可以追溯到任何一个生产环节，找到问题的起因。生产企业可以快速而准确地界定差错产品的责任环节以及产品范围，从而有针对性地召回差错产品。这项技术不仅为企业节约了成本，也以最快的速度消除了产品对消费者的潜在危害。利乐通过这种方式，牢牢地锁定了客户。它的商业模式设计有两个关键点：第一，减少了客户的一次性投入，减轻了乳业企业的现金流压力。第二，灌装设备就是会"下金蛋"的机器，一旦客户购买了，利乐就可据此以长期预测包装纸的销量。这就是"剃须刀－刀片模式"：剃须刀和刀片一定要锁定，否则你的竞争对手就会想方设法"抢"人，你的"局"就被破掉了。

2.2.4　总结与两份工具

商业模式涉及很多变量，并没有放之四海而皆准的模式，但是有通行的方法论和原理。

首先，关注关键利益相关者发生了什么变化，也就是关注行业/生态、客户/用户、竞争对手、企业自身。其次，确定交易结构，也就是跟谁交易、交易什么、怎么交易、如何定价。最后，很多商业模式的失败，在于只设计了模式，而没有发展与模式匹配的能力体系，所以要构建能力体系，即设定关键任务与行动计划。

整套商业模式设计流程中,我们要遵循三大原则:一是,先复盘、洞察,后设计,商业模式设计里,认知(洞察+复盘)至少要占90%的工作量,认知到位了,如何设计是简单的事情,认知不到位,怎么设计都是无用功;二是,设计后必须拆解执行动作;三是,执行后必须复盘。

商业模式梳理清单如表2-1所示,商业模式画布图如图2-1所示。

表2-1 商业模式梳理清单

利益相关者	注释	新洞察(机会、问题、挑战)	原有交易结构	现有交易结构
行业/生态	行业未来的趋势发展主要受什么因素影响?会有什么影响?我们的对策是什么			
	谁是我们的主要竞争对手,请分别阐述我们与其行业/生态的关系(最佳实践学习对象、差异化竞争对手、可转为合作伙伴的对手)			
	谁是影响行业未来发展的关键利益相关者?要与之建立什么样的交易结构			
客户/用户	通过对未来三年市场发展的预计,我们的市场定位在哪儿?请描述确定市场的几个关键维度,描述未来几年的空间和成长性			
	请描绘客户画像			
	请描述客户的需求、满足方式、客户相互联结的方式、客户长期消费的习惯			
	请结合竞争对手,画出差异化的价值曲线(结合需求和满足方式)			
	请设计:规模化联结客户的方式、提升与客户信任关系的方式、提高客户全生命周期价值的方式			

（续）

利益相关者	注　释	新洞察（机会、问题、挑战）	原有交易结构	现有交易结构
企业能力结构	为了实现上述交易结构，请描绘出企业的能力结构			
	区分哪些由我们完成，哪些由合作伙伴完成。请依企业能力结构分别描述未来三年需要相应做的事情			
	请阐述由我们完成的部分，是通过什么赋能方式（协同赋能、科技赋能、企业文化赋能）解决的			
合作伙伴	请表述关键合作伙伴及其交易结构			
金融方案	请表述企业的盈利模式和现金流结构特征			
	请表述如何应用金融工具降低企业风险，促进企业成长			

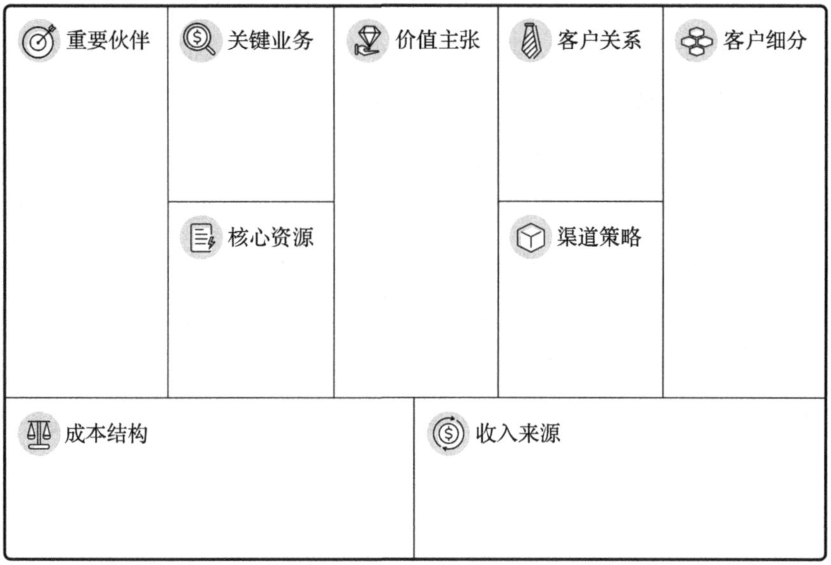

重要伙伴	关键业务	价值主张	客户关系	客户细分
	核心资源		渠道策略	

成本结构	收入来源

图 2-1　商业模式画布

讲完企业外部交易结构，我们再来看看企业内部交易结构。如今的商业环境中有三个因素驱动了一种叫作赋能型组织的诞生和进化：一是从资本密集型走向人本密集型，二是员工对收益的诉求接近"所劳即所得"，三是科技升级提供技术上的可能性。

2.3 打造赋能型组织

2.3.1 什么是赋能

商业模式的核心在于赋能，而企业存在的合理性在于赋能能力有多高。所谓赋能，指的是可以使利益相关者的能力产生倍数级的产出，一倍的能力能发挥出五倍、十倍甚至更高倍数的产出效果。

举个例子，由于微信的存在，使很多小程序、公众号可以直接接触到十几亿甚至几十亿的用户，其背后的中小企业或小微机构等，通过这种途径，能力的产出效果能够放大几十倍甚至成千上万倍。可以说，微信给很多小程序、公众号提供了极大的赋能能力。而这种赋能能力，正是这些小程序、公众号依赖微信的原因所在，也是微信作为一个企业存在的合理性。

往小了说，任何一个小微企业都是一个赋能的平台。由于它们的存在，使得其员工得到一个施展能力的平台。比如，生产线赋能于生产工人，使一个工人的生产效率比手工制造提高了许多倍；市场渠道赋能于销售员，使其销售能力有了更高的产出。小微企业也为用户解决自己的问题提供了一个赋能平台，比如，个人用户无法生产一件衬衫，但企业可以批量化生产，而批量化也是一种赋能。

企业的赋能能力，让企业能够完成少数用户、少数员工、比自己能力层级量级低的小企业无法完成的事情，这便是企业存在的原因，也是企业存在的合作性所在。

一个企业的价值有多大，取决于其赋能能力的层级和量级、能够为多少利益相关者的多少需求提供赋能。比如，APP store 为整个移动互联网生态提供了庞大的赋能基础设施；微信赋能了公众号、小程序、游戏；支付宝、微信支付等平台为很多线下和线上商业提供了移动支付的闭环，赋能了整个现代商业生态。

这都是伟大企业所存在的合理性：赋能能力的层级和量级越高，能为更多利益相关者、更多需求提供赋能，就有获取更高回报的合理性。

2.3.2 赋能的三个核心问题

关于赋能，有以下三个核心的问题需要回答。

第一个问题是，企业的能力有多大，也就是赋能能力的层级和量级有多高。此问题对应的商业模式进化路径是能力升级，企业的很多长期投资都是要做这种决策。许多企业能做多大，从这个问题上可以看到一些端倪。

比如有两家属于不同行业的制造型企业，第一家企业其生产线还停留在人工、半自动阶段，而第二家企业已经完成生产线的智能化、个性化研发和柔性制造。相应的，其团队面貌和视野跟生产线的现状是对应的。

不用做其他更深的分析，这两家企业孰优孰劣也可以判定了。第一家企业为什么不升级生产线，朝着自动化方向走呢？因为其创始人认为这需要投资固定资产，有一定的回报期，而市场销售不一定能跟得上。因此，生产线不敢投入、扩大产能，销售队伍又不敢扩张、带动消化更大产能，团队内部彼此制约，都不能放量，企业就一直无法成长。而第二家企业的智能化、个性化研发与柔性制造系统是两年前就决定投资的，第二年就可以放量、创造价值了。提升赋能能力层级和量级的方法可以有 IT 化、引入金融工具、智能化、精准商业等。这种投入是当前就要投入的，而其产出是要未来才能见效的，有一定的风险，这就需要企业家在理性考虑风险的前提下具备较强的决断力。

第二个问题是，企业能为多少利益相关者、多少需求赋能。此问题对应的商业模式进化路径是赋能范围升级，升级的路径可以有两条。

第一条路径是对同一个利益相关者，扩大其需求范围。比如，微信使用户的需求从社交需求到公众号、小程序、游戏等，未来可能为其解决一站式、闭环的需求。再比如，360对用户需求的赋能基于互联网安全，从杀毒、安全卫士到安全浏览器、游戏支付等。

第二条路径则更为重要，是扩大利益相关者的范围，从赋能企业内部员工到赋能合作伙伴，再到赋能竞争对手。

7-11就是个很典型的例子。作为一家很杰出的连锁企业，7-11为其连锁店体系打造了庞大、高效、集约的赋能体系，能够实现几万家门店统一管理；基于其背后高效的IT系统、供应链体系、顾客管理体系等，实现了对企业内部员工赋能。在这个基础上，7-11把赋能扩大到了合作伙伴，比如供应商、物流合作伙伴等，也为其提供高效的IT系统、供应链金融，甚至，一些规模化的基础设施也帮忙组织建设。比如仓库，由7-11组织供应商一起建设，并分摊其成本，也分享利润，这就实现了对合作伙伴的赋能。

此外，7-11还完成了对竞争对手的赋能。7-11最近几年的店面扩张，主要来自一项计划——店铺转换计划，就是把社区的夫妻店收编，为其更换店铺招牌，改为7-11的加盟店。由于7-11的整个零售体系效率极高，在产品规划、店面布置、物流配送、数据分析、供应体系上都具备强大的赋能能力，因此这些社区夫妻店被收编后，业绩都有了质的飞跃，而7-11也从中获得了巨大的投资回报。

事实上，有很多企业发展到一定阶段，都会不断扩大其赋能的范围，以解决企业问题、行业问题，以至社会问题。这对应的就是赋能的利益相关者范围不断扩大，也对应着不断升级的企业价值。

第三个问题是，谁为企业自身赋能。此问题对应的商业模式进化路径是有意识地选择能提升企业自身能力层级的合作伙伴。但这个问题被很多企业，特别是中小企业所忽略。企业提升自己的能力层级和量级有两种方式：一种是提升自己，内部积累；另外一种是找到合作伙伴为自己赋能。

比如说，滴滴当时如果不找腾讯投资，那么跟快的的那场战争是不可能打赢的，这就是找到合作伙伴为自己赋能的重要性——它能够帮助企业打赢靠自己难以打赢的战争，获取靠自己难以获取的市场价值。当然，要找到合作伙伴为企业自己赋能，也需要企业具备相应的能力：打车作为微信支付的高频应用场景，腾讯为滴滴提供市场竞争的资金支持，这是当时双方一拍即合并持续合作的基础；而滴滴能够做到全国前二，证明了其业务能力，这也是腾讯愿意投资的重要原因。

很多创业公司，会借助巨头们的力量来为自己赋能，提升自己的能力层级和能力量级。比如，很多智能硬件公司加入小米的生态链计划，从而成长为独角兽企业。据早前不完全统计，在小米生态链中的77家企业，有30家发布了产品，其中4家的估值超过10亿美元、16家的年收入超过1亿元人民币、3家的收入超过10亿元人民币。这些企业都得到了小米的诸多赋能资源，如渠道流量、品牌、供应链、粉丝群体等，还包括小米成熟的商业模式、管理哲学、产品方法论，以及仍在不断进化的理念等。

总而言之，企业存在的合理性在于赋能，其赋能能力的层级和量级越高，能为更多利益相关者、更多需求提供赋能，就有获取更高回报的合理性。因此，商业模式升级也可以归结为两个核心动作：能力升级，广泛合作。其中，广泛合作，包括"我为别人赋能"，也包括"别人为我赋能"。

但这两个动作都不是短期之内能够完成的，都需要靠时间去积累，所以我们提倡企业长期打造两个账户：第一个是能力账户，不断往里面储存能力，提升能力层级和量级；第二个是情感账户，不断对核心的利益相关者（包括"我为别人赋能"及"别人为我赋能"两类）投入情感、积累情感，夯实合作基础，提升合作黏性。商业模式的最终目标是为了实现持续盈利，而只有对这两个账户持续性地投入，把这两个核心动作做到位，才有可能实现持续盈利。

2.4　判断商业模式好坏的两大指标：效率和成本

2.4.1　设计商业模式时必须回答的四大问题[⊖]

1. 团队

对于任何一家企业，团队都是最重要的。比如在20世纪80年代至90年代初，PC机还是暴利的时代，IBM预见了未来，要转型做服务、做软件，因此在20世纪80年代做IT的那些厂商里面，只有IBM市值维持了20年的高利润，为股东提供了丰厚的回报。

为什么IBM可以做到？核心在于IBM的团队在适当的时候提前能够做出转型，找到行业的一个新的增长点，一骑绝尘。可以说，大部分企业"死掉"基本都是因为团队不行，一旦人不给力，市场不好、面临转型这些都是表象，经不起动荡和变化。

每一家公司都有遇到发展瓶颈的时候，团队是渡过难关的根本因素。

2. 用户体验

不管做产品还是做服务、做硬件还是做软件，是在互联网还是传统

⊖ 本节部分素材来源于京东创始人在2015年"潘谈会"上的演讲。

行业，最核心比拼的是你的用户体验。让用户离不开你或者眼前一亮，都是绝佳的商业模式切入点。IBM 如此，微软也是如此，苹果公司更是如此。

3. 成本

任何一种商业模式，如果不能够把这个行业的成本降低，最后都是有问题的。雷军曾让内部员工集体学习 Costco 超市案例，其创始人不遗余力的减少一切可减少的成本，将利润最大程度通过低价让利给消费者，它有个"14% 铁律"——所有的商品的毛利不得超过 14%，如果高于 14% 就要经过 CEO 批准。

根据 Costco 的财报显示，其整体毛利率一直保持在 11% 上下。其 CFO Richard A.Galanti 表示："我们的经验法则是，将省下来的成本的 80%~90% 返还给消费者。"拼命把毛利率压到这么低，这跟资本市场很多投资人的理念是相悖的——他们认为，所有公司毛利率最重要，谁的毛利率高就投资谁，谁毛利率低就不投资谁。其实核心不应该是看一家公司的毛利率，而应该看这家公司的成本。为什么把毛利率做到这么低还能赚钱？毕竟同行沃尔玛的毛利率是 24%~26%。因为 Costco 为了把毛利率压缩到极致，把其他所有的新兴业务、与零售无关的业务全剥离，所以导致其费用率不到 10%，然后会员费才是公司利润的主要来源，约占净利润 75%。

所以，Costco 的成功，主要是因为它把过去整个零售行业普遍需要的 15%~22% 的成本，一下子降到 10%，再去销售产品，并且能够持续获取利润。这才是真正的核心竞争力！

4. 效率

一般的超市，退货时简直就是"踢皮球大赛"，但 Costco 特别热衷于退货：退货不问原因、不限时间，关键是，只要顾客不满意，随时可以退换，甚至连吃一半的饼干、穿过的衣服、用过的电器，都可以退货！它解决所有的售后问题几乎都是用一个"退"字。这背后就是对整体运营效率的思考：无条件的退换货一方面可以让消费者放开手脚消费，另一方面退换货对于产品和供应商是一个很好的检验方式，因为被退货太多的供应商肯定会感到压力很大，以后会更注重品质，否则就会丢失这个巨大出货量的渠道。

所以，在优秀的团队基础之上，只要把用户体验、成本和效率三点，至少做到一点，同时另外两点又没有减损，基本上就可以算成功了。什么是没有减损？千万不要说只要用户体验好了，就一定能成功。

比如曾经上门洗车的互联网项目很火，用户体验相较以前是提升了，但是三个人到用户家弄半天洗完车，他们一天只能洗两三辆车，这跟在店里洗车相比，成本大幅度提升、效率大幅度下降。这种好的用户体验是建立在成本上升、效率下降的基础之上的，所以即使带来了一些利润，这种商业模式也很难成功，不可持续。这是很多互联网创业者存在的问题——忘记了成本和效率，只强调好的用户体验，以为有用户就能赚钱，其实严重违背了最基本的经济常识。

最后，各位创业者在设计自己的商业模式时不妨先回答这四个问题：

你的团队有没有比别人强一点？

你的用户体验有没有比别人好？

有没有降低行业成本？

有没有提升行业效率？

2.4.2 精准案例：年收入 90 亿日元，只做一个单品，将规模经济做到极致

有家日本外卖企业每天只卖一个单品，年收入却达到 90 亿日元（约合人民币 5.4 亿元），坐上了日本"外卖大王"的宝座。餐饮外卖是一个复杂的行业，从原料采购到库存再到分发，每个环节都必不可少。这家企业能够长盛不衰源于对商业模式的极致整合，真正实现了商业模式的黄金三要素：价值、效率和可持续性。

它围绕"只卖一个单品"的定位，将各个环节配称都做到了极致。聚焦能够简化顾客对品牌的认知，产生专家效应：只做一件事，顾客就会认为你做得最好。而从经济学角度来讲，聚焦意味着达到专业化分工，就会有规模经济效应。

这家企业的创始人菅原勇一郎在控制度效率和成本上是绝世高手，他认为："我们需要靠味道竞争，因此在食材上绝不吝啬，而食材以外的方面就要降低成本，所以选择'单一菜品'模式，降低采购成本。但要盈利，就必须在实现规模效应的同时降低废弃率，为此要提高配送效率。"

这家企业是玉子屋，成立于 1965 年，凭借独特的商业模式，在众多的餐饮企业里突围而出，成为日本的外卖大王，每天卖出外卖便当 13 万份，让人刮目相看。

"玉子"在日语中是"鸡蛋"的意思，玉子屋的起源也确实和鸡蛋有关。创始人菅原勇一郎出生于 1939 年，其父亲经营过一家养鸡场，搬家至东京后，经营创办一家卖鸡蛋、蔬菜的食材店。在创立玉子屋之前，菅原勇一郎在日本富士银行（现瑞穗银行）工作。父亲的经历加上对白领午餐吃得不好这一痛点的深刻体会，菅原勇一郎产生了做一家专门针对白领午餐的外卖公司的想法，生产和销售"好吃又便宜"的便当。这就是玉子屋的

起源。而菅原勇一郎也确实做到了。

1. 每天只提供一种菜品

通常餐饮企业为了迎合客户的不同口味，会制作多种不同的菜单。而玉子屋却反其道而行之，每天只提供一个单品，但每天的菜都不同，周一到周五每天不重样。玉子屋的便当非常便宜，仅需450日元（相当于人民币27元左右），比同行的主力便当便宜20~30日元。而这个便当价格，在日本相当于3瓶550毫升可口可乐的价格。

菅原勇一郎认为，单一菜品的方式，既提高了食材品质，又保持了便宜的价格，还能在无形中降低顾客纠结于"吃什么"的决策成本。而且，为了做出好吃又便宜的便当，玉子屋严格控制利润，只追求5%的利润，而把50%的成本用于食材，另外45%用于人工和其他成本（见图2-2）。

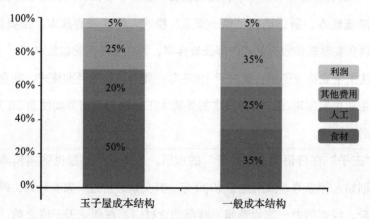

图 2-2　玉子屋成本结构比照图

资料来源：《创新的逻辑：优秀企业的商业模式》，根来龙之著。

可以看出，和一般餐饮企业的成本结构相比，玉子屋的人工成本和其他费用比普通的餐饮企业低了15%，然而他们把这些降下来的成本全部投入到食材当中，采购更加丰富、新鲜的食材。因此，玉子屋可以在同一价格区间，以优质食材取胜，满足顾客"好吃又便宜"的需求。而正是这种独特而精准的定位，让玉子屋能在餐饮行业的红海里脱颖而出。菅原勇一郎接受采访时说："每盒1000日元的价格，会有无数竞争对手，但每盒450日元的价格，并没有明显的仿效者。"

2. 规模化思维

首先，玉子屋的客户是各个公司，并不接受10份以下的订单，也可以说是某一种程度上的外卖"团购"，这样做配送也能更加高效。其次，因为每天的菜品只有一种，玉子屋可以批量采购食材，从而获取低廉的采购价格。最后，日本的便当多为饭菜分离状态，而玉子屋的全自动煮饭系统可以在1小时内煮好15 000份米饭。"单一菜品"使成品制作的效率提高了至少30%，而且食物温度的稳定性更高。

正是有了"单一菜品"对成本和效率的把控，玉子屋才有可能去追求规模经济。随着订单规模不断增加，单个产品的成本就自然会减低，因此玉子屋拥有了非常强的成本竞争力。

3. 精准预测需求

玉子屋一天所有的便当，是当天早上9:00到10:00接受预定。当天的最终数量，要在预定截止时才能知道。但便当食材却需要提前一天准备，而且便当的制作是在下单前就开始了的。那么，既要保证数量足够又不能有太多浪费。这个问题是怎么解决的呢？

玉子屋是通过与订餐单位的长期联络、回收饭盒时的跟踪调查等沟通，结合历史数据分析来精准预判的。玉子屋不用一次性的便当盒，而是制作了可回收的便当盒，这其中另有深意。一是为了降低成本，也为顾客省去扔垃圾的麻烦（日本垃圾分类要求极严）；二是回收便当盒还有一个战略性的作用——"了解吃剩的饭菜"。

司机每天下午再次前往客户单位回收便当盒时，会打开盖子，认真记录剩菜情况并反馈给总部。这样既可以用来改进菜单，也通过与顾客再次见面，了解第二天的可能订单数量。玉子屋的工作人员在回收便当盒时的经典"四问"是："您觉得便当的味道与菜量怎么样？""您希望菜单里增加什么菜品？""附近有比我们好吃和便宜的餐馆与便当店吗？""您公司最近有没有大型活动，您周末要加班吗？"。记录回答后，工作人员会将便当盒带回公司，这些信息会通过每日的工作报告实现共享，作为预测订餐量、改善菜品的重要依据。

日本电视台曾经随机抽取一天，检验玉子屋的预测。采访当天，玉子屋根据这些信息对第二天的订单数量预测为63 100份便当，而第二天的销售量是63 126份便当，精准度之高，让人惊叹！

根据长期的经验，玉子屋的工作人员发现，在下雨或酷热酷冷的日子，他们会接到更多订单，因为人们不想外出。反之，在阳光明媚的日子，尤其是长期阴雨天之后的晴天，他们会接到比较少的订单，因为人们不介意散步到餐厅或便利店吃午餐。最大的订单往往是在下雪天，尤其是前一天晚上的天气预报未能准确预测的下雪天。此外，玉子屋发现，在发薪日之前或国家法定节假日之后，他们会接到更多的订单：因为在这些日子里，人们可能已经几乎用光所有现金，无法出去吃更昂贵的午餐。相较之下，玉子屋订单最少的日子是周末和国家法定节假日之间的日子，因为有些上班族可能会选择休息一天，便当的平均需求量就会下降，不确定性也随之上升。

4. 敏捷供应链管理

当然，预测即使再怎么精准，也无法做到百分之百符合。那么，玉子屋如何通过供应链来实现敏捷反应呢？

玉子屋的生产基地距离供应商非常近，其目的是为了在出现意外需求时，拥有更高的采购灵活性。菅原勇一郎在接受采访时，通过一个例子来加以说明。

例如，某个工作日，玉子屋的初步订单预测是 67 000 盒，最低预测为 58 000 盒。这两个数字都向供应链的所有合作伙伴共享了。在前一天晚上，玉子屋按照最低订单预测 58 000 盒向供应商订购食材。在开始接受订单后，玉子屋每 15 分钟更新一次数据库，并与包括五大供应商在内的所有合作伙伴共享。这五大供应商地理位置优越，靠近玉子屋，能够参与最后时刻的需求满足过程。他们按照最新订单，每 15 分钟给玉子屋送一次食材。玉子屋将食材进行烹饪，制作菜单食品，而这个过程又需要 15 分钟。至 10:30 截止接受订单时，由于上午的强降雨，订单总数竟然达到 66 880 盒。当最后一批配送车于上午 10:00 离开工厂时，最低预测值与实际订单量之间多达 8880 盒的差距已被完全填补。

此外，玉子屋的配送非常科学、合理，他们采用分组送货的配送方法。负责离中央厨房较远地区的送货车，称为先发组，装上比预估订单数略多一些的便当先出发，在负责的区域进行配送。在完成配送后不直接回工厂，而是和后发组取得联系，再对便当不足的区域进行补足。

凭借这一套配送方式，玉子屋不仅每天按时将便当送到顾客手中，还把便当废弃率控制得极低。外卖界的平均废弃率是 2%，也就是说，当天生产 100 盒便当，有 2 盒是多余卖不出去的。而玉子屋的废弃率却只有 0.1%，因此可以有效控制成本。当然，玉子屋之所以能够达到这种完美的配送，很大原因在于它每天只有一种便当，不必花大量功夫来调整不同菜单的需求。

5.回收便当盒，拉动复购

玉子屋没有销售人员，也没有花钱做营销。所有的营销活动，都由配送司机完成，因为每天他们都和顾客见两次面，一次送便当，一次回收便当盒。玉子屋认为：没有比每周见10次顾客更棒的营销了！

玉子屋的宣传方式非常直接，当司机给客户送便当的时候，会给客人送上一份菜单，这份菜单上是下周一至周日的菜谱，每天的便当菜式都不一样。而且司机在配送便当或者回收便当盒时，会拜访现有客户附近的办公室，并介绍公司及其产品。

一位司机说，要识别优质潜在客户相当容易："我们拜访办公室时，如果办公室里的员工展现出密切、互动合作的氛围，他们就很可能会成为优质客户。如果员工表现得竞争好胜、咄咄逼人，他们就不可能成为好客户。因为他们宁愿出去吃午饭，借以摆脱那些同事。"

2.5　风险提示

创业可能因为各种原因失败，比如团队不和、竞争、技术变革、资金不到位。但假设资金、团队、时机都有的情况下，还会有一种死亡率很高的"死法"，那就是商业模式错误。

因商业模式而"死"是最可惜的，因为优秀的团队、不懈的努力、充足的资金都用在了错误的方向或者错误的方式上，让人扼腕叹息。所以在创业过程中对商业模式的思考是非常重要的一环，在这一环上创始团队的认知能力起决定作用，在创始团队中核心创始人又是最核心的。所以前文林桂平博士也提到了商业模式设计时90%的时间要用来认知（洞察＋复盘）。制定商业模式的时候主要容易犯的错误有以下几种。

（1）伪需求，解决的问题本身有问题。这相当于创业的起点不存在，比如前几年很多智能硬件、智能杯子、智能风扇、智能音响等。

（2）路径过长。好的商业模式通常简单直接、切中要害，路径过长会导致层层损失，比如乐视的生态化。乐视的商业模式要成功，依赖于各个模块的成功，才能形成所谓的生态，才能有化学反应，这就导致整个链条过长，对创业企业来说就非常凶险。

（3）片面学习别人的模式，而不关注别人模式背后的洞察是什么。

（4）片面追求出奇制胜。

（5）"鸡生蛋"还是"蛋生鸡"。很多人在设计商业模式时会说如果我有足够的客户，我就可以向上游整合供应链，从而可以建立盈利模式，或者是整合了供应商之后可以降低价格从而在C端具有竞争力……

这是典型的没有搞清楚"鸡"和"蛋"的问题，一个商业模式必需搞清楚是先有"鸡"还是先有"蛋"，就是用什么方式获得"鸡"或者是"蛋"（用什么方式获得顾客），是增加体验还是提升效率。而不应一厢情愿地想有了"鸡"就会有"蛋"，很多做整合平台的项目最后做不下去都是犯了这个错误。

（6）忽视交易成本。交易成本有的时候是隐性的，涉及资金成本也包括时间成本。交易成本过高会导致商业模式直接失效，比如共享单车模式是否成立的核心应该就在于维护成本是否能支撑，如果无法支撑最后只能是"炮灰"。还有之前各种上门按摩、美甲、洗车、养护之类的项目都属于这种。

（7）过度依赖外部资源。外部的资源包括资金资源，也包括政策资源等，创业公司都极度缺乏资源，最好能集中精力解决用户需求的问题。过度依赖融资，比如共享单车，要成为出行的一种核心方式，或者要稳固住一个市场必须不断地投入，依靠一轮又一轮的融资；医疗类的项目大部分涉及政府和政策资源，要获得医疗的核心能力就要跟现有的医疗体制打交道，需要解决很多政策上的问题，这也是隐性的交易成本。

这类商业模式大都不合适创业公司，京东、亚马逊这类公司在他们的企业生命周期的大部分节点上都是想盈利就可以盈利的，可以说他们的投入基本上都是投资未来，或者建立更深的"护城河"、做更好的用户体验等。

（8）头小尾大。很多做 B2B 类项目或者 SaaS 项目的创始人都会讲一个供应链或者金融的故事，而 B2B 或者 SaaS 本身的项目基本无法盈利或者市场空间如果过小，就会导致前期发展的时间周期过长、过于艰难，即用一个小的动力去拖一个很大的商业模式会发现力不从心。如果过于心急，甚至会导致资源错用，过早地进入"尾巴"部分的业务模式，比如 SaaS 还没有多少客户，就开始做供应链和金融业务。

（9）无法规模化。规模化、可复制是一个商业模式设计的基本原则，缺乏可复制性的商业模式不如不创业。创业基本上是不进则退，树欲静而风不止，竞争、跨界打劫会逼迫你必须不断进步，进步停止了也就意味着企业离关门不远了。

（10）反人性。有很多反人性的项目，比如通过打赏给朋友来督促自己锻炼。这类的项目都比较难持续，因为即使获得用户，用户也很难坚持。

（11）反数学逻辑。反数学逻辑，就是在数学逻辑上无法真正为用户带来价值。这类项目有些会获得用户，因为用户以为可以获得价值，比如帮人选彩票、设计曲线图、做预测，还有通过算法智能推荐股票等。彩票的设计就是通过概率来决定，上次中奖的号码在下次同样中奖的概率与其他号码是一样的；股票也是一样，大部分通过机器来选择股票做短期操作的一个逻辑问题就是，当方法被很多人采用的时候就趋向无效。在这种情况下获取再多的用户也最终会流失，单个用户的价值也很难做大。

说到底，商业模式核心最后要落脚到两点，就是在现有的资源条件下能不断做出提升用户体验或者提高用户效率的产品。

2.6 科学创业实践之高维学堂[⊖]

企业培训这个行业本身存在已久，所以有很多不同的商业模式并存，比如线上是一种，培训加投资也是一种，高维学堂决定选哪种商业模式之前肯定都要去分析一遍。有一个很重要的前提是我对这个行业本来就比较了解，这个特别重要，也就是说整个链条上的成本结构我是比较清楚的——比如 100 元在整个模式里成本是怎么分布的。有一个很普遍现象是：这里面的渠道成本一直特别高，这部分费用起码占了 60%～70%。

这是极其不合理的，因为渠道既不给老师端带来价值，更没有给用户端带来增值。所以我想去做这部分成本的改造——想办法把老师和用户直接连接起来，最大程度减少中间不必要的费用，我们只收取 15% 的服务费，绝不赚差价、公开透明，将价值还原给两端。我就是用这种思维和判断推导出了众筹模式的可行性。

公开透明公布各项成本，只赚服务费，不管是给老师还是用户甚至是同行，都带来了极大的冲击，可以说是对行业惯有规则的一次颠覆。用户相信你是真心在为他服务，我们也强烈感受到了这种价值链条重新设计带来的信任感和价值感。

我们开始时的运作模式是一个城市就一个人，挑战最高人效，而不是

⊖ 本节内容由高维学堂创始人林传科编写。

一个城市多个人。最早在深圳打通整个模式各环节之后，几个在深圳上完课的北京学友想在北京发起课程，所以我们就跟随着用户的需求过去了——第一场课还是当时的广州班主任林慧余主持的。结课之后我们接收到更多北京学友的需求，初步判断这是一个可持续做下去也是做企业培训必须得扎下根的城市。我们就开始招聘北京班主任。

站在商业模式的角度来看，一个城市一个人是最高效率、最低成本的，一人一城，公司跟城市合伙人（班主任）的交易结构高效简单，而且是单线来回，能够将交易成本降至最低，用交易代替管理（弱管理强交易）最大程度激发了班主任开足火力前进的干劲。一人一城，相对容易标准化，复制到其他城市的时候也更简单。如果一城两个或更多班主任的话，利益相关者之间的交易结构又得重新思考和设计，会产生多余的内部管理成本和沟通成本，还极有可能管不好，这对刚刚找到方向的创业公司来说是不科学的策略。

也就是说我们在整个开始生长的过程里都尽量没有平行角色，不仅仅是班主任，高维学堂后台也是，没有相同的角色同时并行，内部的交易结构也都尽量简化，都是各管一摊事，彼此之间没有特别密切的一些交叉。这都是在降低内部的交易成本，保证了组织能比较快速地往前跑。

发展到现在，高维学堂在内部利益相关方交易结构设计上，正致力于打造赋能型的组织，分成了前台和后台，前台就是以班主任为中心，后台的核心就是产品、技术、运营，分成三大中心支撑前台的高效率运转。

值得一提的还有商业模式里的关键资源能力。如果设计出了一个不错的商业模式，要想发挥出它的最大价值，就一定要有产品技术去支撑这个模式的实现，也就是说，一个好的商业模式也可以引领产品技术的研发方向。我们如果要让这个基于众筹滚动起来的模式变成可持续甚至是保持一个持续领先的优势，必须要做种种技术和产品的投入，所以早期高维学堂在技术这部分进行了重点投入，节约下每分钱不断投资技术，从表层用户的体验，到背后众筹模式运行的整个后台流程信息处理，都在技术上一点点完善加强，保证了前方不断扩张"打仗"的时候效率不会变低，成本也不会突然增加。

另外一个核心的关键资源能力就是产品能力，也是在摸索过程中被迫建立起来的。我们曾经也是选错过一些老师的，就是站到桌子上跳舞讲课的那种老师，那一次的课程就伤害了很多老用户。其实这位老师是我们一个学友推荐的，也的确有他的过人之处，但绝对不适合在高维学堂讲课。所以这次事情之后，我们意识到不能天真地认为用户推荐的就都是好的。产品是灵魂，必须要自己发育起来，这个能力是无法也不能"外挂"的，一定要构建起高维学堂属性的产品选择能力和产品研发能力，这是竞争壁垒。

在如何交易也就是定价方面，我们开始也不知道对产品定价多少是合适的，所以做了价格对比验证测试，请了价格特别高的行业牛人，也请了价格相对很低的老师，跨度很大，课酬从 1 万元 / 天到 15 万元 / 天的都有。然后去测试高维学堂用户的价格接受范围，结果是每门课在 2000 元到 1 万元之间。之后我们又根据这个区间缩小测试范围，2000 多元、3000 多元、4000 多元，一直到 9000 多元的课程都有。最后我们发现每门课 3000 元到 6000 元这个价位区间是属于用户消费起来最没压力的，最能降低交易成本的。反向我们去选择老师的时候，也就有了一个大概的价格标准。

从创业第一天开始，我思考商业模式的时候大部分就是在思考效率怎么样能更高。很多人在商业模式这块设计得太复杂了，光设计就"拐"了几道弯，所以我在做这件事情的时候，就提醒自己尽可能地不要有多余的动作，让链条尽可能短。而且不要总是在大脑里面幻想，很多创始人在商业模式上想得都很美好，商业模式画布也画的好像很好，感觉他都想通了似的。但是一到现实中去验证的时候，会发现这个商业模式其中会涉及很多其他知识模块的逻辑、方法论和认知，如果一旦缺失了某一环的话，很有可能就是纸上谈兵了。最直接的是要靠成果去反馈，快速验证。

搭班子：选对创始合伙人，分对股权

人生最悲惨的事，莫过于初恋时不懂爱情，创业时不懂股权。

——徐小平

本章主要作者
七八点股权设计事务所创始人、高维学堂股权设计导师何德文

关键任务
选对合伙人,分对股权

支线任务
打造公司的合伙文化和合伙机制

核心方法论
何德文"动态股权设计"课程

任务相关工具
进入机制、退出机制、动态调整、股权协议模版

试验成果
初步做好股权设计方案、股权协议,建立合伙文化

3.1 第三关为什么是搭班子

理想状态中,验证完战略方向、商业模式,才能真正科学设计创始班子应该怎么搭、股权应该怎么分。但现实中往往不是这样的顺序,所以股权事故成了创业验证期最高发的"大坑"。

刚开始,由于合伙人之间很多都相识或相熟,中国文化里普遍觉得事都还没干就谈钱、谈利益伤感情,觉得一切都好商量,于是在口头上、沙发上、饭桌上就把股权给分了。平分或根据出资额多少粗略分配

股权，是最常见的状况，这种拍脑袋的决定就是地雷：在企业快速发展的中途，会突然间爆炸。幸运的创始人，花费巨大代价和精力处理后，能保住公司；反之公司则会分崩离析。而这样的"分手"案例在合伙创业时代越来越普遍，知名的有丁香园冯大辉、西少爷、真功夫、土豆网等。

这也是为什么在找到方向和商业模式之后，我们认为，科学创业的第三关是分好股权，这是企业三大顶层设计（方向、商业模式、股权）里的最后一环。这三关都不产生最直接的价值，但是最重要的"内功修炼"，是创始人最重要的事情。

与前两关不同的是，这一关我们把高维学堂两位学友的股权"大坑"放在最前面，因为身边的案例更容易产生共鸣：一是普及，二是警醒。这也有助于大家对本关之后内容的消化与理解。

3.1.1 志公教育李勇：几乎踩遍所有股权的"坑"[⊖]

2015年是我公司创立的第5年，那年10月有个股东提出召开临时股东大会。在那次大会上他提出说，公司面对的种种困境，如现金流短缺等问题是因为总经理的原因，所以提议重新选总经理。那时候公司最大的股东是我，但我也只占28%的股份，公司股权特别分散。如果那次他的提议通过，也就是说我将不能再主导自己一手创立的公司。

南宁的10月不是冬天，但是我觉得特别的冷，我现在都还记得，当时上嘴唇和下嘴唇颤抖的样子，我生怕自己情绪激动做出一些过激的行为，所以提出暂时休会。那次的股东会让我一辈子难忘。现在我给各位讲解股权最重要的四个坑，让我痛彻心扉的四个坑。

⊖ 本节内容由广西志公教育创始人李勇分享。

1. 第一个坑

其实我从公司创立之初就埋下了股权的雷。当时觉得创业理想很丰满，但是现实却很骨感。创立志公之前，我创立过一家公司，运作不顺、资金短缺，要领导们各自出去找新项目赚钱，为这家公司输血。就在这时我遇到了 A，简单聊了下就说一起做家公司，于是就做了志公教育。谈到股权，他占 55%，我占 45%，我觉得也挺好，但是注册的时候 A 反悔了，他说："广西市场我占 60%。你占 40%。我大方一点，广西以外，我占 40%，你占 60%。"当时人穷志短，我也就同意了。

其实我内心非常不同意，但是没办法，最终妥协签了这样的股东协议，进行工商注册。就是这样一个异地不同股同权的股权结构为日后埋下了一颗地雷。

2010 年公司上了轨道，我觉得自己在广西只占 40% 的股份只是用来赚钱的，而外省的 60% 才是我的王国，所以拼命想往外扩张。人性就是这样，这是我的一个性格缺陷，或者说是人性的漏洞。这背后都是因为股权的问题，制度其实可以让好人变坏、坏人变好。

其实我当时根本就不应该离开广西，因为广西基地没有打好，那时候哪里都想要，最后就会哪里都得不到。所以我特别想说的是，不同股同权的股份千万不要在一开始设置，会"死"得很惨很痛。

2. 第二个坑

到了 2011 年，这时候 A 跟我说："兄弟，感情出了点问题，我要离婚。"离婚是他的私事，我不能干预，但是他们的离婚协议除了分财产还要分股权，这样公司就多了一个股东，而且我还无能为力，那个股东是 B。但好在 B 这个人还比较善良，是一个好人，只是在感情这个方面很难过去，所以平时在股东会上，当遇到一些问题和冲突时，她就会说 A 的感情问题处理不当。结果股东会变成了他们的感情争论会，我被迫成为感情调解专家，每次做决策时更多的时间花在调解他们的感情上。

所以，那时我们公司有一个很奇怪的股东决议：如果在重要的股东会上，他们俩之间发生争吵，每吵一次，每个人给我一万元。我还真收了好几次。掉入这种股东离婚坑的时候，真是莫名其妙，毫无预警，自己都不知道怎么回事就掉进去了，因为这件事完全跟我没关系。

3. 第三个坑

第三个坑发生在 2012 年，当时公司快速发展，学生越来越多，老师也越来越多，管理力度越来越大，我力不从心，需要合伙人，于是请来了技术合伙人 C。因为急需技术的加入就没有让他出钱，也没有让他签什么成熟协议（那时候哪懂得什么叫成熟协议！），就完成了公司工商注册。

我、A 和 B 共稀释了 10% 的股份给他，我们的出发点是爱，结果根本没想到得到的是伤害！当他把股份拿到之后，开心了一段时间，就觉得这一切都是理所应当，反正已经"落袋为安"，工作变得不积极、不做贡献，在外面做很多事情，在公司投入时间很少。

我几次沟通做劝解，我说"要么深爱，不爱就离开"。这时候他问了我三个问题，我竟都无法反驳。第一个问题是："公司法有规定，股东必须上班吗？"我查了一下，没有。第二个问题是："我们在公司章程上写了我作为技术合伙人，必须做出什么样的贡献吗？"我查了一下，没有。第三个问题是："我们在合伙之前有约定好我必须要做什么样的事情、负什么责任吗？"答案还是没有。

这三个问题把我问住了。我心里很清楚，掉进的坑是因为我无知，但是我有什么办法？

4. 第四个坑

到了2013年，公司越来越大，因为战略的需要，也因为A和B虽然离婚了，但涉及钱有关的时候又要合在一起做表决，我担心他们股权加起来超过50%。这时候我们吸引了D这个股东，是我引进来的，给了他20%的股份，是同比稀释股权。

经过这样的调整，公司任何两个股东的股权之和都不大于50%，我还挺高兴——这时候决策应该民主了。再加上D是我引入公司的，他应该会跟我站一起。我陷入了盲目自大的境地，过于自信，甚至到了一种自负！D加入公司之后，刻意和A、C走得特别近，A和C家里有什么事，包括远房亲戚有什么事，都开着车去服务，他还刻意跟分校的校长走得特别近。

我意识到公司出现了问题，其中最严重的一次是公司要办一个很大型的活动——每年都要花很多精力和资金做的学员庆功宴，D反对，而且还说服B和C一起反对。当时在外地授课的我坐着高铁赶回去跟他们做沟通，成本全部都变成了内耗。但这只是一个前奏，然后就出现了开头的那一幕。

我觉得D怎么能这样忘恩负义呢？但我知道最终问题不在他，而是因为股权过于分散，给了股权政治成长的沃土。开头的那一幕我只能跟自己说：自己种的苦果自己尝。

这四个坑我尝过了，分析给大家看，也不怕各位笑话我，是希望我走过的坑，大家真的不要再犯。作为一个企业的创始人，当心累了，这才是最大的损失。你可能会想问，那现在你的公司做得怎么样？还好！"打不死的小强"在过程中总要找一些方法，因为病入膏肓了，必须要去找药！

从2016年开始，学习完高维学堂的所有课程，我现在已经是高维学堂的"博士生"了！何德文老师的股权课非常专业，我共听了4遍，有些问题还找我的股东一起来听。B股东听课后，特别是听到了海底捞的案例之后，回去跟我说："我卖一些股份给你吧，我的股份太多了"。同时，她又劝 A——她的前夫，也把股份卖了。后来我花巨资回购股份，最终我的股份占到了整个集团公司的 68.8%，正式控股！

此外，何德文老师还给了我具体方案，其中包括怎么动态调整，比如说分期成熟机制。让一个老员工去签分期成熟机制，他们肯定不会同意——到现在还要分 4 年成熟，才不干。怎么办？我做了一件事——我注册了一家投资公司叫广西志公投资公司，股东一模一样，他们同意了，但是这家公司的股东章程我做了约定，分 4 年成熟，也就是说我变相完成了我的老股东的退出机制和调整机制。终于，到 2016 年，经过 6 年时间，耗费数千万，公司终于回到本就应该有的样子。

5. 反思

第一，股权比例一定要合理，各位现在已经在创业或者未来打算创业，你的股权比例是平均三分、对半分或者 4∶3∶3，未来一定会遇到很大的麻烦。大股东所占股权一定要等于其他小股东之和，出现问题的时候，才能撑起一片天。这过程中不要怪别人占大部分股份，合适的人本身就应该给他更多的股份，当然，具体的股权设置比例，还是要听专业人士的建议。

第二，要和合伙人进行了解，也就是"先谈恋爱再结婚"，一定要"确认过眼神，那是对的人"。我现在再选合伙人，包括我们做投资的项目，还会一定要了解合伙人的配偶，请过来吃饭、聊聊家里的情况。

第三，一定要签署相关条款，建议各位一定要约定好股东章程，当出现问题的时候，章程的约定大于公司法，之后的争论都比不上之前的一纸协议，协议真的很重要！

第四，不要贸然进入不同的项目、不同的股权，这些都是坑。我们不要考验人性，人性都是趋利避害的，哪怕只在哪个点上多一点点，你就会发现人往那个方向跑。

3.1.2 创业兄弟反目成仇

第二个案例来自高维学友在课堂上的即兴分享,特别精彩。因保护隐私需要,下面将隐去具体姓名和公司名称。

我从武汉来,过来的初始想法是将来要发展,怎么引进人才和培养人才做合伙人制度。没想到听到的内容远超预期之外,我们合伙人也都在。何德文老师所说的原则和价值观我是非常认同的,不过具体怎么做,还需要团队回去商量。现在我想给大家分享一下我上一次的一个经历——一个代价非常大的坑。

我上次创业是在2002年,我们团队有4个合伙人,老中青都有,我属于比较年轻的,20多岁。当时没有方向、没有战略,就是凭着对大股东人品的信任,200%的信任!10万元注册的公司,五六年的时间就做到4亿元左右。不过随之而来发生了一系列问题。

第一个问题是最开始进行股权划分的时候有一个外部资源,提供了资源却没有投资,占了20%左右的股份。但是这个资源只是在刚开始的阶段有用,中期和后期的时候几乎都没作用了,资源方也不能够继续带来贡献,外部资源方的股份僵化在这里,公司内部人觉得不公平。

第二个问题是最开始的股份结构是基于大家过往的贡献,但在发展过程中每个人的长处得到不同程度的呈现。有些股东的贡献越来越少,甚至对组织有负面的贡献作用;有的贡献越来越大,但是基于原来的机制没办法调整。

第三个问题是我们当时有个30多岁的二股东,公司发展了三四年之后,他的价值观和理念跟大家尤其是大股东之间产生了不可调和的矛盾,就离开公司了。这个股份要怎么处理呢?一直就悬在那里。

2007年至2008年的时候,很多风投往这个行业投,我们当时排名全国第二，投资公司给我们的溢价还是不错的。当谈得差不多的时候，二股东说要退股，当时按他的股份和估值，他大约可以套现1.6亿元，他就说："打个折，8000万元。"因为之前没有谈任何约束机制，大股东表示要用100万元解决，两个人就争论了起来。

二股东在公司内部还是很有影响力的，当时公司已经有1000多人了，两个人的矛盾直接影响了公司的文化和氛围。这个时候，大股东又要强行签投资合同。当时我们还做了员工持股计划，有200多人参与，大股东坚持说所有人的股份不能体现上去的，他要代持，召集了包括中小股东在内的200多人开会。

大股东很强势，大家说了很多妥协方案，但是都没通过。最后大股东逼迫所有人就范，所有人的包括我们几个创始人的股份他都要代持，而且还不签任何协议。他以为凭借多年来的强势地位这个方案可以通过。但是从那次之后，整个内部的文化、团队发生了剧烈的变化。祸不单行，外部产业的情况也在大幅下滑，结果最后公司就垮了。

从10万元创业做到4亿元的营业额，利润最高时有40%，最后却草草收场其实挺可惜的。当时投资公司是拿真金白银来投资的，而且条件很好。哪怕后面出现问题，如果人在钱在，还是有很多方向是可以调整的。何德文老师课程中讲的大部分问题，我们当时都是遇到过的，可惜当时没机会听到这样的课。⊖

3.2 关键任务：选对合伙人

我们先从一个案例说起。这是一家互联网教育公司，创业时共有四个

⊖ 读者可以测试一下公司股权结构的健康程度，关注"高维学堂"微信公众号，回复"股权体检表"即可获得。该股权健康体检表由何德文所拥有公司开发，不可用于商业用途。

股东。第一个股东阿创，是项目发起人。阿创负责运营，他之前在一家教育培训公司当了 3 年北京校区校长，有教育行业的经验。他是全职来做这个事业，可以出资 30 万元作为启动资金。第二个股东阿强，是阿创的前同事，负责产品，有两年的教育行业经验，也是全职参与创业，资金方面可以出 60 万元。第三个股东阿发，是朋友推荐的，负责公司的技术，也是全职参与进来，有两年的技术经验，资金方面可以出资 10 万元。第四个股东阿投，是阿创的前老板，他特别支持阿创独立创业，也愿意投资，但是无法全职参与进来，因为他有自己的企业。但是他又看好这个项目，愿意出资 200 万元现金。

这四个人之间到底应该怎么分配股权呢？这个股权分配方案难在什么地方？

第一个难点是如何对人定价。比如这个经营团队，他们贡献的是技术、管理能力，那么这些能力应该如何估值？如何对人力进行定价？这是件很麻烦的事情。第二个难点是如何对钱定价。投资人投了 200 万元，到底是应该占大股还是占小股？第三个难点是对于创始团队来讲，他们既出钱又出力，到底应该怎么定价？这几乎是每个创业的人或即将创业的人都要面临的难题。答案先不说，我们从头开始分析，或许看完这一节内容，答案已经在你心中。本节内容全部来自七八点股权设计创始人、高维学堂股权设计导师何德文的课程"动态股权设计"。

3.2.1 搭建创始团队的四大核心因素

一个成熟的创始团队，必须考虑四个核心因素：互相信任、能力互补、分工明确和出钱出力。

第一个核心因素是互相信任。理想的合伙人关系，要么一开始就是好朋友，要么是磨合之后成为好朋友。这是成为合伙人的一个重要因素。在一次课堂上，两个关系很好的合伙人一起来上课，他们在自我介绍时，一个人说："我今天过来是学习股权设计的。"说完，另一个人马上站起来说："我今天是过来学习如何不被他设计的。"大家哄堂大笑。其实，看得出来这两个人关系很好，可以肆意相互调侃。当然，我们希望大家通过学习股权设计达成共识，而不是设计与反设计。对公司来说，合伙人互相不信任，彼此提防与设计，是公司最大的内耗，也是最大的交易成本。

第二个核心因素是能力互补。举个例子，刘备要创业，需要搭班子，这个时候他面对两个选择。一是找曹操、孙权跟他合伙创业。那他们三个人的股份应该怎么分呢？三分天下！但是三分天下后这个游戏能否玩得下去？二是找到诸葛亮、关羽和张飞跟他合伙创业，这种情况下股份分配就容易很多，因为至少谁是老大是清晰的。

但是创业者找合伙人的时候，合伙人脑门上也没贴字条写着"老大"或"老二"。那么找人时怎么判断对方是老大的基因，还是老二的基因呢？

老大的身份确认没有一定之规，华为公司曾经对一把手和二把手有一套标准：老大是进攻型。做企业，老大是要打江山而不是守江山，所以他是进攻型的。一方面，老大比较清楚公司的战略方向，知道公司未来要往哪走。另一方面，老大通常要比较有意志力，创业"九死一生"，创业过程中起起伏伏很正常，但发生困难时，合伙人、高管与员工可以跳槽，老大则不可以：别人扛不住的老大一定得扛住，这就是老大基因。而且老大的身份一定要有合法性基础。比如《三国演义》里面三个老大就分别属于三种类型：曹操属于能力出众型，刘备属于人格魅力型，孙权属于富二代型。他们代表了三种不同的类型，但他们有个共同的特征，就是令大家心服口服。

老二则要具备精细化的管理能力，而且要守得住，要具备正确的执行力。在自然性格里，老大是狼的性格，老二是狈的性格。总结起来可以叫作"狼狈为坚",狼和狈才是一个稳固的团队。

第三个核心因素是分工明确。创业者需要考虑公司未来要往哪走、要做到什么样的结果、需要哪些核心能力与核心资源、哪些核心能力与资源可以通过外部交易解决、哪些需要通过内部团队解决。通过内部解决的情况下,创始人团队应如何分工?这些问题的答案和公司的定位与商业模式有关(所以理想的股权分配应该是在定好方向、设计好商业模式,也就是第一关、第二关通过之后再进行设置)。

比如,小米创立时,雷军很早就提出要创办一家"铁人三项"(软件+硬件+互联网服务)的公司,小米的整个合伙人团队搭建也是和这个定位高度匹配的。"腾讯五虎"也有清晰明确的分工,比如马化腾负责产品的战略、张志东负责技术、曾李青负责销售,另外两个合伙人也是各管一部分事情。

第四个核心因素是出钱出力。公司创始人团队和核心经营团队,我通常认为这些人都是属于"人格分裂者",他们至少会分裂成三个身份。第一个身份是公司的天使投资人,对于每一家公司来讲,最早的一笔钱通常都是经营团队投资的,他们其实都是公司的早期天使投资人。第二个身份是公司的全职运营者,因为光有钱是不能解决问题的,有钱有资源还得有人去运营,公司才有可能产生增量价值,所以说经营团队都是公司全职的运营者。第三个身份是公司的员工,经营团队也是跟公司签订劳动合同,领工资、缴纳社保的人。

对于人力驱动型的公司来讲,长期全职才是经营团队真正的核心贡献。很多创业型企业之所以出问题,就在于他们只看到创始人"早期天使投资人"这一个身份,但没有看到经营团队除了出钱还需要全职出力的贡献。

到底什么叫出力?对于经营团队的出力,我们通常建议要符合以下三个条件。第一个是"出大力"。经营团队是个特殊的群体,不像普通的员工，这些人很多时候是连续创业者，有些人原来在公司当高管，有些人没当过高管，但都是有几把刷子的，这些人都是具备核心能力的。第二个是"出全力"。团队须全职参与公司经营管理。第三个是"出长力"。货币出资可以一步到位，但人力出资是个长期的、逐渐出资到位的过程。

股东货币出资是"投资"。然而，一个核心合伙人股东，把最有创造力、最有价值的时间全职投入做一件事情，长期持续投入，领取基本工资，这也是一种"投资"，甚至是很多人一辈子最大的一笔投资。

3.2.2 建立合伙关系的两种方式

创始团队之间建立合伙关系通常有两种方式。第一种方式是在关系上建立利益。我们通常讲"兔子不吃窝边草"，但创业大多是从身边的"三老"下手：老同学、老同事、老同乡。因为大家有信任基础，早期比较容易进入状态。但有得必有失，这样做不好的地方在于，所有的商业规则都很难约束朋友，基于关系建立的利益关系一旦不理性，处理不好就会成为组织的隐患。

2009 年阿里巴巴"十八罗汉"集体大辞职，"十八罗汉"与公司重新做双向选择：你需不需要公司，公司需不需要你？虽然双向选择的结果是100% 互相接受，这种方式很大程度上是一种仪式感，阿里巴巴并没有因此而解雇人，但这可以给早期的创业关系松绑，把过去归零，避免大家长期互相感情绑架。

这件事后，阿里巴巴也从"创始人时代"进入"合伙人时代"，为公司未来优秀人才的进入、利益的再次分配与公司组织的进化奠定了基础。处理这类事情，既要承认创始团队创造的存量价值与历史贡献，也要激励未来团队创造更大的增量价值，不能通过"打土豪、分田地"的方式处理。

第二种方式是在利益上建立关系。对于具备一定物质条件的成熟创业者，可以和候选人先建立利益关系，不用马上进入合伙关系。比如，让候选人先成为公司的外部顾问，或与公司建立项目合作关系，在利益合作过程中判断人、筛选人与选择人。我们可以来看几个案例。

1. "携程四君子"

携程是由季琦、梁建章、沈南鹏和范敏一起创办的，他们被称为"携程四君子"。

季琦和梁建章由于工作关系成了好朋友，经常在一起讨论当时刚刚兴起的互联网。聊着聊着，两人有了一起做一个旅游网站的想法。当然了，要成就一番大业，只有他俩是不够的。这两个人有个共识——应该再找个能融资的人。这时候，他们注意到了沈南鹏，沈南鹏当时在投资界非常有名了。那该怎么拉他入伙呢？梁建章想到季琦和沈南鹏都是上海交通大学毕业的。于是两个人很快找到沈南鹏，把项目阐述了一下。因为校友的关系，再加上双方之前就很欣赏对方的能力，一番畅谈后，沈南鹏毫不犹豫地加入了团队。于是三人合伙开公司，沈南鹏出资 60 万元，占 40% 的股份，而季琦和梁建章各出资 20 万元，各占 20% 的股份。

但三人组队后，发现大家都不懂旅游，要让项目顺利开展，还需要找一个行业里的资深人士。三个人到处接触各个旅游公司的高管，而那时候，没有任何人对这个刚刚成立的小公司感兴趣。在一筹莫展的时候，季琦偶然听说上海大陆饭店的总经理范敏也是上海交通大学的校友，于是三人马上找到了范敏见面。范敏当时是国企总经理，有专职司机，还有单位住房。他听了项目阐述后，并没有丝毫动容。

梁建章、沈南鹏当时觉得，恐怕请不来范敏，劝季琦放弃这个想法。季琦想，范敏的确是团队需要的人，要请范敏出来，靠校友的身份去打动他还是有点机会的。于是，季琦就一次又一次地去找范敏，和他聊大学的各种共同记忆、聊他们改变行业的梦想。终于有一天，范敏下定决心，和校友们一起放手一搏。

于是"携程四君子"的技能互补型团队正式成立了。梁建章担任首席执行官，负责网站技术；季琦任总裁，负责开拓市场；沈南鹏任首席财务官，负责上市融资；范敏任执行副总裁，负责产品管理。季琦曾经说过："在团队中，成员之间的私交是非常重要的。成员之间如果没有私交，团队会在遇到困难的时候散伙。"他和梁建章经常一起旅游，经常一起"吃个小菜，喝个小酒"，他和沈南鹏、范敏都是上海交通大学的校友，这样的私交，完全可以化解彼此之间因为冲突和矛盾带来的危机。

2."腾讯五虎"

"腾讯五虎"的名字如雷贯耳。腾讯是五位创业者一起创立的，其中有三位是马化腾的中学或大学同学，大家都知根知底，就大家的能力来说，都是比较均衡的，互相之间的互补性很强。五人组成一个决策小组，职责划分清楚，各尽所能。张志东管研发，包括客户端和服务器；曾李青管市场和运营，主要和电信运营商合作，也外出找一些订单；陈一丹管行政，负责招人和内部审计；许晨晔管对外的一些职能部门，比如信息部、对外公关部都属于他的管理范畴，最开始的网站部也在他的管辖范围内。

一位早期便加入腾讯的公司高管对这五个外界看起来非常低调神秘的创始人逐一评价："马化腾非常聪明又固执，注重用户体验，技术非常好，他的长处是能够把很多事情简单化；张志东脑袋非常活跃，对技术很沉迷，更擅长的是把一个事情做得完美化；曾李青是一个做市场很有霸气的人，我们经常开玩笑说他是创业团队里最纯粹的商人；许晨晔是一个非常随和又有自己观点，但不轻易表达的一个人，人很随和，是有名的'好好先生'；陈一丹本身是律师出身，非常严谨，同时又是一个非常张扬的人，他能在不同的时候激起大家激情的状态。"

马化腾在回顾创业史时是这样总结的："如果要创业，最好不要单枪匹马。要发挥自己所长，同时要找伙伴一起来做，这样能够弥补自己不足。在这个过程中，尊重彼此不同的声音，寻找互补和共识。企业发展起来之后，更是如此。要保持开放协作的心态，寻找合作伙伴一起来发展，孤木难成林，只有集中力量在自己的优势上，把其他事情交给合作伙伴，这样才能真正把生意做成生态，获得更大的发展空间。我从大学到工作，一开始就靠写代码养活自己，算是个典型的程序员。当时我更多的是想做个产品，没有太多想过开公司、领导什么人。连我父母都没有想到，我这个书呆子还可以开公司。现在想想，如果我当时一个人单枪匹马地开公司，肯定走不远。我觉得当时走对的第一步是找一些合作伙伴，我的缺陷他们可以弥补。"

3. 小米的"铁人三项"

雷军在找人方面有其独到之处。在创办小米时就提出了"铁人三项"的模式，即硬件、软件和互联网服务。当时的雷军，已经从金山出来做了一段时间的投资人，钱肯定是不缺的，并且也具备一定的声望。合伙，相当于人生的第二次婚姻。他觉得要找到超一流的人才，就不能靠企业自己培养，而是要不惜代价去市场上"挖"。小米的八位创始人分别来自当时全球最顶级的四家软件、硬件和互联网公司。为了找到最优秀的人才，雷军自己超过一半的时间都用在招人上了。他甚至提出，人力资源管理不在于管理，而是应该把80%的时间和精力用在找人上。

由于雷军从来没有硬件创业的经验，因此要搞定硬件工程师其实非常困难，而他的做法就是"用Excel列了很长的名单，一个个找合伙人。"为了找到一个硬件工程师，雷军打了近100个电话；而为了说服一个硬件工程师加盟小米，雷军与他连续谈了 10 个小时，但是对方始终不相信小米能盈利。于是雷军问他："你觉得你钱多还是我钱多？"对方回答："当然是您钱多。"于是雷军就对他说："那就说明我比你会挣钱，不如我们俩分工，你就负责产品，我来负责挣钱。"而最后这个工程师选择加入小米，正是因为雷军说的这句话。

雷军曾这样说过："如果你没有我那么多名单可以聊，你可以先问问自己，你最希望自己的合伙人是哪个公司的人，然后就去那个公司楼下的咖啡厅等着，看到人就拉进来聊。总能找到你想要的人。"

徐小平就说过，"合伙人的重要性，超越商业模式"。找到合适的、能一起"白头偕老"的合伙人，是创始人最重要的事情。

3.3 关键任务：分对股权

3.3.1 企业价值创造的三种类型

股权分配，涉及价值创造、价值评估、价值分配三个环节。股权分配，最终是为了实现价值分配。要合理科学地分配价值，就要弄清楚价值创造的起点。而不同的公司类型，创造的价值也不一样。

对资金驱动型的企业而言，资金是其核心竞争力。比如 VC 和 PE，他们的核心产品就是钱，能在上游拿到大量的、低成本的、长期的钱。而他们的分钱模式通常是二八开，资金管理人（GP）拿 20%，有限合伙人（LP）拿 80%。

对资源驱动型的企业而言，资源是其核心竞争力。这种资源包括国家政府资源和不可再生的天然资源。例如中国银行和中国移动，就是政府资源；中国石油，就是天然资源。这些都是政府垄断经营，资源是它们的核心竞争力。

对人力驱动型的企业而言，团队是其核心竞争力。这类公司有华为、阿里巴巴、腾讯等。人力驱动型的企业,启动资金不大,亦即意味着公司的存量价值不大。公司价值的创造,更多是靠人力去创造增量价值。

比如华为,公司的创业启动资金为 2.1 万元人民币,2016 年华为的财务数据是 5200 亿元;阿里巴巴的启动资金才 50 万元人民币,它的市值早已经超过 3000 亿美元;腾讯的启动资金也是 50 万元人民币,现在市值超 2 万亿元人民币。

华为是国内最早认识到人力资本的重要性的企业。《华为基本法》第 16 条中提到,"我们认为,劳动、知识、企业家和资本创造了公司的全部价值。知识资本化与适应技术和社会变化的有活力的产权制度,是我们不断探索的方向。"它所提到的劳动、知识、企业家都是跟人相关,而华为也是国内最早实行虚拟股权激励的企业。

3.3.2 如何设计进入机制

股权分配的本质是价值创造、价值评估和价值分配,这是它的底层逻辑。价值创造是源头。大家做企业关注的是组织经营成果,都希望把蛋糕做大。但什么样的分配机制更能激励大家把蛋糕做大?

在移动互联网时代,很多企业都是人力资本驱动型的企业,公司的价值创造,更多的是依靠人才,而不是资源或者货币。对于人力驱动型的公司来讲,人力资本分配模式就不能按照资金驱动型企业或是资源驱动型企业的标准来分配。

人力资本驱动的公司有三大特点:第一,存量价值小,很多公司可能 50 万元、100 万元就可以开工了,启动资金都不大;第二,增量价值扩大化,就像前面提到的华为、阿里巴巴等;第三,员工股东化,特别对于技术性的公司来讲,人才越来越重要,员工跟股东这两个身份已经很难清晰界定了,很多员工都是公司的股东。

人力资本驱动型的股份分配制度的三大要素是：

第一，从人的角度来讲，要区分货币出资股东跟人力股东。不能把货币出资跟人力出资混为一谈，这是两个不同的主体。

第二，从钱的角度来讲，一方面要尊重货币出资的存量价值贡献，讨论人力资本不是完全不认可钱的价值；另一方面要能激励人力出资股东创造更大的增量价值，因为大家早期的货币出资代表公司的存量价值，但是存量价值部分要加入人的因素才有可能做出更大的增量价值。

第三，从权的角度来讲，要基于公司价值最大化进行权力分配。如果说资金是公司最大的核心竞争力，那就让出资股东作为大股东；如果人是核心竞争力，那就让人力股东去当大股东，把公司的经营控制权分配给他们，才能做出更大的增量价值。这其实是基于尊重货币出资股东的存量价值贡献，考虑如何激励团队做出更大的增量价值，这种方式本身也是对存量价值、对货币出资股东的一个保护。

股权设计本质上是一家公司组织的三个规则：人的规则、钱的规则、权的规则。而且，人、钱、权这三个东西，是一直在变化的，人在变，组织也在变。传统的股权分配特别容易形成阶层固化、利益固化，但是人力资本的股权机制是要随着公司的变化、人的变化、组织的变化进行股权本身的调整和变化的。

所以，创始团队不应该按出资比例来分配股权，因为创始团队的主要贡献是人力出资。所以对于创始团队来说，先定贡献大小、再定股权比例、最后定出资。人力资本模式是典型的"有钱的出钱，有力的出力"，让资本与人力各尽所能，充分发挥资本与人力两种生产要素的优势。

在出资方式与出资数额上，投资人以真金白银出资，甚至可能公司的主要资金都由投资人提供；创始人股东主要通过人力完成出资，货币出资很少甚至完全没有。在出资进度上，投资人的出资通常一次性全部到位，创始人股东的人力出资是分阶段逐步投入到位。投资人虽然出大钱，但拿的是小头，是公司的小股东，且不参与公司日常的经营管理；创始人股东虽然出的是小钱，但拿的是大头，参与公司的经营管理，是公司的操盘手与实际控制人。

基于这些特点，人力资本模式下的创业通常有一套规则来保障商业合理性，比如创始股东股权分期兑现制度。如果没有这些制度安排，创业企业很可能出现一系列不合理也不公平的现象。例如，参与创业的股东可以做完半个月就离职走人，留下其他创业团队成员为他打工，这对团队来说是极不公平的。

3.3.3 如何设计退出机制

合伙创业，就跟婚姻一样，一开始都是冲着"白头偕老"的目标去的，可是走着走着彼此分崩离析，导致夫妻分离、兄弟反目的案例比比皆是。为什么中国式合伙总是这么脆弱？这是因为：第一，很多公司都是好朋友合伙创业，朋友关系与股东关系纵横交错。第二，"谈利益伤感情"的观念根深蒂固。第三，生搬硬套公司法与公司章程，合伙人股权分配既没有约定进入机制，更没有调整机制与退出机制。

当然，这类事情并非仅仅发生在国内。哈佛大学曾有教授专门针对创业型企业散伙问题做过调查，他们以5500多家创业型企业为调查对象，调查结果显示，44.6%的创始人都因为各种原因被董事会驱逐出局。这一研究表明，创业散伙问题并非仅在中国发生，这也是全球创业型企业面临的问题。下面，我们以一个案例作引，讲解相关概念。

1. 西少爷的故事

西少爷是一个互联网餐饮品牌。创始团队孟兵、宋鑫、罗高景三人是在校友会上认识的,他们都是西安交通大学的校友。当时宋鑫在投资机构工作,想要出来创业。三人一拍即合,一起成立了名为"奇点兄弟"的科技公司。其中,孟兵和罗高景负责技术研发,宋鑫负责销售,三人的股权分别为40%、30%、30%。

万事开头难。创业伊始,公司没有步上正轨,导致孟、宋二人矛盾频发。宋鑫认为产品存在问题导致卖不出去,而孟兵则将责任归结为销售不力。后来孟、宋、罗三人开始转做肉夹馍。这个时候,袁泽陆也加入了,形成"西少爷"四个创始人的状态。

彼时正是互联网餐饮的风口期。雕爷牛腩、黄太吉等互联网餐饮品牌一登场就光芒四射,纷纷成为传统行业模仿学习的榜样。西少爷也不例外。开业当天中午,西少爷就卖出了1200个肉夹馍。开业不到一周,便有投资机构找来,并给出了4000万元的估值。四个人一致认为这时候需要引入投资来扩大业务,但就在引入投资、协商股权架构的过程中,孟、宋二人之间的矛盾被彻底激发。孟兵为了公司之后在海外的发展,希望组建VIE结构,他的投票权是其他创始人的3倍。由于此前没有做好沟通,引发了团队的冲突。后来经过协商,袁泽陆、罗高景做了让步,接受2.5倍投票权,但宋鑫却始终没有同意。

不久,宋鑫被要求离开西少爷。对于退出方案,孟、袁、罗三人给出的方案是,27万元加2%的股份买回宋鑫手中30%的股份。他们认为,27万元是宋鑫之前在公司工资的4倍,4倍的投资回报应该是合理的。但宋鑫要1000万元,理由是当时西少爷的估值有4000万元,他可以分得1/4。

由于一直没有谈拢,目前,宋鑫仍然有"奇点兄弟"近30%的股权。后来,宋鑫另起炉灶创立了名为"新西少"的肉夹馍品牌。

这也是很多创业公司的缩影。创业伊始,合伙人股权分配既没有约定进入机制,更没有调整机制与退出机制。到了最后,不得不散伙时,发现竟然找不到任何合法的理由把股权收回。

2. 股权的分期兑现

创业公司的股权价值是所有合伙人通过长期服务于公司而获得的，因此应该按照合伙人在公司的年限逐步兑现。股权的分期兑现通常是通过"限制性股权"的方式来实施。限制性的股权一般有以下四种兑现方式：

第一种方式是每年兑现25%，这种比较常见。

第二种方式是满两年兑现50%，第三年兑现25%，第四年兑现25%。小米是用这种模式的。

第三种方式是逐渐递增模式，比如第一年兑现10%、第二年兑现20%、第三年兑现30%、第四年兑现40%。

第四种方式是第一年兑现25%，剩余股权在三年内每月兑现1/48。这种方式在硅谷比较常见。

股权绑定的好处是，一方面可以避免因为某个合伙人中途离开而带走大量股权，而使公司陷入困境的局面；另一方面，能够有效平衡合伙人之间股权分配不均的情况。

3. 如何确定股权回购价格

创业公司的股权价值是所有合伙人持续长期地服务于公司赚取的，当合伙人退出公司后，其所持的股权应该按照一定的形式退出。一方面对于继续在公司里做事的其他合伙人更公平，另一方面也便于公司的持续稳定发展。合伙人需要提前设定好股权退出机制，约定好在什么阶段合伙人退出公司后，要退回的股权和退回形式。在股权回购时，要考虑"一个原则，一个方法"。

一个原则，是指对于退出的合伙人，一方面可以全部或部分收回股权，另一方面必须承认合伙人的历史贡献，按照一定溢价或折价回购股权。这个基本原则，不仅仅关系到合伙人的退出，更关系到企业重大长远的文化建设，非常重要。

而一个方法，是关于如何确定具体的退出价格。通常有三种处理方法：

（1）按照合伙人原始购买价格进行一定溢价回购，例如银行利息的两倍左右的溢价。

（2）参照公司的净资产，例如依据合伙人按照其持股比例可参与分配公司净资产或净利润的一定溢价。

（3）参照公司最近一轮融资估值的一定折价回购。因为估值是对未来的定价，如果按照公司最近融资估值的价格回购，公司会面临很大的现金流压力。通常的建议是按照估值的 1/10 至 1/3 的折扣进行回购。

至于选取哪个退出价格基数，不同商业模式的公司会存在差异。比如，京东上市时虽然估值约 300 亿美元，但公司资产负债表的数据并不太好。很多互联网新经济企业都有类似情形。如果按照合伙人退出时可参与分配公司净利润的一定溢价回购，合伙人很可能辛苦耕耘数年，退出时却是净身出户。因此，对于具体回购价格的确定，需要分析公司具体的商业模式，既让退出合伙人可以分享企业成长收益，又不让公司有过大现金流压力，还要预留一定调整空间和灵活性。

最后，关于股权退出机制，请谨记一句话：事后一箩筐道理，都抵不过事前的一纸协议。

3.3.4　如何设计股权调整机制：真功夫 vs 海底捞

随着公司的发展，大家的贡献可能会发生变化，早年的股权分配结构也可能会让经营团队动力不足，根据股东贡献和股东利益动态公平合理地调整股权结构，有助于给公司注入更强动力，但这种"动奶酪"的事情肯定是牵一发而动全身的，如何达成调整共识呢？首先要认可历史合理性，共同面向未来；其次要优选体制内调整，备选体制外调整；最后要互相照顾好对方的情绪和利益。

周鸿祎曾说过："我们创办360的时候，还没有开始融资，我们先拿出了40%的股份分给员工和团队。一个企业对人才，永远是饥渴的，永远是需求的。所以在上市之前，我们做了一个计划，一旦我们的股票分完了，我们可以随时再增发5%，会永远保持5%。建立一个合理的股权蓄水池，才能不断有'源头活水'注入进来，有新的力量来带动革新。"

下面我们用两个案例对比来分析股权动态调整带给企业的损耗严重的内斗和皆大欢喜的成功：它们都是餐饮行业的企业，一开始股权都是平分的，都想做股权调整。但最终结果却是完全不一样。

1.真功夫：夫妻、兄弟之间的内斗乱相

真功夫的创始人是潘宇海，他最初自己开了一家甜品店，后来改为蒸品店，并吸引进来两个股东：一个是他姐姐，一个是他姐夫蔡达标。这夫妻俩凑了4万元，占了50%的股份，这样就是两方各持一半的股份。这种一半一半的股份分配在中国是很常见的现象，因为中国人比较在意面子，不愿意公开去讨论谁的贡献大小，创业早期也看不太明白，所以最简单直接的方式就是平分。

后来，公司实现了连锁标准化。餐饮是个非标行业，很难解决规模化的问题，但是真功夫解决了这个问题。他们去一家公司考察的时候，看到一个蒸汽设备，于是有了灵感，找了一位大学教授对这个机器进行改造，还真解决了标准化的问题。然而，解决标准化之后，变化接踵而来：第一个变化是创始人潘宇海已经不那么重要了，其实不只是真功夫这个企业，其他企业也会有这种状况；第二个变化是餐饮店标准化之后，蔡达标擅长

战略规划与经营，参与程度深，贡献越来越大。第三个变化是蔡达标夫妻二人出现了感情问题，潘宇海的姐姐把 25% 的股份让给蔡达标了，后者的股份一下子就变成 50% 了；第四个变化是今日资本联手另外一个风投机构投资了 3 亿元，一共占了 6% 的股份，面对两个创始人平均的股份，投资人很头疼；第五个变化是蔡达标悄悄把一个占了 3% 股份的投资机构的股份给收了，他的股份就多了 3%。第六个变化是双方矛盾越来越激化，蔡达标提出要去家族化，把潘宇海及以前请的一些高管全"清理"出去了。

再往后双方冲突越来越大，直至无法解决。最后蔡达标就想"金蝉脱壳"，重新搞一摊子，成立一个新的公司，把公司的资产挪进去。此时潘宇海提出自己是股东，所以有权对财务进行审计。本来蔡达标就做了很多小动作，所以审计出来很多问题，最后蔡达标被判刑 14 年。

这一切的根源，就是他们的股权结构。要实现股权控制有两种模式，一种是绝对控股，就是大股东占股 2/3 以上（亦即 67% 以上）；另外一种是相对控股，大股东占股半数以上（亦即 51% 以上）。而真功夫两位核心创始人各占 50% 的股份，双方之间无法形成有效的制约，并且为了利益钩心斗角。这个争斗的结果对任何一方都没有好处。最终，蔡达标坐了牢，真功夫的上市梦成了泡影，而投资方到现在也没退出来——"炒股炒成了股东"。

2. 海底捞：中国最佳合伙人养成记

1994 年，在四川简阳，四个年轻人开了一家只有四张桌子的小火锅店，这就是海底捞的第一家店。海底捞是两对情侣创业，最原始的股权结构是每人 25%。早期启动资金是 8000 元，但张勇没投钱。后来两对情侣变成了两对夫妻，就是两对夫妻各占 50% 的股份。随着企业的发展，张勇的参与与贡献越来越大，他认为另外三个股东已经跟不上企业发展的步伐，于是毫不留情地先后让他们离开了海底捞，只保留股东的身份。

张勇最先让自己的太太离开，2004年又让施永宏的太太也离开。2007年，在海底捞成立13周年后，企业步入了快速发展的阶段，张勇决定让施永宏也离开，并进行了一次很大的股权调整：第一，施永宏夫妻把18%的股权让给张勇夫妇，所以张勇的股权变成了68%，对公司拥有绝对控股权；第二，对投票权做出调整，把50%的股份都转到一个持股平台上，张勇夫妇的投票权占了2/3以上，合起来也就是84%。

这样的调整动作其实挺大的。很多人感到好奇，海底捞这么赚钱，84%不是个小数，施永宏为什么愿意就这么退了，而且是按照8000元的出资比例转让的，相当于没有出钱，但当时海底捞其实很赚钱了。最佳合伙人施永宏的回复是这样的："第一，人字就是一撇一捺，总有个高低，一个公司必须有老大老二之分，两个人都一样高就容易出问题；第二，很多企业闹翻就是因为大家都很强势，非要去争这个名利；第三，我后来也想通了，我的股份是越来越少，但分的钱越来越多，张勇作为大股东有动力把公司干得更大。"

海底捞的股权调整，如果从另外一个角度来解读的话，其实相当于公司二股东给大股东做了一次股权激励。其实，施永宏才是拥有真正大智慧和老板思维的人！经常有各种榜单评选中国十大投资人，如果有一个中国十大合伙人榜单，施永宏肯定是榜上有名，这才是有真正智慧的人。

很多人算不明白这个账，只会计较股权比例的数字。但是施永宏算的是另外一笔账，即最后投资回报的高低。如果只是一个100万元的盘子，就算是50%，那也才50万元；但按现在营收100亿元的规模，假定有10亿元的利润，那施永宏也能分得3亿元，翻了不知多少倍了。

海底捞能解决这个问题，有两方面的原因。一方面是人的原因，公司在实际经营中是老大老二的结构，海底捞从一开始在经营上就是张勇为主、施永宏为辅。另一方面，双方有信任的基础，在股权架构上双方做了很多利益方面的安排：海底捞没上市，但是有个名为颐海的火锅底料公司在香港上市了，这个可以理解为是张勇的第二次创业；火锅底料公司的股权结构除了投资方和员工占了一部分以外，其余是跟海底捞一模一样的，这就是张勇在关照施永宏的利益。

随着公司的发展，最佳合伙人施永宏亦能从中源源不断受益。2017年，海底捞营收达106亿元，那么，施永宏从中分到的钱也会越来越多。而且，现在的海底捞早已不是之前的海底捞，一开始只是服务终端客户，现在内部许多部门独立出来成立公司，包括供应链的公司、装修的公司等，未来都有融资和上市的可能性。

股权结构的平均化，是许多初创企业的普遍现象。几个好兄弟一起创业，一开始也看不出谁的贡献大小，股权只能平均化。但是，一旦企业走上了规模，就容易出现问题。这个时候，企业要保证基业长青，就得学习海底捞，要根据企业的发展阶段，随时调整股权结构。

3.3.5 如何设计控制机制

1. 公司股权结构的三种模型

根据中国公司法和公司章程，公司的最高决策机构是股东会，股东会的普通表决事项，多为1/2以上多数表决权通过，而少数重大事项如公司章程修改还需要2/3以上表决权通过。掌握了控股权，就能够控制股东会决策，进而控制公司。

公司的股权结构有三种，分别是绝对控股、相对控股和不控股。

（1）绝对控股型。这涉及中国公司法的一个关键数字：2/3以上，亦即67%以上，就是绝对控股。这意味着，对于公司的所有重大事项，从程序上讲，所有股东可以民主协商；但从结果上讲，所有股东反对都无效。

公司大股东一人可以决定公司的所有事情。如果创始人的创业资源和能力是绝对集中的，就可以考虑绝对控股的模式。

绝对控股有两种不同的实现方式。一种情况是大股东绝对控股；另一种情况是，如果两个股东之间相互信任，两个人加起来占2/3以上的股份，也是一种实现方式。例如腾讯早期的股权结构，马化腾占股只有47.5%，但他的大学同窗、创业伙伴——张志东占股有20%，两个人加起来超过了2/3，也能形成绝对控股。

（2）相对控股型。公司法规定，如果股东占了半数以上的股权，就是相对控股。大股东除了少数几个事情不能一个人做主决定，其他的绝大部分事情他都能做主决定。不能做主决定的事，主要涉及公司的程序是否损害其他股东的利益，比如公司兼并、解散和清算、分红，以及修改公司章程、增加公司注册资本。

（3）不控股型。创始团队占股50%以下时，创始股东只有一票否决权，但它不是一票决定权，而且不是对所有事项的一票否决权。

2. 不控股，如何控制公司

很多公司上市时，创始人都是不控股的。国内很多赴美国上市的公司，上市后创始人控股基本是在20%左右。那么，创始人不控股的情况下，如何做到可以控制公司呢？通常有以下四种模式。

（1）投票权委托。公司股东通过协议约定，将自己的投票权委托给其他特定股东（如创始股东）行使。比如南非MIH公司持有腾讯34%的股份，而马化腾持股比例仅为10%，还不及MIH的1/3，但MIH公司非常信任马化腾，将投票权全权委托给腾讯管理团队，使马化腾拥有了更多的控制权。

（2）一致行动人协议。当股权比较分散时，或者两大股东之间所有股权很接近时，如果大家意见不一致，特别不利于公司稳定。"一致行动人"即通过协议约定，某些股东就特定事项采取一致行动；意见不一致时，某些股东跟随一致行动人投票。这种方式在 A 股上市公司中也比较常见。

（3）持股平台模式。持股平台的方式又分两种，一种是有限合伙的模式，另一种是有限责任公司的模式。

1）有限合伙模式。有限合伙也需要进行工商登记，合伙人之间的投票权设计比较特殊。在这个模式里，合伙人有两种：普通合伙人（GP）和有限合伙人（LP）。普通合伙人承担管理职能，而有限合伙人作为出资方，不参与企业管理，只享受收益。普通合伙人的控制权跟他的股权比例没有关系，而是跟他的身份相关。

蚂蚁金服就是有限合伙人模式。蚂蚁金服有两个大股东：杭州君瀚、杭州君澳。这两个公司都是有限合伙人模式。它们有一个共同的普通合伙人——杭州云柏，投票权基本在它手里。而这些公司背后指向同一个人——马云。通过这种设计，蚂蚁金服把一大部分利益分给了团队，但 100% 的控制权是掌握在马云手里的。蚂蚁金服合伙人彭蕾接受采访时表示："马云持有蚂蚁金服的股份不超过他在阿里集团的股份，即低于 10%。"马云只是共享了利益，但是没有共享控制权。

2）有限责任公司模式。这个模式就是在股东层面再设置一个有限责任公司，通过它来行使股东的权利。海底捞就是这个结构。

在海底捞的股权结构中，张勇夫妇仅占海底捞 33.5% 的股份，但他们有 83.5% 的投票权。之所以投票权高于持股比例，是因为持股平台的设计。海底捞 50% 的股份都是以一个有限责任公司的形式持有，这个公司即静远投资。在这家有限责任公司里，创始人张勇和他太太加起来占到 2/3 以上股权，属于绝对控股，实质上是把他合伙人的投票权集中到了他手里。而静远投资的其他两名股东只有分红权，没有投票权。

但是，在这种模式里，只有持股 51% 以上才有控制权。因为有限责任公司的投票权是跟股权比例挂钩的。

（4）AB 股计划。这种方式是把公司股票拆成两类，一类叫 A 类股，由外部投资方持有，1 股对应 1 个投票权；一类叫 B 类股，由经营团队持有，1 股有多个投票权。比如，陌陌的创始人唐岩 1 股有 10 个投票权、Twitter 创始人 1 股有 70 个投票权。但 AB 股计划有它的适用空间，在香港资本市场与内地 A 股资本市场目前还不被接受。

3.3.6 离婚、去世……怎么办

1. "土豆条款"

公司有两个最大的隐名股东，一是政府，二是配偶。他们虽然都不出现在公司的工商登记文件中，但对公司的决策与利益分配都产生重大影响。夫妻不和，后院起火，往往给公司带来重大损失。而其中，最有名的案例来自于前土豆网创始人、现追光动画创始人王微。

王微创办的土豆网，曾经是视频网站的开创者，并一直在视频网站行业里处于领先地位。但最终王微与前妻杨蕾之间的一场婚姻财产诉讼，使得公司错过了上市的最佳时机，并最终被优酷网收购。

2005 年，王微从贝塔斯曼辞职，以 100 万元的启动资金在上海开始创业。经过 3 个月的内测，土豆网在当年 4 月正式上线。而其后来最大的竞争对手优酷网则是在一年后才成立。2005 年 12 月，土豆网拿到了来自 IDG 的 A 轮融资，虽然金额只有 50 万美元，但已属不易。拿到融资后不久，王微结识了上海电视台主持人杨蕾。两人一见钟情，双方感情迅速升温。2006 年 5 月他们结伴前往缅甸旅行，6 月两人又一路从四川成都开始、途经香格里拉最后游玩到了云南丽江。期间，土豆网获得了来自 IDG、纪

源资本、集富亚洲的 850 万美元 B 轮融资。此时，土豆网团队也从当初的四五个人扩充到了 20 人。

2007 年 8 月，王微与杨蕾低调结婚。在双方婚姻存续期间的 2008 年 4 月，土豆网又获得 D 轮 5680 万美元融资。但这场婚姻仅维持了一年即出现裂痕。2008 年 8 月，王微向杨蕾提出离婚。对于离婚的原因，两者莫衷一是。但杨蕾一直极力试图挽回，始终不同意离婚。双方一直耗到 2010 年 3 月，才最终由法院判决离婚。而至于财产分割，王微声称公司处于亏损状况，财产没有产生增值，最终赔偿了杨蕾 10 万元。

2010 年 11 月，土豆网向美国证券交易委员会递交了上市申请，随后其最大竞争对手优酷网也递交了上市申请。然而，就在土豆网递交上市申请之时，杨蕾上演了一场针对土豆网的"上市阻击战"。杨蕾的律师向法院提出申请，要求对二人在婚姻存续期间的财产进行分割，申请冻结王微名下的土豆网股权，要求分割土豆网 38% 的股权。王微提出担保解除了第一次保全，但杨蕾又申请了第二次保全，法庭随后根据第二次财产保全申请，冻结了该公司 38% 的股份，禁止转让。最终，双方虽然通过调解解决了问题，但王微付出了 700 万美元现金与土豆公司最佳上市时机的代价。有人说，王微离婚的损失至少值 20 亿美元。

2012 年 8 月，土豆网终于在市况极其惨淡的情况下实现 IPO 并融资 1.74 亿美元。土豆网挂牌当天即遭遇破发，并且在此后的半年中，股价一路下跌。2013 年 3 月，土豆网被优酷网收购。

一场婚变，不仅影响到一家企业的生死前途，而且还改写了一个行业的游戏规则。因为王微离婚事件的影响，投资方也损失惨重。为了避免出现类似事件，创投圈内发明了对冲条款，并将其命名为"土豆条款"，约定创始人配偶放弃对公司股权的所有权利。

如果合伙人夫妻之间没有做财产约定，那么股权依法属于夫妻共同财产。一旦合伙人离婚，他所持有的股权将被视为夫妻共同财产进行分割，这显然不利于公司发展。对于创始人来讲，如果没签署"土豆条款"，婚变会对公司影响巨大。但签署"土豆条款"，很可能导致创业尚未成功，婚姻先"亮红灯"。

其实除了"土豆条款"，对于配偶股权，还可以通过两种不同模式解决：一是股权回购，夫妻通过协商，以合适的价格把对方手里的股权买回来；二是钱权分离，即双方约定，对方只享有股权的收益，但没有决策权。这两种处理方式，既可以保护股东与公司利益，也更公平合理，有利于减少配偶博弈。

2. 继承退出

2016年10月，春雨医生创始人张锐因突发心肌梗死意外去世，引发了互联网一片震惊。彼时，春雨医生不久前刚刚获得12亿元D轮融资，并准备IPO及上市。在这个关键节点，张锐匆匆离开，真是令人不胜唏嘘。

张锐正当盛年，在家庭是顶梁柱，在公司是CEO与大股东。他的辞世，对家庭而言是重大打击，对公司而言则极有可能引发重大变故。公司大股东的离世必然导致其所持有的公司股权处理的问题。股东持有的股权，一端连接着他的继承人（配偶、父母与子女等），一端连接着其他股东（合伙人、员工与投资方）。

尽管股东尤其是创始股东去世，通常是大家不愿意看到也是概率较小的事件，但创始大股东去世后，利益相关者要面对三个问题：股权如何处理，谁有权继承，如何继承。按照中国的法律规定，逝者股权处理方式的优先级顺序是：第一，按照公司章程规定处理。第二，按照逝者遗嘱处理。第三，按照法定继承处理。

在实践中，工商局通常要求公司强制使用其指定的公司章程模板，但该模板并没有对身故股东的股权处分做特别规定。创业者或基于不专业，或基于避免制度创新带来的工商局严格审查，或基于省事，通常都是照搬工商局的模板。而对于上述第二种方法，急病辞世属于突发事件，绝大部分创业者并不会想到立遗嘱。因此，很多类似事件都会走上法定继承的道路。

按照法定继承，股东在公司的股权会被他的配偶、父母与子女等继承人继承。一方面，这是对股东继承人权益的保护；但另一方面，大部分情况下，股东的继承人无法替代原股东在公司发挥创始人、CEO 与大股东的作用，处理不当对正处于创业成长期的公司而言很可能是一次重创。而股权继承处理不当给公司带来的灾难反过来也会损害股东遗属的经济性收益。因此，股东遗属与公司之间，要找到一条既保护遗属经济性权益，又有利于公司持续发展的道路，这既符合遗属的利益，也符合公司长远发展的需求。可供参考的方案，包括上述的股权回购与钱权分离模式等。

对于类似创业团队成员中途意外身故的事件，很多创业者都回避讨论处理，而我国的公司法与公司章程又没有提供理想的解决方案，意外事故发生时，对身故股东家庭与公司而言都是双向的灾难性打击。理性处理好类似事件，对生者与逝者都是种慰藉。

一句话是这么说的，创业成功的最重要因素是长寿。只要你活得足够久，最后你会发现你的敌人已经没有了。不信你看，著名华人企业家李嘉诚、王永庆与邵逸夫，这些人都有着共同的标签：辛劳一生、巨富、长寿。

3.4 支线任务：建设公司的合伙文化和合伙机制

合伙人找好找对了，股权合理分配完毕之后，大家开始合力将公司推至轨道、驶向未来。但公司的发展不能只依靠最初的几位创始合伙人，建设公司合伙文化和合伙机制,是公司快速发展的关键要素。

江山代有才人出。一个有理想有抱负的员工,一旦企业无法满足他们的需求或提供施展其抱负的平台,那么他离开是迟早的事。企业通过内部创业,留住优秀人才,这未尝不是一种有效的解决办法。正如完美世界COO张云帆所言,"没逼迫优秀的人离开公司,接受别人投资并成为你的竞争对手,这就是最大的好处。"

股权激励要因地制宜。不同的行业、不同的企业,面临的问题不一样,采取的模式也不同。放眼看去,既有BAT模式,也有华为、vivo/oppo模式,它们都取得了巨大成功。

3.4.1　四大维度看股权激励

1. 判断是否做股权激励

要不要做股权激励,一般是从三个方面考虑。

第一往内看,即股权激励是否能激发团队的事业心。股权激励的目的是鼓励大家"利出一孔,力出一孔",提高员工积极性,激励大家共同把蛋糕做大,再一起分蛋糕。

第二往外看,即股权激励是否有利于提高公司在人才市场的竞争力。在移动互联网时代,人力已经开始资本化了,甚至比资本发挥更大的作用。很多互联网公司都是通过股权来吸引和绑定优秀人才。公司高层要思考:如果激励不到位,员工面临更多选择,是否会对公司的人才引进有影响。

第三往后看,即股权激励是否有利于提升公司的经营业绩。股权激励是为了共同把蛋糕做大,然而,有些公司做了股权激励后,往往制造了更多的问题,导致公司内部四分五裂。

股权激励成为一种潮流,很多老板看到BAT等超级巨头都做股权激励，禁不住跃跃欲试。但是股权激励要因地制宜，企业要整体去考虑上面提到的问题，再去做决定。

2. 现金激励和股权激励

很多人认为，现金激励更直接有效，不用考虑复杂的人性问题。其实，发现金和发股权背后都涉及钱的问题，但是带给员工的感觉却截然不同。

一是身份感。人是理性的，也是感性的。员工成为公司的股东后，就是公司的合伙人，公司未来长期的发展都其息息相关，他在心态上更多是为自己干而不是打工，这是仅仅给钱满足不了的。

二是参与感。成为公司的股东后，员工能够参与公司重大事情的讨论决策，会带给员工更多的参与感。

三是危机感。一般来说，股权激励最好要出钱。因为钱所在，心所在，只有付出了才会珍惜，这是人性的基本问题。员工真金白银地投入了，一旦业务做不起来就会产生损失，他的危机感也就更强。企业也可以根据自己的实际情况，具体问题具体分析。

四是成长成就感。德鲁克曾说，"一个组织或者公司，一定是成就员工的。"因为创业的过程就是大家一起"打群架""打胜仗"的过程，员工在创业过程得到成长、取得成就，就是给他的最大激励。

五是协同感。一旦成为股东以后，员工与公司就是一条绳子上的蚂蚱，分红是跟公司整体业绩挂钩的，而不是仅仅跟个人表现挂钩，这样员工的协同性也更高。同时内部也会形成相互监督制衡的机制。今日投资的徐新曾经分享过永辉超市的事业合伙人制度，她讲了其中的一个重大的区别："很多人成为事业合伙人之前都拿回扣，但是成为合伙人后，就不敢吃回扣了。这是因为，第一，这跟自己的利益息息相关；第二，其他同事会盯着，因为一旦吃回扣会影响到他们的利益。"所以，内部协同感和相互之间的监督制衡，都自然而然产生了。

3. 如何提升股权激励的价值感

其实，如何做股权激励、要给员工多少股份，这些问题都没有固定的答案，都是公司和员工之间谈出来的。那么，如何提升股权激励的价值感呢？

第一，要做好预期管理。分股权，分的是公司未来的增量价值，公司做不成、做不大，大家的收益都是零，股权激励就没有任何意义。只有大家一起共同努力，共同做大增量价值，分到更多的钱，才是最大的公平合理。比如腾讯、阿里巴巴上市后，很多员工都实现了财务自由。这些增量价值都是靠员工一起创造的，而腾讯和阿里上市后，很多员工也都实现了财务自由。

第二，股权激励要让员工感到相对公平。当然，公平不是绝对的，我们无法做到100%的公平，但是股权激励的规则要相对公平合理，程序上要民主，不能搞"一言堂"。规则不仅要简单，而且要员工直接见到利益。还有，股权激励最好是请专业独立的第三方参与，这比公司自己做更有说服力。

第三，股权激励要有门槛。不是所有员工都可以享受股权激励，只有那些表现优秀或者在公司服务了一段时间并做出了历史贡献的员工才可以分到股权。让员工清楚股权激励的规则，不仅可以避免同事之间的矛盾，也提高了价值感。

第四，做股权激励时，最好让员工出钱。一般说来，员工股权激励，价格都会比较便宜，我们可以采取买一股送一股的形式，一方面让员工感到占了便宜，另一方面又让员工觉得有价值。就跟超市促销一样，买一送一与直接打5折带给顾客的感觉是不一样的。

4. 是否披露财务报表

关于是否披露财务报表,我的建议是要公开。如果不公开,公司搞"一言堂",这样信任度会大打折扣。员工看不到实实在在的利益,就没有了动力,也违反了股权激励的初衷。我们建议跟华为一样,请专业的第三方来做财务披露,这样能使员工更加信任。

3.4.2 股权激励要有用户思维

分蛋糕,是为了做大蛋糕。合伙,是基于未来的长期利益,公司未来不值钱,员工的股票就是一张废纸。所以,企业在做股权激励的时候,一定要通盘考虑清楚,真正做到"利出一孔,力出一孔"。

股权激励要有"用户思维"。合伙人股东的需求、高管员工股东的需求与投资方股东的需求都是不一样的,给对方需要的东西就是最好的激励。

在这方面,小米创始人雷军就很有经验。小米创办初期雷军就设定了一个弹性工资制度,一共分三个等级:工资+股票、70%工资+股票、生活费+股票。员工据自己的实际情况选择,但三个等级之间股票数量之间会相差很多。最后的结果是,15%的人选择原来的工资,70%的人选择70%的工资,还有15%的人选生活费。不过,据雷军说,很多选择前两个选项的同事事后反悔了。这个制度的好处是什么呢?员工是有选择的,拿低工资是自己心甘情愿的选择,再苦再累也不会有太多的抱怨,而且自己投入了就更愿意付出。

创业公司并不是要给员工很低的报酬,而是要给有弹性、有选择的报酬,这样员工也变成了创业者,他们可以全身心地投入,整个公司也能良好运作。这是小米初期很重要的经验。小米在B轮融资的时候,有员工提出很看好小米,想投资。当时公司有70多名员工,大约有60人进行了投资,最后大家一共投了 1400 万元。"掏了 1400 万元以后,员工的斗志和热情完全不一样了。"雷军说道。

在股权激励上,很多时候老板觉得自己很慷慨、很大度、很爱惜人才,可是很少有员工在期权上挣到过钱。雷军在做小米时,也面临这样的情况,没有人相信股票值钱。所以弹性的报酬体系,再加上自愿的投资行为,使公司在初期阶段的凝聚力非常之强。你看,雷军就非常懂得股权激励的"用户思维":给对方需要的才是最好的。

3.4.3 五种股权激励机制辨析

当然,除了雷军的弹性激励机制,与股权相关的激励机制还包括:项目分成、虚拟股票、股票期权、限制性股权和股权。其中,项目分成这个大家比较熟悉,而虚拟股票和股票期权主要发放给员工与高管,限制性股权主要发放给核心创业团队或少数高管。

第一种是项目分成,其更多针对单个项目短期的合作分配机制。和股权相比:第一,它是针对单个项目的分配机制,不是针对公司总体盘子;第二,它是短期的分配机制,不是长期分配机制;第三,它不影响公司的投票权与控制权。

第二种是虚拟股票,是指公司授予激励对象一种"虚拟"的股票,激励对象可以享受分红权和股价增值收益。但没有所有权和表决权,不能转让和出售,在离开公司时自动失效。

这种模式在华为有成功实践。华为每年给表现优异的员工们提供一份合同,告知他们今年能够认购多少数量的公司股票。这份合同不能被带出办公室,签字完成后,必须交回公司保管,没有副本,也不会有持股凭证,但员工通过一个内部账号,可以查询自己的持股数量。华为在最初几年还为这些员工提供银行的"个人助业贷款",用于购买股票。不过这个模式在

2011年被叫停。从那时开始，员工的虚拟股票只能通过自筹资金购买。

华为的虚拟股票制度，一方面通过共享利益来激励员工，另一方面很大程度上对冲了很多公司股权制度容易形成的阶层固化与利益固化，以及上市公司短期利益驱动的压力。但是，任何制度都有其适用场景，学习华为虚拟股票制度，需要考虑以下三个问题。

第一，如果持股人数过多，是否会构成非法集资？尤其是非法发行公司证券或非法吸收公众存款。

第二，公司能否高速成长，并具备持续分红的能力？华为业绩高速成长，通过分红可以给股东带来投资回报。然而，如果互联网轻资产公司当下有盈利压力，或有上市计划不想大额分红，生搬硬套学习华为的虚拟股票，可能会导致员工短期分不到现金收入，而公司长期又与其没关系，那就背离了团队激励的初衷。

第三，财务相对规范，公司财务报表在股东层面是否可相对公开透明？华为目前是请专业会计师事务所出具财务年报的，财务相对公开透明。如果公司一方面让团队持股以激励团队，另一方面股东却对公司财务情况一无所知，这很容易起到负面激励作用。

第三种是股票期权，是指激励对象被授予在未来一定期限内，以预先确定的价格和条件购买一定数量股份的权利。股票期权是一种选择权，激励对象可以行使该权利，也可以放弃该权利。把期权变成股权是需要具备前提条件的，通常会跟服务期限挂钩，有些甚至跟业绩挂钩。符合条件后，员工还需要花钱行权才能"修成正果"，即让期权变成股票，所以期权是一个可期待的权利。

股票期权有两个特征：一是，股票期权是获得以确定价格购买一定数量股票的权利；二是，如果股票期权的股价跌至行权价格，激励对象会放弃行权，无法获得收益。互联网公司普遍都实行股票期权，包括百度、阿里、腾讯、京东、小米、360等。它是初创公司能够吸引人才并且留住人才的最大法宝。

第四种是限制性股权。顾名思义，第一，它是股权；第二，它有权利限制，是有权利限制的股权。对于限制性股权，激励对象取得的时间前置，是在授予时就将股票过户给激励对象，其以股东身份开始参与公司的决策管理与分红。但是股票的出售或转让受到限制。

限制性的股权一般有以下四种兑现方式：第一种方式是每年兑现25%；第二种方式是满两年兑现50%，第三年兑现25%，第四年兑现25%，这是为了预防短期投机行为，小米的员工股权激励就是采用这种模式；第三种方式是逐渐递增模式，比如第一年兑现10%，第二年兑现20%，第三年兑现30%，第四年兑现40%；第四种方式是第一年兑现25%，剩余股权在三年内每月兑现1/48，这种方式在硅谷比较常见。

限制性股权和期权相比，相同点是附条件完全兑现，通常会和服务期限与支付成本挂钩，不同点是发放对象不同与取得股东身份、股东权利的时间节点不同。被授予期权的员工在行权之前不具备股东身份与股东权利，限制性股权一经发放通常就具备股东身份与股东权利，只是公司可以附条件回购。简单来说，期权更像是月饼券，未来可以兑换月饼；限制性股权更像是可回收的月饼，月饼给出去以后还可以附条件收回来。

第五种是股权，股权有完整的投票权和分红权。投资方按照真实的公司估值购买持有的通常是股权，期权与限制性股权条件成熟后，也是升级为股权。

3.4.4 从股权激励到内部创业

很多企业试图通过股权激励来留住人才。但是在成熟的大企业里，股权激励的效果往往不甚理想。这是因为：一是，利益相关方太多，面临复杂多变的多方博弈，很难达成共识；二是，一旦激励方案做不好，母体公司的风险太大；三是，企业过了高速成长期，升值空间有限。

因此，内部创业正在成为一种趋势。为了应对高管离职创业，同时也为了自身战略布局或者业务创新发展，大公司纷纷鼓励内部创业。大公司有资金、资源与人才优势，通过搭建内部创业平台，授予员工孵化项目的股权，这是对员工的最大激励，也是对员工潜力的最大挖掘。

当然，创业是"九死一生"的事，内部创业也是如此。那么，如何提高内部创业的成功率呢？其实成功并没有特定的路径。公司的企业文化基因不一样，采取的模式和路径也不一样。

1. 阿里巴巴的野蛮生长模式

阿里巴巴的经验就是，把内部创业还原成真正的创业环境，让它自己野蛮生长。

阿里妈妈就是内部创业做出来的。当时淘宝想做广告，但公司不具备互联网广告的基因和技术。阿里一开始打算在外面收购一家公司，但目标公司出价4亿美元，阿里资金不够，那家公司很快就被别人买走了。6个月后，阿里融资了17亿美元后又去找买家，说愿意出价10亿美元，但买家开价15亿美元。于是阿里不干了。马云说，"17亿美元拿回来，口袋里没捂热呢，舍不得。"于是阿里决定自己干。

虽然阿里巴巴很有钱了，但是马云只批了200万元人民币作为启动资金，员工们都觉得不可思议。马云说："1999年，我们十几个人凑了50万元人民币，在2008年做到了两三百亿美元。在充分考虑中国通货膨胀的前提下，我认为2008年的200万元，还是比1999年的50万元值钱。如果50万元可以，200万元应该也可以做成。"而且这200万元包括了所有事情：如果阿里妈妈要用公司的办公室、律师、电脑，都是要算钱的；员工的工资也都包含在这200万元里面。

　　成功的创业者都是被逼出来的。为了节约成本，新团队首先决定搬去马云以前创业的地方——湖畔花园，这样租金就省下来了；其次，全部高管都不拿工资，于是人工成本也降下来了；最后，为了降低办公成本，他们就去找财务要已经报废了的服务器，再通过不同的架构，让2700台旧的服务器起到5000台新的服务器同样的作用，据说这部分成本就省了1亿元。

　　当时的阿里巴巴执行副总裁卫哲觉得，新团队都是以工程师为主，去成立一个公司，工商、税务方面都不懂，便提议让公司的法务部、财务部去帮他们办理。马云坚决否定了，他说："你这样做，会让工程师都变成圈养的动物，但创业需要的是野生动物。谁说工程师不应该学着办工商登记？谁说工程师不应该学税务、搞关系？他必须去，这就是他的生存能力。一旦外包了他们就不是野生动物了，而是圈养的动物。"更为重要的是，项目负责人在集团原有的级别、工资、股权全部拿掉，一切归零，这才是真正创业的心态。不过项目负责人也可以参与投资，大概占20%~30%的股份。

　　内部创业，实现人才资本股权化，是股权激励的一种形式，可以留住具备企业家精神的人才。阿里巴巴的内部创业成功，卫哲归因于这四个因素：一是回归创业环境，公司内部创业项目立项后，凡是申请参与创业团队的，均需要将持有的全部股权、期权清零，背水一战，避免投机行为；二是共同出资设立，作为项目的创始团队成员，以出资获得20%~30%的持股比例；三是内部风险投资，在后续资金需求上，按照项目的市场估值，由集团进行追加投资；四是换股收购合并，在项目成熟后，由集团收购，内部创业团队持有集团股权、期权。

2. 西贝凭什么一年做到 50 多亿元

近年来，西贝的发展可谓是气势如虹，非常迅猛。这家创办于 1999 年的西北菜馆，截至 2018 年年底，一共拥有 300 多家直营店，员工 2.3 万名，销售额达到了 50 多亿元。

西贝这几年的迅猛发展让人刮目相看，特别是 2015 年开始实施西贝莜面村独创的合伙人计划（即"创业分部+赛场制"）后，门店和业绩都实现了快速增长，成为中国餐饮业里除了海底捞之外的另一面旗帜。

（1）把利润分给奋斗者。贾国龙的企业经营理念深受华为任正非的影响，他说："如果老板学不了任正非舍得分钱，企业学华为白学。"

据正和岛的报道，贾国龙曾和高管们探讨一个问题：西贝作为餐饮企业，到底人对企业发展的贡献更大还是资本更大？结论是，人的作用更大。所以，西贝要玩奋斗者的游戏，而不是资本的游戏。这也暗合了华为的基本理念，《华为基本法》第 9 条就强调，人力资本的增值要优先于财务资本的增值。

餐饮是个辛苦行业，基层的员工往往都是"草根"，知识文化程度不高，凭体力挣钱，一般待遇也不高。贾国龙希望能有所调整，给基层的人多一些利益："但这个利益不是直接给、多给，我希望优秀的人能够做得更好，收入更高，希望通过这种模式让他们明白干辛苦行业，一样可以有好收入。"

在西贝，每开一家新店，总部占股 60%，团队自己投资 40%，利润也是六四开。西贝总部给了他们最大程度的股权下放，他们只需要向总部上缴 60% 的利润，余下的 40% 由管理团队自行分配。贾国龙将西贝的组织模式总结为共创共享，就是团队共同创造价值，然后按价值评价的方式把钱分配出去。

善于分钱，才能赚更多的钱。除了让员工共享开店带来的收益，贾国龙还主动带头把自己的钱分出去。贾国龙认为，公司的老板和高管是企业里的"食利者"，他们一次入股永远分红，靠投资就可以坐享其成。而其中，老板是公司最大的"食利者"，所以要带头分钱。他说："虽然我付出很多，但我得到的回报和付出真的匹配吗？觉醒了，就要带头把钱分出去。"因此，作为总部绝对大股东的贾国龙夫妇在西贝公开承诺带头分利，每年拿出自己50%以上的分红发奖金。

2018年1月西贝年会，贾国龙现场发出7000万元的"喜悦奖"。贾国龙还给分部老板、总部高管立下一条规矩：年收入超出1000万元的部分，拿出50%激励自己团队里的各级奋斗者。贾国龙不怕高管"造反"吗？"西贝对这些分部老大、高管的各种激励足够，只有把他们的收入欲望节制住，不产生新的'食利阶层'，激励一线奋斗者，才能保证西贝长盛不衰。这个游戏越往后越厉害。"贾国龙还提到，"组织的竞争力是靠多个维度的因素保障的，分利只是其中一点。当然'利'的刺激是有限的，而且容易疲乏，以高级干部的收入水平来说，'利'不足以激励他，他们还在追求做事的价值和贡献，希望一份事业能够体现个人的一些理想。"

（2）独创的合伙人机制：创业分部＋赛场制。2015年，为了激励门店员工，西贝莜面村独创了一套"创业分部＋赛场制"的机制，也就是西贝的"合伙人计划"。

餐饮行业的扩张，往往是以地域作为依据，将部门划分为不同的经营单位。然而西贝却另辟蹊径，它的13个创业分部，都是以每个分部的总经理为核心创建，甚至名称也以他们的名字命名。创业分部的另一个独特之处在于，它不仅打破了传统企业按照地域划分的方法，还在同一区域让多个创业分部同时开店，引入竞争机制。"举例来说，A老总在上海负责一个创业分部，只要符合条件，B老总也可以申请一个创业分部到上海去开拓市场，从而形成了与 A 的竞争。但总部会协调 A 和 B 门店选址，以确保 A 和 B 之间是良性竞争，而非门对门的'骨肉相残'。"西贝莜面村副总裁楚学友在接受采访时说道。

这就是西贝内部的"赛场制"，据说这是体育赛场的"裁判员制度"带来的灵感。赛场制，顾名思义，员工之间要有竞赛，比、学、赶、帮、超，贾国龙希望通过各种比赛把奖金分下去。"西贝的价值观里边有一个'不争第一我们干什么'，其实就是一种竞赛文化。我要往下分，分给谁呢？比如三个人比赛，我就分给第一名，那第二名和第三名也得想方设法做得更好，我觉得这个其实才是关键。就是不能平均分配，否则就成了大锅饭。"贾国龙在一次采访中说道。

从 2015 年开始，西贝让 15 个创业分部以及下属的各个管理团队相互竞争。在西贝的扩张规则里，除去为了避免恶性竞争的规模限制，如果两个管理团队看中了同一个城市，完全可以共同进驻、各凭本事。

创业分部负责在前线"打仗"，而总部则负责后台赋能。西贝的系统开发、硬件全部是总部做，分部带着人直接入驻就好了。而且供应链也是打通的，从采购到中央厨房再到门店。贾国龙说："门店开发也是总部的，财务由门店中控，分部招人自己招，培训自己培训。当然，整个培训的体系是总部有标准，然后每个分部有对应的一个培训体系，这样的机制更能够让他们在西贝里面自己创业。"

（3）用一张经营牌照实现团队"裂变"。在西贝，并不是每一个团队都有资格开店。西贝总部会对创业分部每年发放"经营牌照"，通过利润、顾客评价等指标考核进行"全国大排名"。拿到牌照并非轻而易举。"我们按季度为单位比赛，进行排名，分 A+、A、B、C 四个排名，获得 4 个 A 才能换一张牌照，也就是开一家店。1 个 A+ 等于 2 个 A。如果拿到 A 越来越多，那这个团队就越来越大，开的店会越来越多。"贾国龙说，"我们最大的团队，2018年年营业额就上十亿元了"。

　　同时，为了降低创业团队的资金压力，西贝总部会承担开店的前三个月所有的资金成本，这就让西贝的团队避免了资金链断裂的问题，在一开始就胜过了许多独立创业的小团队。但是，这种"庇护"并不是无限期的。以三个月为限，这些管理团队负责的门店就需要实现盈利，和总部分享利润。也就是说，每一家新店开业三个月之后，西贝总部就开始进行资金回流。这样的机制运行之下，西贝总部基本上不会面对投资期限过长，无法正常运转的问题。

　　但是，拿到一张经营牌照，并不代表它就永远属于你。每年西贝都会组织一个考核团队，深入到门店中进行多种标准的考核。考核过后，西贝会将所有的门店进行一个"全国大排名"，排在后30%的管理团队，会被收回经营牌照以及相应的股份。西贝总部会将收回的经营牌照发放给排名在前30%的管理团队。

　　这些标准不仅仅是为了考核门店，它还是一种倒逼机制。为了达到这些标准，西贝的各个分店必须不断提升门店的品质，才能避免因为落后被收回牌照。最直观的效果就是让顾客体验逐步提升。如果顾客在买单时评价某个菜不好吃，门店必须免单，而损耗的成本由管理团队负担。除了占据最大参考份额的利润因素，还有顾客评价、门店环境、菜单创新等指标。

　　但是，被收回牌照的团队，并不意味着就要被辞退。西贝会将这个团队打散，重新分配到其他团队中去，让团队成员获得新的股权。而且，即使团队是处在重新分配的过渡期，西贝也会照常给他们发放薪水，让员工省去了很多后顾之忧。这就给了员工试错的机会：上一次的失败可能是因为客观因素的制约，在下一次的重新组队中，依然可以证明自己的个人能力。

3.5 科学创业实践之高维学堂股权设计

先总结一下高维学堂几个不同版本的股权结构迭代之路：1.0 版本（不科学设计版），工具型软件服务（原名：我包啦科技）股权结构为刘伟占 85%、我（林传科）占 15%，没有预留团队股份；2.0 版本，企业培训服务（更名：高维信息技术）股权结构为我占 51%、刘伟占 17%、林慧余占 17%，团队预留 15%；3.0 版本，完成天使轮股权融资，同比稀释；4.0 版本（高阶附加任务），动态股权调整以持续激励价值贡献者，建设合伙文化和全员合伙制，管理合伙人的股权动态调整机制。

在高维学堂还叫"我包啦"的时候，因为当时主要是想做工具型的软件服务平台，所以股权结构是 CTO 刘伟占 85%、林传科占 15%，没有预留任何团队股份。在冯卫东建议之下我们切换到企业培训赛道，更名为高维学堂之后，运营负责人林慧余进入，股权调整为林传科占 51%、刘伟占 17%、林慧余占 17%，团队预留 15%。当时已经学习了何德文老师的课，这种分配相对合理。

之后考虑到在关键决策这部分我们需要外部战略能力的加持和辅导，比如冯卫东，所以在这个时候顺便完成了天使轮融资，股权同比稀释。同时也设置了双层合伙制，就是分成管理合伙人与事业合伙人这两层来进行股权架构。

管理合伙人相当于每个人必须把自己这一整块地耕耘好，且是公司整个事业里面的一个大模块，所以责任重大，这既是一种利益，其实更是一种责任。为此设计的是按对组织的贡献动态调整股权，有进有退。进退的标准是什么，比如刘伟和慧余的股份为什么一定是一样的、贡献难道一直都是平均的吗，后面可能还是会做一些动态调整。这些在七八点团队的指导下，都进行了设计和考量。

事业合伙人相当于员工激励，但高维学堂特别的地方是全员合伙制：共同做一份事业，做大蛋糕，你只要符合条件了，都可以主动参与用内部价购买公司的股份，在职级配股额度范围内买多少都可以。

高维学堂整个股权设计的底层逻辑是典型的人力资本驱动型，所以一是看未来的价值，二是基于贡献动态调整，从而把全员真正从由内而外的激发和调动起来。而且在创始团队有共识的情况下，刚开始的股权设计结构就算不是很科学合理，只要心中想做的事业方向是一致的、认知能同频，调整的空间就会有，比如刘伟占股从最初的85%到后来的17%，这都是基于做大蛋糕的认知。公司不是我们任何一个人的，最可怕的是特别传统的一些观念。

最后，专业的事情要找专业的人来做，股权设计还是尽量用第三方。除了专业以外，还可以避免代入式的主观偏差，高维学堂就是委托了七八点团队来进行设计，保证了专业、中立和客观。

本关的最后，我们给大家送上一套由七八点专业团队开发的股权协议模板，关注"高维学堂"微信公众号，回复"股权协议模板"即可获得。

第四关

做产品：验证产品的用户价值和市场竞争力

跟正道相对的不是邪道，而是捷径，即容易之道或生存之道。

——刘澜

本章主要作者
润策咨询董事长、腾讯前战略发展部成员、高维学堂产品创新导师刘官华

关键任务
做对产品,做爆款产品

支线任务
建立产品价值观

核心方法论
刘官华"精益产品创新"课程,梁宁"产品思维30讲"课程等

任务相关工具
用户洞察五步法、"小循环""大循环"、支付意愿意测试、精益产品创新三原则

试验成果
找到核心用户,打磨出用户需要的好产品,形成一套产品价值观

4.1 第四关为什么是做产品

前三关是一个企业的三大顶层设计,都不会直接产生价值。当设计好了创造价值的主体,接下来立即要做的事情就是去创造价值。创造价值的第一步是验证价值:你的用户是谁?你的产品的确是他所需吗?他愿意为此付费吗?……这一系列问题都将在本关展开。

无论多么完美的商业计划,事实上也只是前提和假设,再完美的商业

计划，也经不起用户的"第一次亲密接触"。做产品闭门造车肯定是不行的，必须要走出去，走到用户中去。本关会带给你一些刷新认知的内容。

4.2 为什么要精益产品创新

4.2.1 以前做产品 vs 现在做产品

只要做企业，一定会有产品。以前大家都是怎么做产品的呢？最开始的商业逻辑是：顾客追求物美价廉的产品，因此只要生产出物美价廉的产品，消费者就会买单。因此工厂的工作重点是生产出物美价廉的产品。"物美"指商品的质量要好，"价廉"就是价格低，所以工厂进行大规模生产，降低原材料、人工成本，提高生产效率和分销效率。现在这种商业导向的企业仍然存在。

随着市场的发展，物美价廉已经不是企业存活下去的万能解法，企业生产的导向转向了提高产品的品质上面，这是从量到质的变化。业界认为，顾客喜欢质量最优、创新功能最多、体验最好的产品。所以为了给顾客提供更好的功能，企业要对产品进行持续改善，产品的改善是没有边界且持续的。

这带来的问题是创新者的窘境，夏普液晶面板便是十分典型的例子。兢兢业业，通过持续迭代产品，夏普生产出了解析度高于 440PPI 的高解析度面板，但它与普通产品的差别无法用肉眼分辨出来；而苹果的 Retina 显示器作为业界标杆，仅有 326PPI。但很少有顾客会为了肉眼无法分辨的差别去支付额外的金钱，这就是创新者的窘境。生产更好的产品这一方向本身没有错，但是如果功能超过了市场的需求，就将面临被更符合用户需求的产品替代的危险。

只关注产品质量的提高，不仅会出现产品过度服务的情况，还会导致企业失去开拓新市场的机会。IBM 为了聚焦自己在大型计算机市场的核心竞争力、生产出质量更好的大型计算机，把微处理器业务交给英特尔生产，操作系统使用微软的产品，而忽略了这两个在将来大有可为的市场，导致 IBM 最终在个人电脑市场错失了机遇。

如果企业的经营思路是研发出功能极强的产品并且在这个产品上持续地进行迭代，目标是把这款产品的功能做到登峰造极，那么就极易出现忽视用户需求以及错失新市场机会的情况，从而就有可能受到来自跨界或创新产品的冲击。

当市场上的产品已经过于优质，产品同质化严重时，企业应开始以销售拉动业务，以获取大规模的营收。因此很多企业的经营重点放在了销售上。这种商业逻辑认为，如果企业不进行持续推销，消费者就不会主动选择自己的产品。因此很多企业通过率先制定销售目标的方式来拉动产品销售：将 KPI 根据时间进行分解，得出每个季度应该达到的 KPI；按照区域分解，每个区域由专人负责。这种思想仍然是将企业已生产出的产品由企业内推向企业外的客户。

这种商业逻辑面临的第一个挑战是复购。消费者因为强势的推销而购买产品，而不是因为对产品信赖进行购买。如果购买后发现产品并不是消费者需要的，或者因为导购的推销话术而对产品期望过高，那么消费者很难对产品进行二次购买。第二个挑战是高昂的销售成本。企业若想达到更高的 KPI，就需要更多且素质更高的销售人员，这就会产生许多人力成本。同时还有地推费用、因为减价促销而产生成的销售费，它们用都会造成销售成本的增长，这些都会分散企业聚焦用户的精力。

无论是价廉物美的思维导向，还是认为顾客喜欢更优质产品的思维导向，抑或是以销售为驱动的商业逻辑，往往都会陷入局部优化的陷阱。随着产品同质化竞争越来越激烈，一些企业开始用营销的思想来经营企业，认为正确地确定市场和需求，并比竞争者更有效地满足顾客的愿望和需求，

第四关 做产品：验证产品的用户价值和市场竞争力

就可以在商战中胜出。但是用这种思想来经营企业、研发产品的挑战在于，很多时候用户不清楚自己的需求，也无法用准确专业的语言表达自己的思想，企业如果仅仅是通过一般性的市场调研来了解用户的需求，很容易出现把握不当的情况。

以上这些做法导致的结果就是产品同质化严重、和用户越来越远、无法把握用户需求，更别提基于用户反馈来迭代产品。

联想在当年的 PC 市场，可以说是全世界最厉害的，是一家非常国际化的企业。它一直不停吞并整合国外大企业，比如收购 IBM 和摩托罗拉，在 PC 时代没人能打败联想。2015 年联想转型的时候，国内手机市场做得最好的要数红米，其主打性价比高、出百元机，可以说当时小米给整个移动产业带来了巨大的刺激。

所以，联想就去研究红米是怎么做的。他们先去解构一款红米手机，把所有的元件研究透，再拿出来一个子品牌全力攻关，目标是做出一个比红米手机性价比更高的产品。因为如果性价比高是红米产品的市场要点，那么到时候联想推出的产品应该是很有杀伤力的。于是联想把红米的性能全列出来，其新出的产品在 CPU、内存、屏幕等主要元件上跟红米持平甚至更高一点，也就是说性能更好、价格更有杀伤力，比如红米当时是 699 元，联想就定价 599 元。就这样，一款产品设计出来了，一款比红米性价比更高的产品问世了。联想的新产品的确比红米好，价格还低，可是你们有听说过这款手机吗？这其中出了什么问题？

后来，联想发现小米背后有一个很疯狂的粉丝团，于是他们也开始做自己的用户社群、论坛，去维护。但是粉丝培养不是一日而成的，于是联想跟京东合作，利用京东天然自带的几十万用户，首批产品发布的时候卖出 20 多万台，勉强及格的一份成绩。

联想都做到了这个地步，那还有什么问题？

需说明的是，当时的手机市场已经不允许犯错，其背后逻辑是市场只允许厂商做一款正确的产品，而不是正确地做产品。压力就来自这里：其实厂商根本做不出一款完美的产品，往往只做出一款完美的废品，这样做产品的思路已经无法跟互联网对接了。

产品不是从上到下的战略性的指挥做出来的，而是自下而上不断改进出来的。比如微信，张小龙接受访问时，记者问他下一版本要设计出什么不得了的功能吗？他很自然地回答说："4.0版本刚出来也不知道用户是什么感受，根本没办法回答。5.0版本不是设计出来的，是基于4.0版本的用户反馈调整出来的。"这就是产品设计的核心：没有用户，就没有第一推动力。也就是说以前的"人货场"里，"人"是以消费者为中心，"场"是以渠道为主，"货"的特色就是标准化、刚需和量产（见图4-1）。

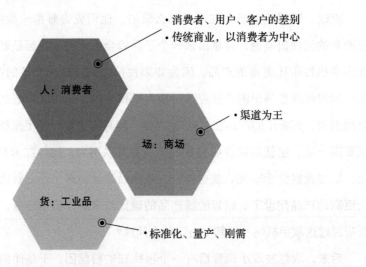

图4-1　传统"人货场"示意图

而在新的"人货场"中，人的定义是用户，从管理消费者和客户到管理用户，无论企业过去是to B还是to C，在新商业里都需要找到最终用户。

例如，我们建立一个to B的网站，每一个客户有一个公司账号，用于登录网站。无论客户公司的规模有多大，使用账号登录的必然是一个有血有肉的自然人，这个自然人在该公司有自己的角色定位，其登录网站的目的和公司内其他角色存在差别。如果不对该用户的角色进行研究，"人"定义的颗粒度太大，很可能造成网站功能冗杂，所有的功能都堆放在同一个页面，导致用户体验差。互联网企业在"人"的定义方面，做得非常明确。腾讯的"一切以用户价值为依归"，网易的"只有做到比用户更挑剔，才能成就一款产品"以及小米的"参与感"，都是建立在以最终用户为中心的基础上。

再看"货"，新商业中的"货"不再是标品，强调重心也不再限制于品质管控，更多是强调"产品＋服务"、强调用户感知。比如同样是卖栗子，我们在线下买栗子的时候，栗子的标准化程度非常高，线下店很多。卖点是谁的栗子皮更薄、甜度更高、个头更大，但是这种竞争永远没有尽头，没人能说自己的栗子是全中国最大、最甜的。这种情况下，产品的卖点没办法被用户明确辨别。而三只松鼠卖的是吃坚果的一套完整体验：一袋栗子，会附赠一个果壳袋，方便用户收拾吃坚果过程中产生的垃圾；附赠封口夹，在一袋栗子吃不完时用户可以把开口封住，防止栗子受潮；附赠湿纸巾，用户吃完后可以擦手，免去了专门洗手的麻烦。提供一整套完整的产品体验，让过去单卖产品的模式显得苍白无力，栗子的甜度和大小也不再是用户考虑的最重要因素。

"场"的变化是，新商业中不再提卖场、商场，而是提场景。梁宁在"产品30讲"里讲过，"场"是时间和空间的概念，一个场就是时间加空间，用户可以在这个空间里停留和消费。如果一个人不能在某个空间去停留、消费，这个场就是不存在的。"景"是什么意思呢？景就是情景和互动。当用户停留在这个空间的时间里，要有情景和互动让用户的情绪触发，并且裹挟用户的意见，这就是场景。

时间加空间不能成为场景，它还要能够触发情绪。移动互联时代，场景就是让用户产生自我投射的画面感，即用户拍一张照片发了一个朋友圈，这就是自我投射。以下是一个很典型的案例，可以说明场景的概念。

罗辑思维是现在中国最大的线上读书社区。罗辑思维曾经在2014年举办过一次活动，售卖8000套罗振宇亲自挑选的书籍，每套售价为499元。这套图书礼包在上线90分钟内即售罄。由于没有限购的规则，有人看到了火爆的抢购场面，决定一次性购买10套，希望通过加价倒卖获取利润。然而现实却与他的期望大相径庭，抢购来的图书礼包完全无人问津，即便是价格下降到原本的售价499元，依旧卖不出去。原因是什么？

是场景不对。社群成员不想在天猫上去购买罗振宇的限量书，而唯独在社群里购买，是因为他们认为只有在罗辑思维的商城里购买才是对的——用户买这套书不是为了书的本身，而是为了跟一群人在社群里学习，支持罗振宇。这就是场景：同样的产品，一旦场景不对，根本就卖不出去。新的"人货场"，如图4-2所示。

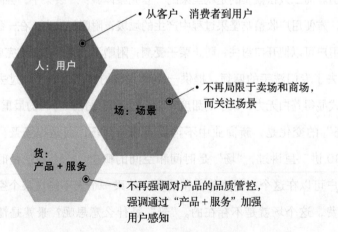

图4-2　新"人货场"示意图

现实中大批企业仍然在传统的"人货场"基础上做产品，所以会感到怎么都找不到"用户感"。企业要找到一条路与用户最高效地连接，势在必行，这也是打通第四关的必备技能，精益产品创新正因此而生。

4.2.2 重构用户认知

1. 移动互联时代的用户特征

商业上一切问题的出发点，归根结底是用户的需求，被需求、被需要绝对是第一重要的。产品只是满足用户需求的工具，只是商家触达用户的媒介。从很大程度上来说，用户喜欢并为之疯狂的并不是具体的产品，而是用户需要的满足本身。移动互联网时代的用户特征可以总结为以下四点：

（1）从在意"有没有"到在意"好不好"。有些产品的价格并不便宜，是普通产品价格的几倍，但仍然受到推崇。用户一旦使用这些产品，就无法回到过去继续忍受传统产品的糟糕体验。市场上能够满足用户最基本需求的产品多如牛毛，能够提供好体验的产品，才能引起用户的注意、获得用户的青睐。

（2）从标准化到个性化。用户不会在意定制化产品带来的高额成本（除了商家本身，还有谁会在意呢），用户在意的是高价值产品与付出的价格是否匹配。

（3）从被动信息接收到多层信息获取。在所有的广告渠道中，来自朋友和家人的推荐是最受用户信任的广告类型，品牌网站的广告排第二，第三受信任的广告类型来自于其他消费者，而目前很多消费者查询其他消费者态度的渠道是来自于社交网络等互联网渠道。

（4）从单向消费到双向参与。产品每次迭代的方向都来自于用户的反馈。Instagram产品形态的确定，是来自于用户的行为反馈。最初Instagram拥有很多功能，当创始人发现用户几乎只使用照片分享功能的时候，就把产品的功能减到只有分享照片和评论的功能。产品是为了满足用户需求而产生的。

用户不仅可对产品本身造成影响，更可以通过口碑传播品牌。坚持不做广告的微热山丘凤梨酥，年销量却可以达到 3000 万颗。正是产品的品质以及门店的周全体验，让微热山丘通过用户的口耳相传打开了知名度。

那么，怎么找到这样一群用户并且识别出来，让他们一起参与到产品的开发测试与迭代中呢？用户洞察是个通用且好用的办法。

2. 用户洞察

这里先讲一个小故事。疯人院里的专家，一直很难理解一位无论晴雨都拿着雨伞蹲在角落里的病人。专家们纷纷猜测这位病人可能是在下雨天受过心理创伤，这种行为是出于自我保护。有一天，一位专家直接拿了一把雨伞蹲在这位病人旁边，病人终于开口："你也是蘑菇吗？"

这就是"蘑菇思维"。正确洞察和理解用户需求，是企业成功的关键，直接冲上去问用户"你有哪些需求""你的需求是什么"，基本上是不会得到任何正确答案的。蘑菇思维是产品经理的必修课，洞察用户需要使用同理心，典型的同理心方法就是蘑菇思维。企业要将自己完全当作用户，并充分收集和理解用户的反馈。让用户驱动产品的设计与迭代，并在设计产品的过程中始终秉承一切以用户价值为依归的最高原则。

用户洞察不同于用户调研、用户访谈，其核心的差别在于洞察是要去发现内在的、本质的心理诉求，而这些内容是无法通过直接研究获得的。通过深入的用户洞察，可以对用户的目标、行为和心理进行研究和分析，挖掘用户间的差异，并对他们相似的行为和心理特征进行分类，从而得到典型的用户特征。

这些特征可以通过用户画像的方式输出，即将每种类型最典型的特质以一个虚拟的形象进行刻画，再通过添加细致的人口学属性、场景特征等信息，让该形象活灵活现。用户画像不但可以加深产品团队对用户的理解，还可以帮助产品团队为后期的工作决策提供相应的依据。

用户洞察的具体操作方法有以下五步。

第一步，信息收集。首先要对市场上的竞争主体及其相关信息进行梳理，了解市场当前的局势及其发展历程。随后还要对类似产品进行扫描，根据市场现存的产品去了解现有厂商是如何解读用户需求的，再根据现有产品进行用户使用场景的归纳。最后收集用户在场景中所扮演的角色，收集时要覆盖整个品类市场的宏观信息和用户角色的微观信息，只有全面深刻地理解这些信息，才能建立市场知识框架，并逐步靠近用户视角。

第二步，角色识别。"千人一面"的思路是无法打动用户内心的，不能因为用户使用同一款产品，就将他们定义为一类人，要了解这背后的原因，对用户的心理属性进行分解。在角色信息收集之后，要对用户角色进行识别，形成角色列表，并识别出这些角色所特有的一些属性。

角色属性可以按照人口学属性、行为属性和心理属性三个维度进行划分。人口学属性包括性别、年龄、工作、居住地等基础信息；行为属性包括用户的购买频次、使用频次、个人偏好、活跃时间段等与使用产品相关的数据信息；心理属性则指用户使用该产品时的内心诉求，例如，用户为什么要使用该产品、他们为什么会购买某个特定品牌、他们有没有特定的目的等。

第三步，定性研究。所谓定性研究是指通过发掘问题、理解事件现象、分析用户的行为，挖掘用户对产品的需求、痛点和看法，来获得关于产品"为什么"的研究。文献分析、历史回顾、访谈、观察等都属于定性研究。在用户洞察中，建议使用一对一或一对多的访谈形式进行定性研究，这样可以增进产品人员与用户的沟通，给用户直观的产品信息，帮助产品人员更真实地理解用户当时的所思所想。

第四步，定量研究。定量研究是与定性研究相对的概念，又称量化研究。定量研究将问题与现象用数量来表示，进而去分析、考验、解释。定量研究解决的是"是什么"的问题。在完成定性用户访谈后，会获得大量信息，由于访谈可执行的样本量相对有限，普遍性不能得到保证，因此需要扩大调研范围。通过定量研究的方式大量收集用户信息，对假设再次验证。根据访谈过程中收到的用户反馈，以调查问卷的形式发放给用户进行填写。

第五步，用户洞察。定量问卷信息回收后，再综合原有访谈信息进行分析处理便可以生成更为详细的用户画像。对一类具有共同特征的用户进行汇总，通过描绘这类用户最典型的特征，包括人口、行为、心理三种属性，以一个自然人的形象对该类用户进行成像，从而得到用户画像。

通过信息处理后会得到多个用户画像，一般在3个以上，多则可能会达到十几个。如何从众多的用户画像中挑选符合产品的目标用户呢？要完成这项工作需要成立一个专家团队，由经验丰富的产品人员及企业决策者共同组成。团队根据自身经验、市场价值判断、企业能力匹配度等综合因素进行讨论，对所有用户画像进行优先级排序，并选择排在前几位的用户画像作为目标用户群，进行针对性产品研发。未被选中的用户画像作为未来开拓的用户群，暂不作重点考虑。

用户洞察五步法示意图如图4-3所示。

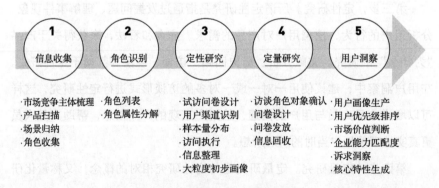

图4-3　用户洞察五步法示意图

4.2.3 用户驱动共创

找到目标用户之后,要做什么?传统企业花大量的时间在研究如何正确做产品方面,千方百计地提高企业的效率、降低成本,让企业在竞争中胜出。但在新的商业逻辑下,企业面临的最大问题从如何"正确地做产品"转向如何"做正确的产品"。

"做正确的产品"要求企业走出去,走到终端价值里头去,而终端价值在用户身上。如何理解用户需要的是"正确的产品"?换言之,用户愿意为之付费的是真正能够解决他们问题的产品,而不是广告做得多、渠道铺得广的产品。所以,企业要将重心迁移到如何做出正确的产品、如何接触到用户并发现其需求,然后针对需求提供解决方案。企业要知道,用户只愿意为他们认为正确的产品买单。

但现状是从用户角度出发的问题大部分都是不确定的。用户很难描述清楚什么才是自己想要的,而当自己真的用到好的产品时才能敏锐地感知到。正是因为来自用户的这些不确定性,让做产品变得更为困难。所以出路只有一条,那就是靠近用户、无限缩短用户距离,不断迭代、调优或创造新产品,即让产品的每一次迭代都离用户需求更近。放弃那些糟糕的产品,不要像原来那样只注重产品指标,因为这样即便用尽"洪荒之力",依然得不到用户反馈,也就是说你根本没有找准用户需求,一直努力就等于离用户越来越远。

随着市场环境的发展,用户的角色在产品的生命周期中占据越来越大的比重,从产品出现之前直到产品传播,用户可以全程参与其中,让产品的设计、制造、推广与改进,都不再是孤注一掷的"赌博",而是用户和企业双方共创共建。

做一个用户驱动型的产品,在这点上,微信做到了,小米也做得不错,还有另外一家公司更是将用户驱动文化深入骨髓和基因。下面，我们来看一下亚马逊原中国区副总裁张思宏是怎样描述他加入亚马逊之后是如何被震惊到的。⊖

大家都知道用户声音很重要，很多企业鼓励一线员工收集用户声音，还请了咨询公司，请他们搜集一些用户数据并依此分析得到一套解决方案。但是，这只是浅层次的用户驱动。

真正的用户驱动是什么？要从企业的底层开始灌输用户价值，从文化、流程、定价、战略等方面都要站在用户的角度，考虑如何为用户创造更大的价值。这才是深层次的用户驱动。很多企业都在做对标分析，简单来讲就是想知道竞争对手在干什么、哪些是竞争对手有而我没有的，然后在竞争对手强的方面要学习它、弱的那一方面就要去攻击它。

企业对标分析通常都是通过咨询公司去做的，比如像亚马逊，差不多每一个季度，它就会做一个全路段的、全流程的对标分析。这个时候，我们会在京东、阿里、天猫这些平台购买大概四五百单货，而且分品类购买，然后开始追踪。比如，同样的一个产品，我们要看各个平台之间的价格高低、页面设计的好坏，以及他们是怎么描述这个产品的、他们的供应商是谁等，这是页面浏览阶段要做的事情。而在购买的阶段，我们要比较他们有没有一键下单、下单要操作几次、下单以后运输时长是多少、他们给消费者承诺的送达时间谁更短等细节，也就是全路段会做一个对标分析。

其实我在戴尔和可口可乐的时候都经历过这种对标分析，这是一个很传统的打法。但是我到了亚马逊之后，却发现同样的一套打法，每个企业的理解和思维逻辑完全不一样。正常的企业，在拿到咨询公司的对标分析结果之后，他们的思维逻辑是这样的：第一个是WHAT，就是什么是对方

⊖ 以下内容来自高维学堂"用户驱动增长"课程，由亚马逊（中国）原首席用户体验官张思宏主讲。

有而我没有的，之后会很清晰地标注出每一个流程节点上自己和竞争对手之间的差别。第二个是HOW，就是读完报告之后，大部分正常的公司都会这样想：竞争对手有而我没有，那么我们能不能具备竞争对手有而我们没有的东西。第三个是IF，就是我们要怎么做才能做到跟竞争对手一样，甚至可以比他们做得更好。这是一个企业正常的思维逻辑。

入职亚马逊的第一个季度，我代表运营部门参加了季度企业对标分析。当时我的思维是这样：京东、阿里、淘宝有的我们应该怎么做才能跟他们一样甚至比他们做得更好，我们要做出什么承诺、做出什么改变？当我开始按照自己的思路阐述时，没一会就被反驳了："Peter，你这样不对，亚马逊的对标分析不用这种思维。"当时我就愣住了。

那么，亚马逊是怎么做对标分析的呢？他们没有问我们要怎么做才能超过竞争对手等这些常规的问题，而是一上来就问："Peter，你觉得用户要什么？你觉得用户在这一点上，他们最需要的解决方案、政策、流程、工具是什么？"整整一个小时大家都在围绕用户讨论。

这跟我以前的认知完全不同，对我冲击非常大：他们并没有按照传统的管理学逻辑和企业经营思维来做这件事，没有盲目地跟随和追赶自己的竞争对手，而是思考用户的核心需求。

亚马逊花了一大笔钱，请了咨询公司，买了四五百单货，然后得出一份全流程的企业对标分析报告，其目的就是为了通过这份报告了解各个行业、各个竞争对手的打法，以此反思用户到底想要什么，最后每个部门都要拿出一个行动方案来。对于和竞争对手存在差异化的地方，如果不想改，就要证明用户真正要什么；如果想改，也要证明为什么要这么做。总之，无论是改还是不改，一定是因为用户的需要。

所以，什么叫作用户思维？什么叫作反向驱动？这就是一个绝好的例子。很多的企业在收集用户信息的时候，首先关注的是竞争对手，但真正有用户反向驱动力概念和思维方式的公司，它关注的是什么？是用户。

亚马逊与别人的最大不同是什么？正常的打法是直线思维，就是看竞争对手，在自己和竞争对手之间做完比较后采取行动，思考的是怎样做到跟竞争对手一样甚至更好。而亚马逊的打法，是在中间加了一个用户：在看完竞争对手和自己的不同之后，回到用户身上，看用户究竟要什么。如果是用户需要的，亚马逊就改；如果用户不需要，亚马逊就不改，即便竞争对手都这样做，或整个行业所有人都这样做，亚马逊也要"冒天下之大不韪"，不改。

基于这种用户驱动共创的认知，我们总结出以下三个要点。

1. 建立通畅的用户反馈渠道

如果没有为用户建立通畅的反馈渠道，企业就无从知晓产品的不足，会让抱怨无门的用户的不良情绪膨胀，并将希望帮助产品进行改进的用户拒之门外。当用户对产品的不满逐渐累积却无处释放时，产生负面口碑是大概率事件。

曾有一位网友撰写的名为"DELL HELL"的博客，在网上引发大量关注。该用户"直播"了自己在戴尔遇到的糟糕售后，在获得网友们的关注后才引起戴尔官方的注意。最终戴尔因此事件的触动开设了名为Direct2Dell的企业博客，用户可以在此博客内进行留言，对戴尔提出反馈。

社交网络的发达，让很多用户有了发声的地方。当用户们对品牌失望时，会在社交网络上引发群体参与，这将会对品牌形象造成重创。从另一个角度来看，这些抱怨事实上又是企业改进产品的宝贵资源。建立通畅的反馈机制，不仅可以为改进产品提供方向，还能够消化很多对品牌的负面评论，将负面评论的影响降到最低。

一般来说，用户反馈的全流程需要经过反馈归集、生成需求、需求排序、生成迭代计划、进度跟踪五个步骤。

2. 用户参与是最有效的手段

3M公司以产品类目多、产品创新驱动著称。可以说全球50%的人每天都会直接或间接地接触到3M公司的产品。在3M的众多创新机制中，有一项极其重要的用户先导机制，即寻找先导用户并让他们提出对产品的设想。先导用户通常是专家以及行业精英，这些人通常会对产品存在的问题有独特的见解，并且会对如何改进产品给出成熟的解决方案。在企业创新出真正满足用户需求的产品出现之前，这些先导用户就率先对产品应有的样子有了自己的见解。利用好这些极具创意且十分专业的意见，将有效帮助企业进行产品创新。

3. 做好用户的翻译官

用户的反馈并不一定是正确的解决问题的方法，或者能够直接生产解决方案的方法。亨利·福特有一个名言：如果问用户他们需要什么，他们肯定说需要一匹跑得更快的马，而不会是一辆汽车。这说明用户的实际需求只是更快地到达想去的地方，用户可能会说"要是马能跑得更快就好了"，但事实上，能够更好地解决用户需求的产品并不是更快的马。

马化腾曾这样分享过这样一段话：

产品研发中最容易犯的一个错误是研发者往往对自己挖空心思创造出来的产品像对孩子一样珍惜、呵护，认为这是他的心血结晶。好的产品是有灵魂的，优美的设计、技术、运营都能体现背后的理念。有时候开发者设计产品时总觉得越厉害越好，但好产品其实不需要所谓特别厉害的设计或者什么。觉得自己特别厉害的人有时就会故意做一些体现自己厉害，但用户不需要的东西，那就是舍本逐末了。

腾讯也曾经在这方面走过弯路。现在很受好评的邮箱，以前市场根本不认可，因为对用户来说非常笨重难用。后来，我们只好对它进行回炉再造，从用户的使用习惯、需求去研究，究竟什么样的功能是他们最需要的？在研究过程中，腾讯形成了一个"10/100/1000 法则"——产品经理每个月必须做 10 个用户调查、浏览 100 个用户博客、收集反馈 1000 个用户体验。这个方法看起来有些笨，但很管用。

我想强调的是，在研究用户需求上没有什么捷径可以走，不要以为自己可以想当然地猜测用户习惯。比如有些自认为定位于低端用户的产品，想都不想就滥用卡通头像和一些花哨的页面装饰，以为这样就是满足了用户需求；有些自认为定位于高端用户的产品，又喜欢自命清高。其实，这些都是不尊重用户、不以用户为核心的体现。我相信用户群有客观差异，但没有所谓高低端之分。不管什么年龄和背景，所有人都喜欢清晰、简单、自然、好用的设计和产品，这是人对美最自然的感受和追求。

前文花了不少篇幅讲用户，因为最简单的东西恰恰是最难的事情。用户也是做产品的起点，找到你的用户，摸索他们的需求，满足他们的"痛点""爽点"和"痒点"，就是一个好产品不错的开始。在升级了"人货场"认知和洞察用户理论之后，就可以输出初步的产品方案和原型设计了，然后是不是就能推到市场面向用户了呢？别着急，请往下看。

4.3 精益产品创新怎么做

4.3.1 精益产品创新三原则

如果说这个时代什么让人们最看不清楚，那肯定是日新月异的新产品，人们无法想象再回到那个等10年才能更新一代新品的年代。不信可以看看手中的手机，是什么时候换的最新一代？然而在过去很长的一段时间内，企业都处在"憋大招"的状态里，用10年做一个"惊世骇俗"的产品的做法屡见不鲜。

很少有人听过雷克萨斯的LFA这款车。当年开发这款车型的团队在研发到第5年的时候，发现之前使用的铝制车身太重了，不够完美，于是他们选择推倒之前的方案，改用碳纤维作为主材重新设计。这样得到的结果是：研发成本过高，一台车的单价要在500万元人民币以上才能覆盖研发制造成本，如果再算上其他的费用，必将是卖一台亏一台。如此低性价比的车型怎样才能在市场中立足？过长的研发过程加上长时间与市场脱节，"憋大招"最后换来的也许是完美的产品，但却是市场无法接受的商品。

如果你已经决定了为某一类用户开发一款新产品，那么精益产品创新三原则是必须要记住并消化的，它来源于在前面章节里已经数次提起并阐述过的"精益创业"理论，其三大法宝是最小可用品（MVP）、客户反馈和快速迭代。据此演化出来的产品创新三原则如下：

一是保持动作多次，不再要求一次做好，要迭代更新、小步快跑。互联网的逻辑是永远都不存在一个终极解决方案，因为没有答案。没有答案但是有的是方法，这个方法就是试错。

二是保持时间尽早，尽早将产品的概念原型化、可视化，尽早寻求用户的批评意见。创新等于试错，没有用户的反馈，相当于没开始。

Dropbox是一款网络文件同步工具，是Dropbox公司运营的在线存储服务。其通过云计算实现网上的文件同步，让用户可以存储并共享文件和文件夹。对于这样一款跨平台的存储产品，大家可能觉得它很难在早期实现产品的用户可视化，虽然用户操作的仅仅是一个拖拽的动作，但后台却需要大量的存储、返回、传输等功能的实现。这类似于很多工厂型的产品，需要大量的生产环节才能可视化。但 Dropbox 很早就意识到自己是一款工具型的产品，而且需要较长的研发时间，后台的技术架构会非常复杂，还需要投入较高的成本。于是产品的创始人想到一个办法，他录制了一个产品介绍的视频，把用户的操作过程通过视频展示出来，而后台却没有实际的代码发生。他们将这段视频放到市场上，结果引起了强烈的反响，原来的官网注册用户数量从 5000 暴增到 75 000。

尽早做出一个可视化的产品去验证，哪怕只是一个视频，也可以让产品团队确认用户需求。有用户需求信息的输入，产品方向就能找对并确认，这就是尽早可视化的魅力。

三是保持方向液态，不要做计划管理控制。不要预先设计，也不要太早进行产品固化，没有得到市场的反馈、用户的需求没有最终确认的时候，永远要保持产品调整的可能性。

YouTube 已经成为众所周知的视频分享平台，然而最开始做产品设计时，它却被定位为一个约会网站。在产品用户量不断增加的过程中该团队发现，很多人在约会的时候都愿意去分享展示自己的一些视频，而且市场上缺乏"影片分享"为主轴的网站，于是平台迅速改变产品定位，将其定位为"成为世界上最大的视频网站"。

请务必记住：精益产品创新，不是发射火箭，而是开汽车。

在进行价值假设验证时，我们可以利用"小循环"的方法，其操作如图 4-4 所示。

"小循环"在精益产品创新中的五个商业实践规则如下：

（1）单个用户的反馈建议不超过三条，永远让用户反馈最希望解决的问题。

（2）用户的反馈不一定都是对的，必要时要进行头脑风暴分析并对反馈进行有效管理。

（3）反馈意见形成新的需求后应当进行分类。

（4）需求是无止境的，也是做不完的，因此需求一定要合理排布优先级。与产品特性关联度越大需求优先级越高。

（5）永远只做最重要的事情，永远只做优先级第一的事情。

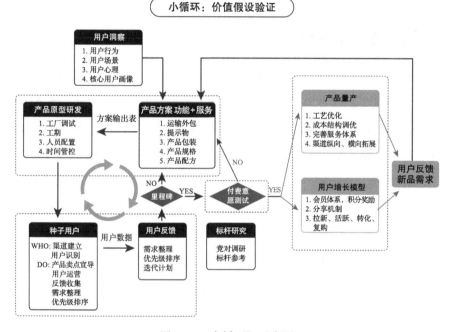

图 4-4 "小循环"示意图

讲到这里，整个小循环流程就基本走完了，简单来说小循环就是"从 0 到 0.5"，大循环是"从 0.5 到 1，再到 N"的过程。我们再复习一下整个小循环流程：初始输入信息来源于用户，通过用户洞察，得到目标用户的相关信息，形成完整的用户画像，并通过对用户画像的充分理解来分析用户的心理需求和用户诉求产生的场景。

产品方案设计完成后提交到相关团队进行产品原型的研发，实物产品需要将产品方案提交至工厂进行工业设计、结构设计及研发生产等。鉴于这个环节的参与人员较多，应尽量协调人员配置、进行时间管控等工作。

在产品原型开发完成后，应尽快将产品投放给种子用户进行验证。种子用户的来源可以是产品概念前期的研究对象，也可以进行专项招募。通过种子用户对产品的试用反馈重新对产品方案进行调整，直到种子用户对试验产品满意为止，这时就达到了小循环测试的里程碑——支付意愿测试。

4.3.2 支付意愿测试

在产品原型经过一轮又一低的低成本"小循环"迭代之后，什么时候可以真正量产投放市场乃至实现快速增长呢？这需要经过"支付意愿测试"，这相当于一个评估决策点——判断是否进行量产，其目的是通过对用户心智中购买意愿的测度，给"小循环"一个明确的里程碑，顺利进入"大循环"的放量阶段。

在新产品研发的过程中经常会碰到这样的现象：如果去询问用户对产品方案的看法，用户会表示非常需要，但真到实际量产上市后，用户却不愿买单。导致这一问题的原因是，征求用户意见时，用户并没有物质上的付出，没有从购买产品的角度去考虑产品价值与产品价格，所以会倾向于正向答案。一旦涉及真金白银的购买，理智的用户都会三思而后行。

所以，在精益产品创新中，新产品从"小循环"到量产的"大循环"之前，需要通过支付意愿测试，在产品量产前先验证用户是否愿意付费购买产品。同时，根据用户愿意为产品付出金额的高低来判断产品之于用户产生的价值，以及生产方是否能够承受该定价策略。

需要注意的是，测试价格需包含产品方案中的全部成本和期望收益，测试价格与上市价格越接近，参考价值就越高。除了测试支付价格，还应该测试的是支付方式。支付的方式可以是一次性支付，也可以是分期付款等方式。

支付意愿测试中有一个重要的概念叫作 TippingPoint（拆分点），一个产品的全量使用者被细分为五类：创新者、尝鲜者、早期大众、后期大众以及落后者。而这五种使用者的数量呈现正态分布。

创新者对新技术有着狂热的追求，他们愿意尝试一切新的技术和新产品，这部分人群大约占总用户量的 2.5%；尝鲜者对新技术抱着较开放的态度并且对市面上已有的解决方案有明显的不满，他们渴望一款新产品能够解决他们的问题并带来改变，这部分人群大约占总用户量的 13.5%。

创新者和尝鲜者相加能够占到全量用户的 16%，这两部分人通常是该品类中的意见领袖，对该品类中的产品有深入的了解和自己独到的见解。也正是因为他们具有突出的经验和知识，其身边的早期大众和后期大众在购买该品类产品时，也通常会咨询他们的意见。所以，当一个产品渗透率到达了 16% 时，就表示这款产品很有可能站在了临界点的边缘，早期大众随时可能大量涌入使产品销量剧增。

需要强调的是，临界点设定在 16% 是统计学研究的理论数字，在实际操作中不要作为绝对精确的数字进行执行。应根据行业品类特征、市场经验、用户特征等因素进行适当调整。渗透率达到了 16%，支付价格依旧可能存在风险。

这是因为，首先，创新者和尝鲜者购买的出发点是对产品的喜爱和帮助改进产品的热情，是非理性的。大众用户相比他们要更理性，购买时考虑的因素会更多也更复杂，例如价格、产品质量、品牌口碑、市场销量等。其次，创新者和尝鲜者对早期大众的影响力可能不如预期，导致产品无法"引爆"。

因此，在确定量产前，需要评估潜在的风险和不确定因素，不要一味地通过降低成本、减少产品特性以达到降低定价的目的，要尽可能多地保留甚至是优化产品特性，把握大众用户的购买需求。为了增加创新者和尝鲜者的影响力，应该尽早确立用户增长模型，鼓励创新者和尝鲜者主动分享传播，更多地影响早期大众用户。

4.3.3 持续动态运营

读到这里，相信大家都认同：不存在对竞争对手的"一击必杀"，也不存在对产品的"一次做对"。商业机会就像流水一样永远处在不停地流动当中，应对流动的商机唯有持续动态运营——"以动制动"从而永远处于变化的中心，掌握变化的节奏。经营企业的思路应由将大量资源"赌"在一款产品上转变成通过动态运营，逐步挖掘并满足用户需求，通过动态的方式将资源逐步投入。

动态运营主张基于用户画像，从核心用户出发，让产品逐步向外辐射。在核心用户中间，对产品进行反复试错，根据用户反馈调整迭代产品，根据所处的阶段去动态运营产品：此刻产品需要进行快速拉新、维持活跃，还是需要挽留老客户？产品在不同阶段有不同的目标，需要一步步达成而非一步到位。这种思路与在开始阶段就大量投钱做广告的方法有很大不同，避免了因产品不成熟就投入大量资源进行渠道铺设的风险。

而关于产品形态及运营策略的决策，要根据数据来确定。数据像企业的仪表盘，需要通过结构化将重要数据握在手中，帮助企业进行快速决策。动态运营有以下三大原则。

1. 核心裂变原则

bilibili 网站已经成为国内弹幕爱好者的聚集地，2018 年年底至 2019 年年初腾讯和阿里两大巨头都相继入股。这个网站最初是面向二次元爱好者推出的，最大的特点是用户可以在观看视频时发送或观看弹幕，这种形式源自日本的弹幕网站 niconico，最初在国内只在二次元爱好者范围内流行。随着二次元爱好者对弹幕的传播,弹幕逐渐成为一种流行,bilibili 也因此发展成为了人们看弹幕视频的聚集地,其用户也因此扩大。

Facebook 最初的用户只限于哈佛学生,这些用户即为 Facebook 的种子用户。当依据哈佛学生反馈快速迭代产品、日渐成熟后,Facebook 才灰度放量开放其他学校学生的注册。每次开放注册,Facebook 都通过已注册的名校用户逐渐扩大知名度。也就是说,Facebook 从核心的名校学生开始进行裂变,逐渐扩大产品用户范围。

自认为洞察了用户的需求,便一股脑地将资源投入,这样的行为颇具赌博性质。在互联网时代,完全可以通过动态运营来避免豪赌性的投入。通过种子用户的核心裂变,将产品推向市场可将风险降低。

2. 动态匹配原则

微信各个版本发布时,几乎是遵循着教科书一般的发布原则。1.0 版本发布的时候,为了抵御 kik 这个免费的短信软件,微信发布了一个防御性的版本。当时微信的主要功能是免费发短信,事实上当时这个免费短信的功能是不吸引人的,因为当时中国移动、网易等,都有免费发短信的产品。因此,随后发布的 1.2 版本就转向了图片分享,但当时的数据表明,分享图片功能也不吸引人。

随后,微信 2.0 版本推出了用流量发送语音的功能。这个功能使得微信开始流行。3.0 版在此基础上加入了查看附近的人和视频的功能,然后利用腾讯 QQ 邮箱进行推广宣传,用户突破了 2000 万。4.0 版本推出了朋友圈,通过建立熟人社交圈将微博的一部分用户吸引到了微信上。4.3 版本推出了视频通话功能,该功能直接渗入了企业用户中,很多企业开电话会议直接使用微信。微信就是通过这样教科书般的动态添加功能,逐次匹配用户需求,逐渐吸引了如此庞大的用户群。

产品需要避开完全成型后才去考虑如何驱动的陷阱，以及在错误的阶段去进行不匹配的资源投入的坑。通过动态匹配用户需求，来调整产品的迭代方向，让产品趋近于满足用户需求的最优产品。

3. 数据驱动原则

数据驱动决策是打破传统"拍脑袋"决策的有效方式，根据数据进行决策能够帮助产品更加快速、高效地找到成长路径，避免"无头苍蝇"式的无谓尝试。数据的结构性、时效性是企业运用数据进行决策的重要保证。因此，企业不仅需要确立数据在做决策中的地位，还要对数据进行有效结构化，以及建立有效机制保证数据的有效性。

动态运营的终极目标就是人货合一，在人、货、场三大商业要素中，场存在的意义是让人与货尽量"重"。货物中包含用户的特性，而用户在货物的传播过程中起到重要的作用。用户可以获取和发表信息的渠道的增加，使得企业与用户之间的距离越来越近，并且用户的言行都可以影响产品。如何利用用户的价值，让用户的需求确定产品方向、影响反馈迭代的方案，并让用户对产品进行口碑传播，是企业在互联网时代必修的课题。

4.4 产品价值观

1. 内心的存在感

梁宁在"产品思维30讲"里讲到"人和产品的五个层次"时，说她在2005年同时认识了做豆瓣的阿北、做抓虾的徐易容和做校内网的王兴，三个人的外表和气质很像，做的也都是Web2.0的网站。但十几年之后，三个人的能力圈和资源结构都发生了非常大的变化，他们的公司也成了完全不同的三个企业：王兴做了美团；徐易容从抓虾做了美丽说，再到现在在做 HIGO；而阿北一直在做他的豆瓣，已经快 14 年了。

梁宁说："如果你可以进入到这三个人的内心，你就会发现，即使是在 2005 年，在他们外表看上去很像的时候，其实他们内心自己的存在感就是不一样的。"

梁宁对存在感的定义是"存在感之于人就好像生存之于动物一样，是触发情绪和推动行动的开关，这是一个人的内核"⊖，所以存在感跟价值观密切相关，会决定你最终选择做一个什么样的产品。

第一关里我们曾讲到过创业方向盘的三个圆圈：第一个圆圈是值不值得做；第二个圆圈是爱不爱做，也就是热不热爱这个事业，它的方向跟你内心的使命和价值观是否吻合；第三个圆圈是能不能做。那么，产品价值观跟第二个圈息息相关，但在刚开始创业时，可能很多人不会太在意这一点，可是等到企业越做越大时，这个点的发力会越来越明显。

当年一款"传奇"游戏成就了盛大和陈天桥，助力其一度登顶中国首富，但"陈天桥 = 游戏"的用户认知带给他巨大的社会舆论压力。彼时，天涯社区转载了一篇新闻报道——《电脑游戏，瞄准孩子的"电子海洛因"》，讲述了记者"暗访"游戏机室的故事，一石激起千层浪，社会上普遍出现了抵制电脑游戏的情绪。

看到很多学生沉迷网络游戏而荒废学业的故事后，万千父母们对电脑游戏的憎恶转移到了陈天桥的头上：既然你是盛大的老总，让孩子沉迷游戏就是你的错。父母们普遍的认知是，陈天桥毁了孩子。人民日报头版都批评过盛大，怒斥有玩家因为游戏道具丢失而到盛大上海总部自焚（未遂）、有孩子把午餐费换成游戏卡的现象。

一步登天之际，陈天桥却常常从睡梦中惊醒，他不快乐："我每年利税 1 亿元，如果这是在钢铁行业或者汽车行业，一定会被当成大企业的典范

⊖ 出自梁宁线上音频课程"产品思维 30 讲"。

而大加宣传，而我却不得不小心谨慎地行事。"他发迹于"传奇"，但并不以此为荣，而且不止一次表示：《传奇》是个烂游戏，盛大是家好公司。所以他无法再坚持下去，无论这条路前面的景色有多绚丽。

2. 朴素的产品价值观

如果确定了你爱的、能的、愿意的产品方向，那么你该学习一下张小龙的内部讲话——《警惕KPI和复杂流程》，其对产品价值观做了最好的诠释：张小龙讲到了敏捷开发的重要性，讲到了不要带KPI初心去做产品设计。从产品思想上来看，它的核心还是把用户价值放到了压倒一切的重要位置，甚至包括不可避免的商业化，也是通过利于用户价值角度去做。

做产品过程中画原型、设计架构和功能细节，貌似很容易，甚至刚毕业的学生都可以根据竞争对手的样子抄一个出来。但是最终到了激烈竞争的层面，一些看不到的内在的行为和思维模式最终决定了产品能达到的高度。

产品的价值观就是产品的"道"。做产品是需要相信一些东西的，如果你觉得用户是任你摆布的，在短期内看不到影响，但长期来看，用户一定可以感受到你的"诚意"。

张小龙曾分享过两个案例，一个是QQ邮箱的案例，一个是微信红包的案例。这两个案例都是很好的产品价值观的分析样本。

就做产品而言，张小龙也跟其他所有的产品经理一样，会经历失败和挫折。他提到2005年时，QQ邮箱排名很落后，是个烂摊子，全国排名10多名。团队一开始设定的目标是要做到同类最好，方法一开始也跟绝大多数互联网团队一样：做竞品分析，找到最好的一家来做对标，学习人家的功能。结果越学越复杂，甚至还把Hotmail的开发方法论都拿过来学习，包括研发体系。结果很惨淡，用户体验不好，产品慢、操作烦琐，功能也没亮点，用户很快流失。

有一个很有意思的现象就是，在不少公司，甚至是早期没多少人的创业公司，即使产品不好，但还是可以说自己做了很多东西。是不是很多公司做年终总结的时候，都有类似的感觉？罗列了一大堆做过的事情，但并没有什么作用，虽然有一些数据还算好看，但这真的有效吗，还是假繁荣？

QQ 邮箱团队经历一年失败之后，终于考虑找办法解决。解决的方法很简单：改掉以前的烦琐流程和做产品的方法，成立一个精简团队，只有 10 个人，提高效率；同时更重要的是把用户不喜欢的东西都修改掉，不再东施效颦。之所以说这种产品价值观是朴素的，因为它最接近真相，同时也最难守住。控制住自己的欲望，才能坚守住用户思维。

4.5　科学创业实践之高维学堂产品观⊖

4.5.1　高维学堂的精益产品验证

在冯卫东鼓励我们从卖软件、做平台切换到企业培训这个大赛道之后，我们第一步要思考的是，针对哪些人开发哪类产品。我们一开始选的就是创始人群体，但是这仍然是一个十分宽泛的用户群体——大企业、小企业还是初创企业的创始人？我们最终选择的是成长型企业的创始人。为什么？

基于我们整个团队在企业培训行业多年的摸爬滚打，有一个认知是确认的：如果是以实用为基本价值出发点，那么培训产品的价值应该是学完之后能够使用、能解决问题。倒推回来，什么人是最需要学习，且学完能

⊖ 本节内容来自高维学堂 1 号产品经理暨创始人林传科。

够立马快速使用，从而有效快速推动产生最终价值的呢？答案是成长型企业的创始人。他们普遍过了最初级的探索阶段，不是在挣扎着赚第一笔钱，相对而言，能静下心来学习纠偏和落地，即学习的实用主义导向很明显。

那不选择初创企业创始人，为什么也不选择大企业创始人呢？因为很多大企业创始人已经基本很少出来学习了，或者说很少出来进行实用落地型的学习了，但是大企业的人力资源部会常常安排经理人、中高管等出来学习，这种学完落地去用，一是周期特别长，二是效果大打折扣——层层被分解，基本不具备企业经营决策权。所以高维两三年内聚焦的创始人课程产品，是不合适选择大企业创始人作为原点用户的。而成长型企业创始人只要是听到的知识对他有用，便立马能够落地执行，其成果也会反馈给老师，等于用户和供需两端都相互加强和循环迭代。原点人群确定了，我们提供给他们的产品就是课程。

课程产品也可以进一步分析：是解决这群创始人的什么问题？问题有很多种，有些是决策类，有些是专业技能型。我们做了两层分解，一是解决关键决策类的问题，二是提升关键能力的知识。而对创始人群体来说，价值最大的是学习关键决策类背后的认知与方法论，所以高维前面三年的产品所展开的核心知识体系都是围绕能够帮助创始人做对企业一路成长的关键决策展开的。当然，获得这些认知和做出这些关键决策都经过了一系列验证。

当年高维学堂还叫"我包啦"的时候，深圳第一代班主任张可馨已经在同步为这个产品的全流程打样：从使用到找老师再到招生、开班，都走了几遍，初步完成了市场需求验证。

只聚焦做创始人，也相当于选择了一群高势能的原点人群，更容易连接起用户和产品，再找一个差异化的定位——实战型商学院，我们就蹒跚起步了。刚开始一整年的时间里我们可以说只做了一门课程，其他时间就一直在循环验证中，然后开始想验证能不能有更多的课程产品。此时，弯路来了。

比如在做验证这件事上我们过于着急了，理解得过于简单，没有科学方法论的指导，导致选的变量太多了——我们既想验证更多课程，又想验证不同人群。典型的就是开发了一门文案课，请了当时炙手可热的几位文案大咖，包括小马宋等来集体上课。课程推出去之后，很抢手、很成功，一下子就超员了，来了80多个人，当时我们还挺沾沾自喜的，觉得打造了一个爆品。

但是，结束之后我们渐渐发现不对劲了。第一，我们做这件事情的目的到底是什么？对企业的价值是什么？外部对我们的认知开始模糊了：高维到底是服务创始人、高管经理人还是职场人士？第二，验证一个新产品的逻辑应该是跑通"小循环"，同一个产品测试不同受众或者是同一群受众测试不同产品，但是这个产品的测试既变了受众又延展了课程边界，甚至连测试的目的都变了——本来想测试用户会不会自然复购，这应该是在原有的受众、原有的产品边界里去测试。但我们一下子走偏了，面对两类不同的人群开发了两种不同的产品，什么也验证不到，还伤害了用户，浪费了时间。

我们找这些大咖开发产品、结课，还不止做了一次，整个过程持续了差不多三五个月，这是真真实实的坑和弯路，而所得到的经验就是一次最好选择一个单一的关键变量去验证去做精益测试，切忌贪快、贪多。

在第二关讲商业模式的时候，提到了核心关键资源能力——产品能力。我们走的弯路是，请了一些理论派、经验派甚至是"鸡血派"老师讲课，没有章法地在尝试，最终却发现早期积累下来的高势能原点用户都不接受也不喜欢这类课程：他们喜欢高维的是在这里可以纯粹地学习，学到朴素、实用的干货。什么样的产品就会吸引来什么样的用户，而这类用户和产品也完全符合高维整个团队的产品价值观——扎扎实实为创业者传道授业解惑，助大家科学创业，少走弯路。

但是，企业发展最危险的地方就在于一个坑过去了还有无数个坑等着，稍有不慎，就又是一身泥巴。下面，分享一个高维学堂这几年来"掉"进的最凶险的一个深坑。

我既是课程的产品经理，也是高维的 CEO，因为早期在产品上"走"得比较顺，于是我的产品决策权越来越大了，一个人就决定了产品的一切，还自鸣得意：这样决策效率挺高的啊！内心也越来越骄傲，这就是人性的漏洞。回头总结来看，一个企业最可怕的决策风险就是：高级决策者权力太大，又骄傲自大。

果然，2018 年 4 月就出事了。有一门新课，我没去现场试听，只是基于对老师的深厚实战背景的信任和自己跟他两次讨论课件 PPT 的记忆的判断，就贸然上线了。学友们因为对高维学堂的信任，并未对课程多做了解就报名了，我们很快就众筹到了 3 个团。

然而，当这门新课第一团在广州上课时我们傻眼了，因为课程质量不达标。到了课程第二天中午吃饭时，一个坐我旁边的创始人学友忍不住说："KK，你知道吗？坐你对面的那位是我公司的副总，他从不愿意出来学习。因为我前七次在高维上课的体验和收获都很好，所以一直说服他走出来一起学习。这次，我总算说动他了。但这两天上课过程中，我感觉自己一直在被打脸一样，面子倒是次要，重要的是我以后都不知道如何再叫他出来上课学习了。唉……"

我真没想到一门不好的课程能给学友带来这么大的伤害。我们急忙沟通确定，在 15 分钟之内主动将 3 个团共 150 人的学费，通通退还完毕，并在课程结束时向全班的学友当面鞠躬道歉。但退款也无济于事，对学友的伤害已经造成了。因为每个创始人学友给我们的不是钱，而是沉甸甸的稀缺的信任，在培训行业里用户信任尤其难建立。

高维学堂三年来点点滴滴积累起来的用户信任，就因为我的一次自负和疏忽，差点败个精光。一门失败的课程就可能让高维"猝死"，但守护课程质量却只有我这一道防线，这是非常恐怖的一件事。

所以，绕了这些弯路之后，我们强烈认知到冯卫东一直强调的是极为重要的："学习的最高成本，不是学费，也不是时间，而是学错了知识并付诸实践。""有毒"的知识如何最大化消除，是我们课程开发中心的底线也是最大的挑战。为此，除了提高我们自身的知识素养外，我们还引入了高维老师互听和高维学委团的双审机制。

通过以上方式，我们最终也测试出高维特色的产品（课程）——实战课，即"有体系，能落地"的双高标准的实战课程：只邀请在该领域有系统方法论、有领先实战经验的实战大咖来高维授课；提供高浓度实战干货，听不懂的学友们可以无限次免费复训。产品边界是不能纸上谈兵、鸡汤误人的，坚守"科学创业"的实战课程边界是我们的使命。

在渠道通路验证上，高维学堂做到了两点：一是创新的"0渠道运营"，去渠道化，而过往行业传统渠道的代理费是学费的50%～70%；二是"0广告"，努力探索"用户即通路"的自然口碑推荐，96%的学友都是因朋友口碑推荐而来，而且还不用利益激励。为了达到这种口碑传播效果，高维学堂做了以下试验：

（1）"课后不满意，无理由秒退全款"。高维在2017年内测这一承诺时，一整年共有13个退款，这是我们可承受的范围，因此从2018年开始高维学堂在所有公开界面上都做了这个公众服务承诺。

（2）方便新老学友操作。我们请学友们全自助式在公众号里完成选课、预约、缴费、开票、预习等全流程操作。

（3）设置了"小红花"激励体系。虽然"小红花"不能当钱花，但可以兑换复训、特权课程（只为"小红花"大户开发的非公开课程）、内部研读资料等一系列专属产品。

4.5.2　高维产品试验输出和沉淀

1. 高维产品三大价值观

（1）有体系：科学主义，有科学方法论体系。
（2）能落地：实用主义，适用成长型企业解决问题。
（3）干实事：坚守以教育之心做商业培训，不藏不掖，一切为了成就学友。

2. 高维产品五大维度（按重要程度排序）

价值观、方法论、实战值、产品精神、授课技巧。

3. 高维产品三大流程

新课开发流程——老课迭代流程——下架流程。

4. 高维产品两大矩阵

学习产品与落地产品。

5. 高维"五不"学习约定

第一"不"：无问题，不学习。企业学习，只有一个目的，就是解决问题。因此，建议学友们从问题出发，寻找对应的知识体系，以用促学、学以致用。学完之后，要尽快回到实践中验证和消化，产生知识绩效，让学习力成为企业的核心竞争力之一。

第二"不"：不纸上谈兵，不鸡汤误人。高维学堂的每一门课程，都是本着"科学＋实用"的双标准进行严选和研发，让培训从此告别纸上谈兵，告别鸡汤误人。从收到学友们提出的课题需求，到落地成一门"有体系、能落地"的课程，高维产品中心平均要花上 6 个月的时间，去寻找实战大咖、共同设计课程、精心打磨和迭代。高维的课程出品很慢，因为我们一丝不敢怠慢，深知课程品质是高维学堂的立命之本，要让每一门课程都对得住学友们的宝贵时间。这不是一件容易的事。

第三"不"：只瞄准口碑，不做广告。创业，我们选择了一种最简单的方式，安静努力地做事：踏踏实实地做好产品、做好服务，剩下的，就交给口碑和时间了。幸运的是，这几年来，96% 的学友都是因好友的口碑推荐而来到高维学堂，这应该是业内最高的口碑推荐率了。在这里，我们想感谢每一个推荐人的认可，感谢你们的每一次到来，是你们让我们坚信：专心做产品也是可以的！

第四"不"：只单点，不打包。这里学习是"自助式"的，"单点"你需要的课程：没有课程销售服务，也没有课程套餐"打包"购买的条款。学友们可以根据自己的实际需求和时间安排，在服务号"高维学堂"里，自助选课、自助报名缴费，就连免费复训也要学友们在服务号里自助申请"免费复训"席位。但如果当学友们遇到不确定这门课程是否适合自己时，可以咨询已学过的师兄师姐或班主任。

第五"不"：课后不满意，秒退全款。每一个认真学习的人，都应该被认真对待。高维学堂欢迎学友们随时启用这条特权，而且不用带任何的歉意。因为我们不想让自己点点滴滴积攒起来的口碑和信任，因为一次不好的体验，败个精光。要问高维有什么特别的追求？那就是，我们希望永远团聚着认真授课的老师和认真学习的学友们。

第 五 关

树品牌：找准品牌定位并植入用户心智

定位不是要把稻草说成金条，而是让金条不要被埋没。

——冯卫东

第五关 树品牌：找准品牌定位并植入用户心智

本章主要作者
天图投资CEO、高维学堂战略导师冯卫东，"真观顾问"咨询公司创始人、高维学堂品牌体验设计导师汪志谦，《战略视觉锤》作者记豪

关键任务
找准并升级品牌定位

支线任务
掌握视觉锤概念，设计品牌体验

核心方法论
冯卫东"升级定位24讲"课程，汪志谦"品牌体验设计"课程，记豪《战略视觉锤》图书

任务相关工具
品牌三问，"二语三性"广告语法则，视觉锤设计

试验成果
校准早期确定的品牌定位并匹配合适的广告语，聚集"兵力"打造出能有效支撑定位的运营配称

5.1 第五关为什么是树品牌

打通第四关产品关之后，相信你的公司已经小有模样了：模式已初步验证走通；产品口碑不错，不少用户已经会口头推荐或传播；一些同行也开始注意到你的存在，甚至出现了山寨和模仿的现象。

这个时候你会发现一件事情需提上日程：品牌建设工作。之前品牌这个概念更多只是一种认知——大概要做成一个什么样的公司、提供什么样的产品、为用户创造什么价值，你们几乎所有的精力都聚焦于把产品做好、先"活下来"。比如LOGO字体和视觉设计这些品牌元素都是先"够用"就行，还没时间想好怎么对外"展示"和"宣传"；再比如广告语，虽然很多企业在第一关就有一个版本了，但到了第五关，应该要进行升级和迭代了。

很多人对做品牌有一些误区：做品牌就是要先划拨一笔预算，然后在各种渠道投放广告；产品做好了，品牌自然而然就建设起来了……其实品牌建设也是分阶段的，需紧跟企业发展节奏。对验证期的企业来说，此阶段做品牌不宜兴师动众，而应是花小钱、发对力的思路，找到适合自己的品牌建设路径。

同时，要再进一步对第一关的结果进行校准和升级，比如高维学堂选择赛道、起好名字之后，在品牌定位这块并没有系统梳理和建设，因为有更重要紧急的事情。但到了第五关，打造高维学堂品牌成为关键任务：广告语、整个视觉形象都要升级调整，重要的顾客接触点需要精细化运营，高维品牌如何进入顾客心智？……这一系列事情不是需要在这关彻底解决，因为品牌建设也是伴随整个企业生命周期的任务。那么，走到验证期第五关的企业，应该做些什么？需要掌握做对关键品牌决策背后的哪些知识和方法论？

5.2 校准品牌之品牌三问

5.2.1 什么是品牌

管理学之父彼得·德鲁克曾说："企业的经营成果在企业外部，在企业内部只有成本。"但德鲁克没有明确指出的是，企业的经营成果在企业外部什么地方，又以什么样的方式存在。定位理论则对此给出了明确的回答：企业经营的核心成果在顾客的心智中，左右着顾客的选择，这个核心成果，就是品牌。品牌的含义就是它进入了消费者的心智，从而被消费者优先选择。如果你的品牌没进入消费者心智，会是什么样子呢？

近年来，产品主义大肆流行，其认为好产品自然会形成品牌。在餐饮行业，有一家连锁包子铺宣称：要做好包子，让包子受人尊敬，让做包子的人也受人尊敬。它所采用的原材料都是顶级的：菜包里用的是花王菜，经过一道冰水杀青系统，做出来的馅料看起来和刚摘下来时一般绿莹莹的；香菇菜包里的香菇大小几乎相同；青菜只要长度在10到20厘米之间的；豆沙来自浙江温岭的一处农场，也有可能是产自新疆的。其产品的工艺也极其讲究：全部手工制作，60克皮、40克馅料，包子师傅要将误差控制在2克以内；即使是包子上的褶子有多少道，也都有硬性要求。为了保证质量和口感，它所有的店都是直营的，并坚决不做外卖。这家包子铺，甚至因为这些极致的噱头，拿到了8000万元的风投资金，门店数量在一年内翻了一倍，价格也从1.5元一个涨到了2元一个。

那它后来怎样了呢？门店迅速扩张，然后快速关闭。企业难以实现高速成长，这就应了德鲁克的名言：在企业内部，只有成本。

企业的经营成果，是品牌，而不是产品。所有极致的东西，包括极致的材料、极致的工艺，如果没有转化成顾客的认知优势，就都是成本。真正的产品主义，不仅要极致的产品，还要会做品牌宣传，在顾客心智中建立极致的品牌认知，否则就会产生大量没有成果的内部成本。

而另一位产品主义者——巴奴毛肚火锅，就善于打造品牌。巴奴在它的大本营郑州，发动了强大的广告宣传："服务不是我们的特色，毛肚和菌汤才是"。此外，其还出版了一本畅销书，书名就叫作《产品主义》，讲述巴奴如何做出极致的产品。有了这些品牌传播动作，巴奴的门店虽还没有开遍全国，但品牌已经走向了全国。

那么如何让顾客更容易准确记住你呢？一般情况下，当顾客首次听说一个陌生的品牌时，他通常会问以下三个问题：

第一个问题是，你是什么？答案就是品牌所归属的品类。

第二个问题是，有何不同？答案就是品牌对顾客有意义的竞争性差异，这个差异在定位理论中被称为"特性"。

第三个问题是，何以见得？答案就是让品牌差异化显得可信的证据，这种证据在定位理论中被称为"信任状"。

品牌三问是品牌与顾客最重要的沟通，顾客面对新品牌时本能地想知道这三个问题的答案，因为这是顾客了解一个品牌最省力、最高效的方式。品牌经营者清晰准确地回答这三个问题就能够大幅度提高沟通效率，让品牌快速到达顾客心智中的正确位置。

5.2.2 品牌三问之第一问：你是什么

大家不妨做个随机测试：询问身边的人无印良品和优衣库分别是售卖什么产品的。

多数人能一下子说出优衣库是卖衣服的，但无法一句话讲清楚无印良品是干什么的。没错，无印良品有自己的"格调"，但没办法在消费者心目中完成心智预售：明明产品销售那么多，只卖衣服的优衣库却比它的销售额多许多倍，而优衣库创始人柳井正也经常问鼎日本首富宝座。

即使无印良品的确有一部分顾客是忠实顾客，但是在他们想将无印良品转介绍给他人的过程中，就有很大障碍了，特别累、传播效率非常低下，所以不管是规模还是业绩无印良品都比优衣库差远了。所以，必须要明确品类在顾客心智中存放的一个位置，品类是顾客的分类标准，不能总是靠运营取胜：有些品牌本来东西非常好，可以有更多的品牌溢价，就是因为无法有效地传达给新顾客，从而丧失了更多机会。

品牌就是品类或特性的代表，所以回答"你是什么"，就是要了解品类如何在顾客心中起作用。

在第一关讲强弱势品类时，就提到了品类的正式定义，这里再复述一次：品类就是顾客在购买决策中所涉及的最后一级商品分类，由该分类可以关联到品牌，并且在该分类上可以完成相应的购买选择。比如提到可乐，顾客能够想到可口可乐，提到空调，顾客能够想到格力，提到矿泉水，顾客能想到农夫山泉，因此可乐、空调、矿泉水这些都是品类。

然而有一些分类，顾客在购买决策中确实会涉及，但不是最后一级分类，顾客并不能基于该分类完成购买选择，而且该分类通常也关联不到品牌，这样的分类概念就是抽象品类。为了强调与抽象品类的相对性，有时也把"品类"叫作"具体品类"。比如，在装修的某个阶段顾客会说"该买电器了"，"电器"这个概念是顾客真实用到的，但如果家人让你去买一台电器，你一定会问："买什么电器，空调、冰箱还是洗衣机？"又比如水果这个概念，也是顾客真实使用的，但如果家人让你去买水果，你多半也会问："想吃什么水果，苹果、橙子还是香蕉？"因此，电器、水果都是抽象品类。

除了品类和抽象品类，还有一些分类概念，比如白电、厨电，顾客在购买决策中根本不会涉及，只是业内人士或行业研究者才使用它们。但有的企业不明就里，把它们当作品类和顾客沟通，比如有品牌说自己是"白电专家"，也有品牌说自己是"厨电专家"，在这种使用方式中"白电""厨电"就成了伪品类，也就是虚假品类。为了强调与伪品类的相对性，有时也把"品类"叫作"真品类"。

伪品类是常见的营销陷阱，当企业涉足多个品类的产品时，很容易发明一个企业内部的分类概念去概括这些产品。比如方太曾经宣传"方太，高端厨电专家与领导品牌",当只有方太这样宣传时它的销量增长不错,因为有传播胜于无传播;但竞争对手也开始做广告并大力宣传"老板,大吸力油烟机领导品牌"时,形势就发生了逆转。因为"厨电"是伪品类,而"油烟机"是真品类。

品牌只有明确品类归属,才能有效对接顾客需求。这是因为品类还有另外一个定义,就是满足需求的具体手段而且被顾客以自己理解的方式做出的分类。因此每个具体品类都对应着顾客的某种具体需求,明确了品类也就对接了需求。如果一个品牌不明确它归属的品类,或归属于一个伪品类,顾客就很难在产生相应需求时想到它。

我有位学员创立的品牌叫作"中草集",一开始生意清淡,但当他把门店招牌换成"中草集化妆品"后,生意一下子就好了很多。因为明确了品类,顾客知道了"中草集"是什么,进店率就大幅提升了。海底捞已经有很大的名气,但它依然在门店招牌上标明"海底捞火锅",就是为了明确品类以有效对接顾客需求。这种做法值得众多餐馆学习。

5.2.3　品牌三问之第二问:有何不同

品牌三问里的第二问是"有何不同",这是顾客搞清楚你在卖什么产品之后,想知道的第二个答案。"有何不同",是指对顾客有意义的竞争性差异,判断的主要标准是当你说出来之后,顾客不再追问"那又如何"。本小节的第一点内容在第一关里讲述过,到这一关时,才适合展开余下全貌——怎样全方位找到差异化,以便占据一个空白定位,或者优化配称去强化已有定位。

1. 用顾客心智地图寻找差异化定位

在第一关中,我们已经用奥妮洗发水举例,展示如何用顾客心智地图寻找差异化，以便寻找市场机会。如果你的品牌已经占据了一个有利定位，最佳做法是强化已有定位，而不是眼红别人的定位。除非更有价值的定位处于空白状态且你的品牌现有定位不利，才应该考虑重新定位。即使如此，也要考虑是否应该启用新品牌去占据该空白定位。

发现空白定位需要洞察消费者未被满足的需求。比如洗发水的"止痒"特性，目前似乎还未被哪个品牌占据，但抢占该定位前需要评估其价值大小，了解有多少顾客看重这个特性与看重程度（付费意愿）如何。如果达不到经济可行规模，那就不值得去占据。

另外也要防止极端怯战倾向，即凡是有品牌主张的定位就一律不敢争抢。实际上，竞争品牌虽然主张了一个定位，但不代表它已经占据了该定位。如果竞争品牌的知名度很低、市场份额很小、经营能力很差，而你的企业实力强大、经营能力很强，就可以"后发而先至"，以更快的速度和更高的效率占据定位、抢占市场。

2. 9+N 种差异化

特劳特在《与众不同》一书中指出了 9 种有效的差异化，我们重新将它升级一下，在类型上分成物理特性和市场特性两大类，以便更准确全面地理解。首先来看看物理特性，物理特性是指产品的内在利益：

（1）拥有特性。指的是直接的物理特性，是目前市场上最丰富的差异化来源——好吃、好看、耐用、安全、便携、易用、有趣、保湿、美白、去屑、理赔快、服务好、节能、强效、长效、速效、无痛……这些常见的形容词都是产品的差异化所在。

（2）制造方法。指的是间接的特理特性，比如纯手工、长时间、多工序……可以唤起高品质联想，有时也是在彰显一种品牌理念。

（3）新一代。这是技术类产品中"更好"的一种替代说法。

但是上面说的这些差异在市场中已经很容易同质化，厂商可以尝试专注于市场特性。特劳特提出的9类差异化有6类可归入市场特性，即影响顾客选择的市场表现：

（1）开创者。顾客认为开创者是原创/正宗，意味着其具备更多知识性和专业性。

（2）领导者。暗示赢得了最多人选择，为品牌确立了强大的信任状，激发从众行为。有时候事实上你已经领先了，但在顾客心智中还没有，所以要把这个事实"喊"出来，变成顾客心中的一种认知，而且认知需要一定的事实和数据支撑。比如我去日本买电饭煲的时候，面对众多品牌茫然不知所措，但销售人员说象印是卖得最好的，于是我就立即选择了它。所以，这种话对顾客的影响是非常强大的。现在的广告法不允许说这些词，没关系，可以在表达上换一个说法。

（3）热销。激发关注与跟风购买。

（4）经典。暗示悠久历史，提供了一种经过长期验证的安全感。加多宝被报道会产生健康问题的时候，去申请了非物质文化遗产，言下之意是：国人喝凉茶已经百余年了，能有什么问题？

（5）受青睐。暗示受到某种身份或者亚文化人群的青睐，比如医生最推荐的牙膏、天然有机护肤品等。

（6）专家。在to B领域用的是非常多的，顾客天然认为专家品牌比延伸品牌有更多的知识和经验。

这些特性在某种程度上是有优先顺序的，比如从开创者到热销再到领导者，市场表现是一级一级往上升的，在这过程中需要不断累积信任状、动态调整。领导者是最后的顶峰，杀伤力最强。

此外，还有一些特性没有被总结在这9种里面，但也是很常见，甚至有时候有奇效：

（1）局部领先。比如安徽的老乡鸡，称自己是安徽最大的连锁快餐。要注意的是，定位和定位的表述即广告语是两回事，定位是让自己明白，而广告语不等于定位，只是部分呈现。对于新兴品牌来说，做到"局部领先"是品牌成长的重要途径。

（2）自称行业第二。有时候这也是一种非常强大的定位：说自己是老二，顾客也会天然相信你，一旦他们没被老大满足，就会想着来找你。

美国安飞士（AVIS）租车公司当年使出了一个绝招，写了一段这样的文案："安飞士在租车行业中只是第二名。为什么还要租我们的车？我们更努力（当你不是最好时，你就必须如此），我们不会提供油箱不满、雨刷残破或没有清洗过的车子，在我们的车里座位已经调好、加热器已经打开、除霜器也开始工作……下次还是来租我们的车吧，至少我们的柜台前排的队比较短。"

安飞士这样做，与汽车租赁的老大紧紧靠在一起，使自己成为租车的第二选择。更妙之处在于，勇敢承认自己为第二，先引起人们的关注，然后马上转向积极的宣传。这种"醉翁之意不在二"的做法的确可以为自己在激烈的市场竞争中夺得一席之地。

3. 关于价格差异

里斯和特劳特都强调价格差异很难成为有效定位，深究其原因，就是顾客只会为价值买单，但价格并非价值，而且很容易发生变化，因此只有将价格差异转化为价值差异，才能在顾客心智中占据一个稳定而有利的定位。

常用的转化方法就是将价格差异转化成"受青睐"，比如"高端"可转化成受高端人士青睐，"高性价比"可转化成受理性顾客青睐。当然，这个分析只适用于产品品牌。在品类三界论中，渠道品牌和产品品牌具有非常不同的特性集合，后文再讲。

5.2.4　品牌三问之第三问：何以见得

深圳有一家名震全国的潮汕牛肉火锅店——八合里海记，其店面环境很普通，甚至说得上粗糙，但永远人满为患，因此也谈不上什么服务，周末排队两个小时是常有的事情。在其某家分店的 100 米之内有另外一家也算是老字号的牛肉火锅店，装修和就餐环境明显舒服很多，其服务员就站在门口笑脸相迎，但却永远门可罗雀。现在假设一下，想吃牛肉火锅但没有指定餐厅的顾客，会选择哪家？

大部分情况下，如果不赶时间，顾客一定都会想试试人满为患的那家，因为心甘情愿等在门口的那些客人就是最好的信任状——这家店看上去这么普通，还有那么多人，那么一定是味道极好。就算这次实在不能排队去吃，顾客也会记住这家店，并决定下次再来。

所以，近几年经常会出现某奶茶店生意红火是因为雇人排队的新闻，先不论消息的真假，但至少所有人都不能否认排队这个现象的"魔力"：每条街有 3 家奶茶店的时候，排队似乎是最直观的招牌。

1. 信任状的定义

当品牌宣称自己具备某种独特价值，也就是回答自己"有何不同"时，顾客通常会持怀疑态度，因为顾客习惯了商家的自卖自夸，不会轻易相信商家的说法，因此需要品牌拿出有力的证据，顾客才会将品牌关联到品牌所主张的定位上。定位理论把这种证据叫作"信任状"，信任状就是让品牌定位显得可信的事实。

作为信任状的事实不一定是客观事实，也可以是"认知事实"，也就是在顾客认知中被当作事实的观念。比如，核桃补脑、阿胶补血、甘草解毒、绿豆清热，就是多数中国人的认知事实，对他们来说这些事实不再需要怀疑。认知事实对于品牌来说是一种必须正视的客观存在，至少应作为"准事实"对待，因为改变认知事实的难度并不亚于改造客观事实；而且，从认知的物质基础来看，顾客的认知状态完全由顾客大脑中的物理状态决定，这种物理状态显然是一种客观存在。

2. 三类信任状

那么，顾客会基于哪些事实判断品牌定位的可信度呢？按照不同事实的构建方式，大致可以分为三种类型，也就是以下三类信任状。

第一类，权威第三方证明。包括政府或其他官方组织的认证、专业评价机构的评价或统计、专家型顾客或有影响力的客户的认可、权威著作的记载、与知名企业的业务合作，等等。比如，"德州扒鸡，中华老字号""飞贷，唯一入选沃顿商学院的中国金融案例"。

第二类，顾客自行验证。产品本身方面，颜值即正义，好看有趣的产品总是能更快吸引眼球；品牌能见度方面，如果顾客看不到、接触不到、查不到，就算品牌天天号称自己是第一也没用；排队购买现象方面，在餐饮业尤其明显；关联认知方面，调动顾客大脑中天然就存在的认知，进行宣传和利用，也省时省力，比如"经常用脑，多喝六个核桃"。

第三类，品牌有效承诺。这类承诺的有效性不仅仅取决于承诺的内容，还取决于品牌是否有足够的抵押物，让顾客相信承诺能够兑现。比如，一个销售劳力士手表的地摊承诺如假包退，顾客会相信吗？显然不会。品牌只有处于"跑得了和尚跑不了庙"的状态，顾客才会相信其承诺。

所以，能够作为抵押物的专用投资，是品牌可信承诺的组成部分。这种抵押物可以是实物，比如门店，也可以是创始人的声望、名人代言等无形资产。比如雷军在做小米手机之前已经是成功的企业家，所以顾客相信他会追求更高的成就和声望而不会坑蒙拐骗。同样，消费者也相信名人会在乎自己的名声，不会有意代言假冒伪劣产品。

我们可以按照上面的思路来剖析一个案例，看看百果园是如何打造立体信任状的：

（1）权威第三方证明：百果园获得了2015年蔬果零售商大奖，也是2015年中国连锁百强中唯一的国企。这些都能证明它是水果领导者品牌。

（2）顾客自行验证：能见度高，门店多，门店形象统一。

（3）品牌有效承诺：承诺不好吃"三无"退货（无小票、无实物、无理由）。百果园在做出这个承诺之前也担心会不会有大量退货，但实际上大部分顾客是非常善意的，一般会主动提供证据。因此虽然这个承诺的确造成了一些损失，但相比收获到的口碑与信任，是非常值得的。

至此，品牌三问——你是什么、有何不同、何以见得，三者的核心理论已阐述完毕，这是找准品牌定位最科学有效的工具之一。用这三问校准品牌定位之后，接下来如何打造品牌呢？毕竟从找到定位到真正占据定位还隔着一道鸿沟，跨越鸿沟的关键是配称的打造，本关后面的内容将紧紧围绕此部分展开。

5.3 如何打造品牌：配称与相关设计

这节开始之前先介绍一个基本的定位概念——配称，它可以串联起广告语、视觉锤和关键时刻（moment of truth, MOT）的打造。树品牌之前应先打好科学方法论基础。

5.3.1 配称

品牌战略 = 定位 × 配称

从找到定位到占据定位，还有一道鸿沟需跨越，但这并非一朝一夕之力，背后需要做很多工作，定位界称这些运营动作为"配称"。这其实是一个行话，由迈克尔·波特发明，没学过定位理论的人可能不太了解，它是指为占据定位而展开的全部运营活动，重点是建立以顾客为核心的商业模式。定位发生在心智战场，配称发生在物理战场。

定位沟通发生在每一个顾客接触点。比如，现在很多店铺都有免费Wi-Fi，有一家烧烤店就将其Wi-Fi密码设置成"全球烧烤第一品牌"的拼音首字母，这样顾客每问一次，店员都要说一次，其实是一次很好的传播机会。这个想法很好，但其本身的口号是有问题的：太大、太空了，就不可信了。

跟配称相关的运营活动有那么多，那么在具体实践过程中应该从哪里下手呢？可以从以下三个维度进行分析。

1. 是否独特？独特配称和通用配称

如何判断某个运营活动是竞争品牌通行的做法，还是某个品牌独特的做法？如果没有独特配称是难以占据独特定位的，比如"乐百氏矿泉水，27层净化"，这就属于喊一喊而已，竞争者完全可以说29层、30层净化，因为这是无法被验证的。

同样地，"农夫山泉有点甜"，也是属于无法被验证的配称。但是其后来用"天然水"的概念，说明自己如何去大山深处寻找水源，变成"大自然的搬运工"，就属于有了独特配称，使对手无法短时间超越或者立即赶上。

2. 是否独立？独立配称和共用配称

如果只被一个品牌使用，就叫作"独立配称"；如果被多个品牌共用，就叫作"共用配称"。这个分类往往在多品牌战略下需要重点考虑，不同品牌之间是否独立配称或者共用部分配称。比如丰田旗下的 LEXUS 品牌，就完全用了独立的品牌、独立的生产线，所以打造了一个成功的高端汽车品牌。

3. 是否是顾客接触点？界面级配称和非界面级配称

依据是否为顾客接触点，可以将配称分成两大类：界面级配称和非界面级配称。界面级配称包括名字、产品、包装、价格、门店设计、渠道、广告、品牌代言人、媒体报道、一线员工着装及言行、名片、官方网站、微信公众号、推介材料，等等。非界面级配称则包括内部管理、后台业务、生产过程、供应链等。

显然，每一项界面级配称都是定位沟通的机会，需要仔细检查其传递的信息与品牌定位的一致性，而且应当通过有意识的设计来提升定位沟通效率，并确保沟通的一致性。由于涉及非常广泛的运营活动调整，对决策权和专业度的要求都比较高，因此界面级配称是一把手或者 CEO 应该亲自参与并推动的工作。

由于上述原因，界面级配称通常不宜外包，应独立配称，就算是多品牌战略下也不宜共用。反面案例如大众旗下的辉腾，其想打造高端品牌，却用与普通大众车型同样的 LOGO，大大降低了其高端定位的可信度。非界面级配称则可以适当外包，多品牌战略下也可以共用，其判断标准是关注顾客如果知道外包和共用真相后的心智反应：如果顾客不介意就可以这样做；如果顾客表示惊讶或者难以理解，就不要去做。一切以顾客需求为核心。

4. 有效配称的节奏

谈到品牌打造，一般人容易联想到大手笔投入，即在做了定位之后，就要大量投放广告。实际上，只要一个企业在持续运营之中，没有面临生存危机，那么做了定位之后，优先考虑的配称应该是调整那些本来就要做、就在做的运营活动，去除那些多余的运营活动以释放资源，然后才是将释放的资源用于增加有效的运营活动。

比如，产品包装本来就是有的、员工名片本来就是要印的、公司网站本来就是要维护的、推介材料本来就是要做的、终端呈现本来就是要做的，有了定位的指导之后，这些本来就要做、就在做的运营活动的具体做法就不一样了，但并不比原来的做法成本更高，甚至成本还会更低。此外，还可以大幅减少多余的运营活动，将释放出来的资源和时间去做一些更有价值的运营活动。

当然，优先考虑调整正在做的运营活动，并不意味着排斥大手笔投入迅速加强或新增一些关键运营活动，比如大量投放广告、开拓新兴渠道。一切都取决于竞争的需要，以及企业调动资源的能力。

对一般类型的企业来说，验证期的第五关更适宜用公关而非广告去做品牌，为什么？请看下文国内定位公关代表人物"快刀何"[⊖]的观点。

5.3.2 定位公关

定位之父艾·里斯先生、杰克·特劳特先生都反复强调：公关建立品牌，广告维护品牌。国内定位咨询机构、培训机构则反复强调：先公关，后广告；公关点火，广告浇油。

在品牌方的实践操作中，既有公关建立品牌的案例，也有广告建立品牌的案例——当然更多的是公关、广告协同作战的案例。

⊖ 快刀何，"快刀定位公关"创始人。

为什么会这样呢？究竟在什么情况下应该用公关建立品牌，在什么情况下可以用广告建立品牌呢？又是在什么情况下，要公关和广告有效协同呢？根据本土企业的实践操作及案例研究，我们对何时用公关，何时用广告建立品牌以及二者如何协同，总结初步规律如下。

如果只对"应不应该用广告建立品牌"的情景划分一刀，该如何划分呢？是从品类分、从竞争分，还是从企业实力分？事实上，企业实力是关键。因为无论营销策略如何，企业做大广告，前提是拿得出一大笔广告费。

所以，我们第一个划分依据是企业有钱还是没有钱。没有钱，基本上就做不起大广告，此时建立品牌，要依靠广告之外的手段，比如公关和渠道。当然，也有的企业没有钱，靠借钱、挪钱、欠钱来做大广告。这种高风险的经营策略，如果缺乏有效性验证，就是不科学的行为。

当然也有例外，如果品类已经成熟或者可以用广告"轰炸"成熟，且其商业模式支撑快速扩张、建立壁垒，企业确实可以通过获得风险投资、供应链融资来快速发展，采用不顾利润、直取心智的打法。

第二个划分依据是品类成熟度。什么是品类成熟度？即接受新品类的潜在顾客比例。

广告费是一种投资，投资都要获得回报，而且要在企业运营能够接受的时间内获得回报。广告费作为对顾客大脑的投资，回报要对得起投入，其转化率就要达到一定的门槛，即转化看到广告的顾客为购买顾客的比例要达标。只有达到某个转化率门槛，企业才能收回广告费，才能获得利润。对于成熟品类来说，接受的顾客比例较大，故广告浪费较少，且能发挥更大的作用。对于有的新品类而言，十个观众看到，都不一定有一个人购买，其广告就存在巨大的浪费。

综上所述，我们可以根据品类接受度，将其分为两类情况：其一，品类成熟度低时，适合用公关建立品牌，提前做广告，是在浪费资源；其二，品类成熟度高时，适合用广告建立品牌，广告做晚了，可能贻误战机。

在从公关适用阶段过渡到广告适用阶段时，有个重要时刻——在创新曲线中，这称作"惊险一跃"，即从创新者、早期采用者到早期大众人群的跨越。这一跃顺利完成，品类就可进入广阔的主流市场。这一跃未能完成，品类要么刚刚进入主流市场，就被原点人群抛弃，变得风尚化；要么局限于小众人群，顾客群迟迟不能扩大，长成侏儒品类。对大众人群的说服，是广告的擅长领域。与创新者和早期采用者的沟通，公关方式则更为适合。

如果继续对"是否适合用广告建立品牌"的情景进行划分，第三刀如何切分呢？第三个划分依据是兵力对比情况。广告战的胜负，严重依赖媒介费用对比，因此，广告战更有利于兵力优势方。比如瓜子二手车投放20亿元做广告，而对手只投放10亿元，10亿元的广告费就被20亿元"吃掉"了。

广告战如同平原坦克军团决战，根据兰彻斯特方程，兵力优势方对兵力劣势方的优势，不是倍数级的，而是几何级。因此，此时决定胜负的往往不是小创意、小技巧，而是压倒性的兵力优势。

综上所述，如果把上述三种划分方式，放到一张图中，我们就得到了图5-1。

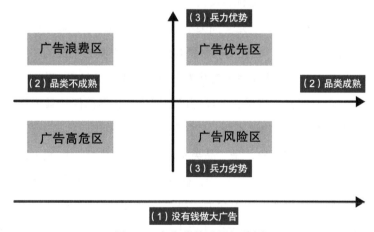

图5-1　广告公关适用矩阵图

资料来源：快刀何微信公众号。

（1）区域1在最下面，是"没钱区"。在这个区域，企业要么冒巨大风险做大广告，要么用公关或渠道方式建立品牌。

（2）区域2在右上角，是"品类成熟且兵力优势"区域，即"广告优先区"。处在这个区域，企业不仅应该优先使用大广告建立品牌，而且要千方百计把对手吸引到广告战里来，利用各家企业的资金，一起炒热品类、做大品类。反正"追随者有一半的广告费是为领导品牌打的"，别人投入越多，领导品牌捡到的"便宜"越多。

具体到企业实践案例，二手车广告战就是这个情况。瓜子投入20亿元做广告，不仅是为了后来居上，争夺心智地位，而且更是为了吸引对手跟进，吃掉对手兵力。又如宝洁，其每年投入巨额广告费，为什么？就是为了用广告捍卫品牌领先地位，用广告建立新品牌。宝洁的兵力优势，让其用广告筑起了"防御城墙"。

（3）区域3在右下角，是"品类成熟且兵力劣势"区域，即"广告风险区"。在这个区域中，企业做广告，是有机会建立品牌的，但也可能面对更强大对手的封杀。做还是不做？在企业。胜还是不胜？在对手。这需看对手是否跟进，是否用兵力优势反击。

（4）区域4在左上角，是"品类不成熟且兵力优势"区域，即"广告浪费区"。在这个区域，广告无法说服顾客购买，拥有兵力优势的"土豪"会浪费一部分广告费。但由于企业有兵力优势，只要浪费在可控范围内，暂不危及生存。企业调整策略后，一样可以继续战斗，继续保持兵力优势。但切不可在大广告范围内执迷不悟：广告费一直花，销售回款却一直没有。

（5）区域5在左下角，是"品类不成熟且兵力劣势"区域，即"广告高危区"。这个区域的品牌做广告，往往凶多吉少。因为品类不成熟，广告费砸出去没有转化率；因为兵力劣势，企业承担不了广告费损失，导致资金缺失。这样的例子，在广告战场上可谓比比皆是。广告战场如赌场，不少企业家梦想着一战定江山，结果却事与愿违，把好好的企业"打残"

"打倒"的案例屡见不鲜。

究其深层原因，还在于缺乏科学思维，用冲动决策替代了理性决策，"拍脑袋"做广告。作为最花钱的配称之一，做大广告之前必须经过小规模验证，要投放1亿元的广告，拿500万元或1000万元，找个样板区域试点不行吗？试点既可以试广告内容、广告语、页面设计，也可以试广告媒介、投放时间、投放人群组合等。

那么，验证期适合打广告吗？根据上面的分析我们可以知道，验证期企业一般处在区域1、区域3或区域5，用大广告做品牌会有四个问题：缺钱、不知道说什么、不知道在哪里做、效果不确定。所以公关更适合这一阶段的企业。验证期用公关建立品牌有五大优势：花钱相对少、可以迅速迭代、可以获得有效的外部反馈、可以赢得可信度、可以结盟。

那具体怎么做呢？定位公关在验证期有以下四个关键动作：

（1）制造关注度：把定位和特性打造为新闻事件；关联受到关注的品牌或事件；与主流品类对立，制造争议；把创始人打造成红人。

（2）创造可信度：制造第三方证言；制造顾客可自行验证的事实；制造并传播品牌有效承诺。

（3）推动产品迭代：产品迭代法，即社群型迭代与渠道型迭代；传播迭代法，即媒介反馈法与培训法。

（4）推动获客：事件型获客；病毒型获客；生态型获客。

综上，用广告做品牌的方式不太适合验证期阶段的企业。当然，这并不意味着企业不需要广告语——广告语不仅体现在广告中，更体现在企业所有对外界面级配称中，发挥着转化非顾客成为意向顾客的作用。

无论哪个阶段的企业，无论用什么样的形式对外建设品牌，都要有广告语。但现实中，有很多广告语根本是"不说人话"，白白浪费了传播机会，即"我知道一半的广告费被浪费了，却不知道是哪一半"。那么，一个好的广告应该具备什么样的特征呢？

5.3.3 被大量浪费的广告语

很多广告语是这样的：现代悦纳车型的广告——"悦，纳就是我"，斯柯达昕动车型的广告——"昕动，让你更自己"，中国建设银行的广告——"善建者行"，美的——"原来生活可以更美的"……不胜枚举。这类广告基本上就是在玩文字游戏，消费者只会满脸疑惑。

天图投资 CEO 冯卫东在其"升级定位 24 讲"课程里总结了广告语的"二语三性"法则，它和品牌三问、品牌起名四要一样科学、简洁，用起来的效果是立竿见影的。

1. 销售用语

"二语三性"的第一个"语"是"销售用语"，也就是一线销售人员会使用的话语；即使不是原话使用，也会以广告的意思为基础，演绎成更口语化的表达。一线销售人员会用的广告语，意味着它有销售力，表明该广告语包含了一个有效的定位。

比如"怕上火，喝王老吉"，一线销售人员就会按照它的意思，演绎成"王老吉凉茶可以预防上火""吃火锅容易上火，要喝王老吉"。又比如，"经常用脑，多喝六个核桃"，其包含的卖点就是"六个核桃是补脑的饮料"。有次我带孩子去参加围棋升段赛，赛场外六个核桃的销售人员，确实就是这样对顾客说的。

糟糕的广告语，完全帮不到一线销售人员，一线销售人员就不会用它。像"悦，纳就是我""昕动，让你更自己"这类广告语，销售人员会说吗？真要说了，顾客恐怕会想："这个人是不是该吃药了？"这种文字游戏在汽车、房产、银行等品牌的广告中可谓司空见惯，反正是不差钱的公司，其内部并没人去深究这些钱花出去到底有什么效果。类似的广告语还有"善建者行""大行德广"。

2. 顾客用语

"二语三性"的第二个"语"是"顾客用语",指的是应当考虑顾客转介绍你的品牌时,他会怎么说。因此,广告语应当符合顾客的用语习惯,以利于顾客转介绍你的品牌。

要符合"顾客用语",就应当弱化"广告腔"。"广告腔"太浓,会降低顾客转介绍的意愿,因为这会让听者反问:"你是他们家的销售人员吗?"因此顾客转介绍时,得转换成自己的语言,但转换过程需要耗费一点点脑力,这就构成了传播的负担。即使这负担并不大,但可介绍可不介绍时,顾客可能就不介绍了。

比如某个鲜奶品牌的售奶亭,招牌上的广告语是"新鲜每一天",这就是标准的"广告腔",顾客并不会这么转介绍。如果改成"不卖隔夜奶",就更容易被顾客转介绍。并且"不卖隔夜奶"能更明确的指导专用配称,比如每天晚上 8 点开始打折清仓,直到免费送出。

3. 可信性

"二语三性"法则中的第一个"性"是"可信性"。广告语满足了"销售用语"要求,表明广告语中包含了一个有效的定位,但如果顾客不相信广告所言,那广告就失去了作用。那么,顾客要怎样才会相信广告的内容呢?有三个要点:具体、归因、信任状。

广告语因具体而显得真实,因真实而显得可信。比如"劲霸男装,专注夹克 29 年","29"是很具体的数字,顾客潜意识就会觉得"专注夹克 29 年"是真的,这比"专注夹克 20 多年"或者"专注夹克近 30 年"要显得可信。

"归因"就是给出理由,而且这个理由要符合顾客认为的因果关系。比如"云南白药创可贴,有药好得更快些",顾客认同"有药"和"好得快"

之间的因果关系，就容易相信云南白药优于其他创可贴，所以云南白药才能成为创可贴品类的领导品牌。

但很多事物的归因比较复杂，比如讲述转基因和食物消化的科学原理，并以此论证转基因食品的安全性，那就太复杂了，这不是绝大多数顾客所认识的因果关系，远不如告诉顾客"90%的美国人都在消费转基因食品"。因此，广告语要善于使用信任状来实现"可信性"这一要求。比如，"八马铁观音，国家非物质文化遗产""德州扒鸡，中华老字号"，由于政府权威机构的背书，顾客会相信这些品牌是有品质保障的。品牌通常有多种信任状，一则广告能容纳的文字有限，因此要优先使用高级信任状，也就是最能取信于顾客的信任状。

一个实际发布的广告，通常还具备文字表达之外的信任状，比如广告所用的媒介、代言人，以及广告的设计感和品味。不论多么好的广告语，如果用歪歪扭扭的字体写在硬纸板上立在马路边，顾客都会断定这是路边摊或夫妻店的广告。

4. 竞争性

"二语三性"法则的第二个"性"是"竞争性"，就是广告语要能够把顾客从竞争对手那里转化过来。一个重要的判断标准就是你的广告发布后，竞争对手会不会有反应。竞争对手有反应，就说明广告的顾客转化效果明显，让竞争对手感受到了压力。广告是很费钱的商战利器，不能投到无人区。如果竞争对手没反应，就需要检讨一下，到底是广告语的竞争性不足，还是竞争对手已经麻木不仁。

在凉茶大战中，当加多宝不再运营王老吉品牌，并推出自主品牌凉茶后，立即启动了广告攻势，诉求"怕上火，喝加多宝"，但王老吉没反应；后来加多宝把广告语改成"正宗凉茶加多宝"，王老吉仍没反应；当加多宝将广告语改成"全国销量领先的红罐凉茶改名加多宝"之后，王老吉产生了强烈反应，不仅向法院提起诉讼，还做了针锋相对的广告——"王老吉从未改名，怕上火，还是喝王老吉"。

类似例子还有"金威啤酒，不添加甲醛酿造的啤酒"，这引起了啤酒同行的痛恨，但金威啤酒却获得大幅增长。此外"高档装修，不用大理石，就用简一大理石瓷砖"，也引起了石材行业的痛恨，而简一则获得了快速增长，最后高时集团代表石材行业把简一告上了法庭。

且不论这些广告所涉及的法律或其他争议，单就效果而言，这些竞争性很强的广告的确给品牌带来了快速增长，值得我们去发掘背后的规律，并善加运用。

5.传染性

"二语三性"法则的最后一个"性"是"传染性"，就是要让广告不仅具备侵入顾客大脑的能力，还要具备让顾客主动二次传播的能力。传染性是广告文案中最需要创意、最难做到的要求，也是广告公司的价值所在。但如果不以前面的"二语二性"为前提，那么广告公司的创意就会漫无边际——最后也许广告创意拿了大奖，但广告效果却差强人意。

正因为"传染性"是一个难度极高的要求，所以通常需请专业的人来做专业的事。在这里我只能提出几条简化的原则，那就是"冲突戏剧，简单易记；高频诱因，社交货币"。

有冲突性、戏剧性，广告才会被顾客关注、收看和看完。而看过后要能记住，就必须简单、容易记住。记住后，还要让顾客有回想起来的机会，就得含有高频诱因，来唤醒顾客对广告的记忆。最后，也是最关键的一步，要让顾客主动二次传播你的广告，广告内容就得自带社交货币。

社交货币是传播学中一个很重要的概念，就是能给传播者带来社交利益、提升其社交地位的内容，也就是彰显价值。转述或转发这样的广告，会让传播者显得拥有品味、爱心、正能量、信息灵通、关心对方等特质，这也是为什么公益广告更容易被转发的背后原因。

被很多人诟病的广告"今年过节不收礼，收礼只收脑白金"，就利用了冲突：不收礼却收脑白金。而"过节""送礼"就是该广告包含的高频诱因，因为一年内人们会多次碰到节日和送礼场景，这时候很多人大脑就不受控制地冒出了脑白金的广告。而脑白金广告能被诟病，说明它以特殊的方式创造了社交货币，让批评它的人可以彰显高级品味，但批评过程帮助脑白金实现了二次传播。史玉柱说他创造的广告永远得不到广告界的大奖，但一直都在获得消费者的大奖。

最后总结一下，"二语"指的是销售用语、顾客用语，"三性"指的是可信性、竞争性、传染性。请各家厂商赶紧翻出自己的广告语，如果一条都不符合，用户的感受一定不会好。实践中对广告语的提炼和梳理，也是对品牌定位和差异化的一次彻底复盘，可以避免"自我陶醉"和"不说人话"。⊖

在前两节里，我们不断提到另一类界面级配称——视觉呈现和设计的重要性。这就要提到《思考，快与慢》一书，在此书中，2002年诺贝尔经济学奖获得者丹尼尔·卡尼曼（Daniel Kahneman）用系统1和系统2来描述人的思维活动。

系统1产生快思考，它的运行是无意识且快速的，不怎么费脑力，完全处于自主控制状态。系统2产生慢思考，它将注意力转移到需要费脑力的大脑活动上来，例如复杂的运算。人们总认为自己是理性的，但如果把

⊖ 在这里，读者可以先做一个详细的品牌自检练习——《品牌梳理8步走》，以巩固之前的所有内容。由于表格较多，请关注微信公众号"高维学堂"，后台回复"品牌自检表"，即可获得详细工具。

两个系统拍成电影，自视为主角的系统 2 一定只能做个配角。在系统 1 里面，视觉占 80%，其中颜色占 40%，可以说视觉对一个人的购买决策是具有重大影响的。

记豪是国内视觉锤理论领域内的代表人物，他认为：有传播胜无传播，有定位的传播胜无定位的传播，有视觉锤的定位胜无视觉锤的定位。优秀的设计，给品牌带来直接的竞争优势，而"视觉锤"是更优秀的设计指导思想，它不仅是一个符号、一个形象，它能帮助品牌在整个的视觉竞争层面奠定优势地位。前不久记豪刚发布了《战略视觉锤》一书，本小节将会摘取编辑其小部分理论成果，主要集中在普及视觉锤的重要性及如何占据一个视觉概念的方面，更多详细的方法论和工具需详读其《战略视觉锤》一书和劳拉·里斯的经典著作《视觉锤》。⊖

5.3.4 视觉锤⊜

1. 升级定义

什么是视觉锤？这似乎是所有人心知肚明的一个概念，可真正谈论的时候，又都说不出它具体是什么。这是因为《视觉锤》一书的确没有给"视觉锤"下一个十分明确的定义。既然此书没有给出明确定义，那么我尝试给"视觉锤"一个简明的定义，以界定其概念：视觉锤是指，一个可用于品牌识别的视觉非语言信息。这个定义中有 3 个要点：视觉、品牌识别、非语言信息。

视觉锤的作用首先就是对视觉产生刺激，从而捕获消费者的注意力，抢夺认知资源。这是早于"定位"的竞争，它发生在顾客"理解"品牌名、品类名、广告语这些定位信息之前。

⊖ 此书已由机械工业出版社出版。
⊜ 本节内容源自微信公众号"记豪视觉锤"，作者记豪。

2. 视觉锤 vs 传统 VIS

从早期单一的标志到 CIS（corportate identity system）/VIS（visual identity system）的过程，是品牌识别从单点到系统的过程。直到今天，"VI"仍是中国主流设计公司的主要业务和沟通话术，在此基础上的深化发展少之又少。

（1）从内部的 VI 到外部的视觉锤。CIS/VIS 的战略优势重点在于"S"（系统），而不在于"VI"（视觉识别）。在今天的竞争环境下，视觉识别的"系统性"仍然发挥着巨大的战略作用，但传统"VI"本身不再适用了。"视觉锤"的出现，是对内部思维的"VI"的一次革新，让品牌视觉真正走向外部思维。现今的市场变化有以下四种。

第一种变化是从"狭义识别"到"广义识别"。只要消费过"品牌设计"或"VI 设计"的企业家都会发现，99% 的设计公司在做 VI 时，都是先做"标志"的。因为经典的 VI 方法论，也是从设计"标志"开始的。而 99% 的企业家在整个 VI 系统里最关注的部分也是"标志"。

这种现象，我称之为"VI 的标志化"。换言之，就是"把标志作为品牌的核心视觉识别，甚至是唯一视觉识别"。"品牌识别 = 标志"是一种狭隘的理解，这种根深蒂固的观念和思想倾向是设计中的最大毒瘤，而设计师和企业家并不自知。《视觉锤》告诉我们，"符号"仅仅是品牌视觉识别的一种形态。

事实上，"品牌的视觉识别"的范围从来就很广，它不仅仅可以是一个符号，也可以是一个颜色、一个风格、一个造型；它也不仅仅存在于平面设计中，也可以存在于工业外观设计上、室内设计上、建筑设计上。只是，我们长久以来忽略了这个事实。这种广义的理解，才是正确的理解方式。

"视觉锤"帮助我们抽离了"品牌识别 = 标志"的认知困局。而"视觉锤"这个新说法的出现，将带领大批企业走出对"标志"的迷恋，重新认识品牌识别的真相。可以说，视觉锤是新一代的品牌识别，是外部视角的品牌识别。标志要求工商注册，视觉锤则要求心智注册。

第二种变化是从"视觉传达"到"视觉竞争"。没有设计师会对"视觉传达"这个词感到陌生，因为这是大学里的一门专业，所谓科班出身的平面设计师，大都是学习这个专业的，包括我自己。传统的VI设计中，视觉的目的就是"传达"，传达什么呢？传达企业的理念。

关于"标志革命"，我们说过"标志应该表达什么含义"最后朝着一条内部化、理念化、精神化的道路去了。那么，以标志为核心延伸发展出来的整个VI系统，当然也是一套内部化、理念化、精神化的系统。我们不能责怪设计师，也不能责怪企业家，因为这是CIS/VIS理论本身导致的。CIS认为VI设计的目的是传达企业理念，而这也成为标志设计的核心。无论是设计公司还是广告公司，在接到视觉工作的同时，会收到一些文字，可能是企业理念也可能是广告语，他们想到的第一件事情就是：我该如何用视觉传达这些文字的含义？

长久以来，我们都认为这种思路是正常及正确的，但"视觉锤"让我们突然醒悟过来：视觉的作用不仅仅是"传达"，它本身就是一种"竞争工具"。视觉不是为语言而生的，人类在会说话之前就会画图了。品牌视觉是一个与语言既相关又具独立性的战场：左半脑是语言概念的战场，右半脑是视觉概念的战场。

互联网给我们带来的不仅仅是便利，还有更大的竞争。中国消费者的视野逐渐向世界靠拢，历史上从来没有一个时刻，商业的视觉形式如此丰富多彩，今后，这种丰富性会只增不减，视觉竞争不可能变得更轻松。这是一场发生在右半脑的战争，品牌要去占据一个视觉概念，依靠视觉本身去竞争，而不仅仅依靠"传达"语言。

第三种变化是从"难以言状"到"可以描述"。企业家们不妨扪心自问，我们是否曾经希望用一个小小的标志去承载无限多的意义？没有定位思维的企业家，几乎都是这么想的。而设计师们也十分善于"满足"企业家们的这种期待，那就是把标志做得抽象一些。因为越抽象、越难以名状的图形，就能够承载越丰富的含义。然而，抽象化的标志容易丧失最重要的外部优势——独特性。难以避免地，从标志延展出来的整个VIS看起来也不那么独特。

实际上，消费者并没有我们想象地那么敏感和细腻，这种细微的差别，难以在其心智中形成足够的差异化。在"标志"成为标配的今天，在这样的竞争环境下，符号上的小小差异，不足以使某个品牌脱颖而出。更为重要的是，这些标志很难被顾客直接地描述出来。而视觉锤应该是可以被描述出来的视觉概念，有些视觉锤甚至有固定的名字，例如LV的那些经典花纹：Monogram老花、棋盘格等。

为什么视觉需要可以描述呢？因为"看图说话"是人的本能，就是当我们看到某个图像就有用语言描述它的冲动，而且顾客之间的自然交流中必定会涉及对品牌视觉信息的描述。

如果那个已经被印在脑海里的视觉信息无法被描述，或者由于过于抽象导致每个顾客描述的结果不一致，会导致品牌传播的低效和混乱。这不能不说是一种心智资源的浪费。此外，我们发现消费者在交流中更喜欢用视觉化的名字。有时候，一个好的视觉锤还能拯救一个不出彩的品牌名，例如瑞幸的"小蓝杯"。

第四种变化是从"视觉边缘"到"视觉主角"。有人说，既然"标志"传达的内容太多、过于精神化和抽象化了，那么，让"标志"传达更聚焦的内容、传达定位的信息、更加具象不就可以了吗？

是的，我们传达的内容确实应该更具有外部视角，但是，标志已经难以承担这项工作了。因为在视觉信息爆炸的今天，标志还有一个硬伤：在传播中没有视觉地位。

为什么越成功的品牌，LOGO 越知名呢？因为越成功的品牌越具彰显价值，顾客更愿意露出它们的 LOGO，露出越多就越知名，越知名就越成功。而不知名的品牌情况几乎完全相反。这就是明显的马太效应。所以，大多数还不那么知名的品牌，他们的标志在产品上的视觉地位很低，处于边缘，比例很小。此外，除非是一些有高度彰显价值的品牌，否则顾客不会刻意"晒"品牌 LOGO。而一旦失去 LOGO，其他的视觉要素几乎无法被识别。

事实如此，除了少数世界级大师的作品，99% 的 VI 设计，都已经担当不起"识别"的称号了。这不是"标志"或"VI"本身的错误，而是时代的车轮滚滚向前，不由得我们。

今天的竞争不同以往，我们的顾客从来没有面对过这么多的品牌信息、这么丰富的视觉形式、这样复杂的传播环境。所以，一个不能在传播中（尤其是顾客的主动分享传播中）拥有视觉地位的符号，难以继续承担品牌识别的重任。而在视觉锤的思想中，视觉锤本身就是视觉主角，所以必须以其为中心。为什么劳拉·里斯更推崇植入式的视觉锤？因为当产品本身就是视觉锤的时候，产品就是最好的宣传。无论是在自己拍摄的广告里，还是在顾客的朋友圈里，哪里有产品，哪里就有视觉锤，而且永远是主角。

视觉锤是一个可用于品牌识别的视觉非语言信息，它是品牌在顾客心智中占据的一个独特的视觉概念，它令品牌建立起比对手更强大的传播优势。

（2）视觉战略咨询和设计执行要分开。首先，每一个视觉相关的执行团队（包括设计公司、传统 4A 和数字营销公司），都有自己的风格局限，不适合服务所有类型的企业。所以，设计公司本身无法完成顾问的工作，因为这是不客观的，它一定能说服你：你的品牌适合我的风格。就像广告公司不能做定位咨询一样，因为无论你的战略是什么，广告公司都建议你要马上拍广告。

其次，传统的以标志为核心的VIS，需要全面转向以视觉锤为核心的VHS（visual hammer system）。视觉锤主体所涉及的视觉形态广泛，它不仅仅存在于平面设计中，也可以存在于工业外观设计上、室内设计上、建筑设计上。究竟以何种形式建立视觉锤，确立好主体后如何围绕它做系统设计，都需要专业顾问担任"导演"的角色，负责挑选和搭建专为该品牌服务的"剧组"。有时候，一个平面项目都要拆分给不同的团队去完成细分版块，才能达到想要的效果。这就要求"导演"在视觉领域里具备很强的识人识货的能力、对设计美学的鉴别和把控能力。

最后，做过VI的企业都会拿到一本叫"VIS手册"的东西，它的确为设计的管理做出了很大的贡献。但中国现状是，90%的企业在实际运用过程中放弃了其中90%的内容。大多数情况下，企业只用了一个LOGO。这说明，一本手册是很难完成全面的管理工作的，管理始终要落实到"人"。企业内部的设计团队除了需要技术方面的成长，更需要提升视觉方面的战略意识。这种视觉战略意识不仅仅是设计师应该具备的，也是市场部门、销售部门应该拥有的，这种提升需要一段时间的沉淀，视觉咨询顾问应该负责对他们进行长期的指导和培养。

标志革命和CIS/VIS革命已经过去，历史的车轮已经将我们推到了"视觉锤革命"的起点，你准备好率先拥抱这个新物种了吗？

3. 视觉定位的探索

那么，如何创造视觉锤，如何进行视觉定位呢？我们可以从两个重点切入，也就是前面提到的，视觉锤的深层内涵：视觉锤除了是一个可用于品牌识别的视觉非语言信息，它也是品牌在顾客心智中占据的一个独特的视觉概念，同时它使品牌建立起比对手更强大的传播优势。

"占据一个视觉概念"与"建立强大传播优势"是重点，是视觉锤区别于普通品牌识别的关键。

（1）视觉锤"砸"语言钉的两种方式。视觉锤如何"砸"语言钉？这看起来是一个最简单的问题，答案就是用视觉锤传达语言钉的内涵啊！是的，这是视觉锤"砸"语言钉的第一种方式：传达语言钉的含义。

可口可乐开创了"可乐"这个品类，也开创了"曲线瓶"这个视觉上的类型。"曲线瓶"这个原创的、差异性的视觉概念，在当时是一个与众不同的造型，协助可口可乐在当时的饮料竞争中脱颖而出。这就是我们需要理解的视觉锤"砸"语言钉的第二种方式：占据视觉心智高地。什么意思呢？我们都知道是顾客对品牌的认知左右了顾客的选择，而决定顾客的认知不仅有语言信息，还有非语言信息。

当我们回忆一个品牌的时候，大脑中有可能出现与之相关的"词语"，也有可能出现与之相关的"图像"。如果说大脑中存在阶梯，那么，我们的大脑不仅会对由语言概念带来的认知进行排序，也会对由视觉概念带来的认知进行排序。

长期以来，中国企业都惯用语言来构建品牌的认知优势，而忘了一个客观存在的侧面——视觉。最终的品牌阶梯绝对不止有一个支撑面，至少是由语言和视觉两个部分共同支撑的。"占据视觉心智高地"就是让品牌在顾客的视觉心智阶梯上占据一个有利的位置。

这种砸语言钉的方法是用视觉锤的地位"砸"语言钉的地位，让视觉锤的位置和语言钉的位置对等，二者相辅相成。可口可乐作为可乐品类的开创者，同时在视觉上开创了曲线瓶，这就是语言钉与视觉锤的相辅相成。

再看劳拉·里斯在《视觉锤》里提供的一个属于"占据视觉心智高地"的案例：它（劳力士）独特的表带和视觉锤一样，是一个身份的符号，将其奢华手表中的领导品牌定位植入到顾客的心智中。为什么劳力士的表带可以"砸""领先地位"的语言钉呢？因为"独特的设计就是你在这个品类中领先地位的鲜活证明"，"独特的设计"在顾客心智中会区别于那些普通的、常见的、无特色的设计，它们之间具有地位的差异性。

我们都清楚地知道，顾客不会记住更好的，只会记住与众不同的，因而只有与众不同才能占据顾客的心智高地。"独特的设计"更容易被顾客回忆起来，它可以在顾客的视觉心智阶梯上占据一个领先的位置，这与领先的定位是对等的，所以它可以帮助劳力士持续夯实领先地位。

以上就是视觉锤"砸"语言钉的两种方法：传达语言钉的含义和占据视觉心智高地。简单来说，第一种是"砸含义"，第二种是"砸地位"。"砸地位"比"砸含义"更难以理解，可它却真正承袭了定位理论的精髓：占有心智资源。既然视觉锤"砸"语言钉有两种方式，哪种更好呢？

（2）哪种"砸"语言钉的方式更好？其实，两种方式都是有效的，如果能够在一个视觉锤上同时应用上两种方式，当然最好。但是，大多数情况下，我们只能先考虑一种方式。那么，先考虑哪种方式呢？

我建议，优先考虑第二种方式，也就是先考虑"占据心智高地"，再考虑"传达含义"，即在确保了我们能"砸地位"后，再思考能否同时"砸含义"。因为"占据心智高地"就是要求与众不同，只有与众不同才能进入心智，只有进入心智以后，"传达含义"才能更好地发挥作用。

与众不同，是首要考虑的问题。考虑"占据心智高地"就会考虑与众不同，而考虑"传达含义"的时候，就不一定了。为什么先考虑"占据心智高地"，再考虑"传达含义"呢？还有下面四个具体原因。

其一，释放更大的生产力。占据视觉心智高地，是一种"视觉竞争"思维。它意味着，让品牌的视觉产生独立的生产力，在顾客心智中多打开一条通往品牌的联想通路。

我们发现，一旦占据视觉的心智高地，夺得了视觉竞争的胜利，即使品牌没有很好的语言钉（即没有可"传达"的内容），也有助于提高品牌在顾客心智中的位置。

劳拉·里斯提到过的喜力啤酒是个典型，张云提到过的蓝色洋河经典也是一样，二者都没有很好的语言钉。但是，它们都用与众不同的视觉锤去占据了顾客心智，这让它们在顾客心智中打开了一条记忆通道。这两个品牌并没有用语言传达出自己差异化的价值，如果连与众不同的视觉也没有，它们就什么都不是：喜力不会被认为是"绿色标准"，洋河蓝色经典也不会脱颖而出。

瑞幸咖啡也是个典型的例子。从瑞幸的广告里可以发现，瑞幸自己的思路并不是特别清晰：究竟是外卖咖啡、专业咖啡，还是轻食为主？他们还在摸索当中。但好在，他们有一个不错的视觉锤："小蓝杯"。他们一直坚持使用"小蓝杯"，而且强调了它。顾客并不清楚瑞幸的定位概念是什么，其广告语"这一杯，谁不爱"也很难进入顾客的心智，但他们已经记住了"小蓝杯"。瑞幸借此在顾客的视觉心智阶梯上占据了高地，但瑞幸还需要尽快找到自己的语言钉，否则非常危险。但是，对于一个新品牌而言，这已经是一个非常不错的起点了。

其二，作为视觉战略防御。反过来看，如果新品牌可以用视觉锤去占据视觉心智的高地，那意味着市场中的领先品牌需要警惕了。作为领先的品牌，不去占据视觉心智的高地，不去持续用视觉锤夯实领导地位，是一种战略防御的缺失。劳拉·里斯在《视觉锤》里强调：如果领先者缺少一个有力的视觉锤，那么，就相当于给了第二品牌一个绝好的机会。

事实上，如果领先者没有有力的视觉锤，不仅是第二品牌会危及领导品牌的地位，初出茅庐的小品牌也有可能对其产生威胁。

20世纪70年代，在美国市场上，Stolichnaya牌（苏联红牌）的伏特加曾经完全和Samovar牌、Smirnoff牌、Wolfschmidt牌的伏特加混在一起没有辨识度。于是，他们在广告上刻意把竞争对手放在一起对比，强调对手是"看起来似乎是俄国制造"（实际上是美国制造），而自己是"真正在俄国制造"。这是相当成功的语言钉，此后"苏联红牌"在美国市场上稳居"正统伏特加酒"的宝座。但是，"苏联红牌"后来却被来自瑞典的"绝对伏特加"打败了。"绝对伏特加"靠什么引起关注？是一个与众不同的瓶子，一个不像酒瓶的瓶子。

当时的市场调查显示，消费者觉得"绝对伏特加"的品牌名称哗众取宠，瓶子形状也比较难看，而且人们对这个来自瑞典的品牌心存质疑。"绝对伏特加"的瓶子造型还被N.W.Ayer广告公司的人认为像药瓶子，像是用来装血浆的，被认为根本卖不出去。幸好，代理公司没有全然相信这个调研结果，依旧引进了"绝对伏特加"的产品。TBWA广告公司接下了他们的案子，还把这个看起来怪怪的瓶子放在了广告的正中央。

不同于"苏联红牌"的语言广告，"绝对伏特加"几乎是在用视觉做广告，因为它独特的瓶子就是它与众不同的证明。1980年，刚进入美国的"绝对伏特加"还是一个微不足道的小牌子。10年间，它的地位不断攀升，到20世纪90年代初，"苏联红牌"被它超越了：其占美国进口伏特加总量的65%，成为进口伏特加酒市场的领导品牌。

不得不说，作为一个市场领导者，"苏联红牌"过于轻敌了。在对手强大的视觉攻击下，"苏联红牌"在视觉方面几乎没有防守的意识和力量。如果"苏联红牌"能创造一个视觉锤来持续不断地夯实它的领导地位，情况或许就不一样了。

现在回顾这个经典案例，我们还能发现什么？我们发现，在视觉的运用上，企业和广告公司都容易陷入内部思维。作为品类老大的"苏联红牌"和嘲笑"绝对伏特加"瓶子的 N.W.Ayer 广告公司，都没有意识到：视觉上的与众不同也能帮助品牌进入心智。警惕视觉应用的内部思维，是我想要特别提醒的注意事项。

其三，避免陷入内部思维。为什么我不主张先考虑"传达含义"呢？因为一旦考虑"传达含义"，设计师和企业也容易陷入内部思维，纠结于细枝末节。我们再看一下瑞幸咖啡的案例。

瑞幸咖啡确实凭借"小蓝杯"抢占了顾客视觉心智的高地，但事实上，这可能也是一个意外的幸运。从整体的视觉表现上来看，瑞幸一开始并不是朝着设计"小蓝杯"去的，设计团队当初应该是从"传达幸运"的角度出发的，是为了传达"幸运"的含义而去塑造了"鹿"的形象。也有人说"小蓝杯"的概念，是另一个企业的老板给出的建议。

设计的结果与初衷不符，这是最严重的问题。企业和设计团队希望顾客记住传达"幸运"的鹿，但最终记住"小蓝杯"的人却比记住"鹿"的人多得多。不难想象，企业和设计团队一定在"传达含义"的细节上花费了一番时间和不小的精力——传达"幸运"是不是用鹿最好？那么画一整只鹿，还是只画鹿头？现在鹿角的弧度够不够好看？

然而，诸如此类的细节并不会给顾客留下足够深刻的印象。真正显而易见的，往往是由外人看到的。拥有竞争力的是"小蓝杯"而不是"鹿"。瑞幸"碰"到了"小蓝杯"，是瑞幸的幸运。可是，不是每个企业都有这样的运气。

接到任务后者先考虑如何"传达含义"，是创意人、设计师的惯性思维。可怕的是，企业家也很爱听这类的故事。所以，还是那句话，一旦开始考虑"传达含义"，我们就容易陷入内部思维。总之，最好的做法是，先考虑"占据心智高地"，后考虑"传达含义"。

其四，指向长远目标。即使我们确定不会掉入内部思维的陷阱，"砸含义"也确实可以晚一点再考虑，因为为了应对竞争环境的变化，品牌将面临重新定位的问题。

如果语言钉变化了，那么，视觉锤要变吗？以"砸含义"为考量的话，视觉锤当然应该变化。但是，劳拉·里斯认为：你可以更改"用词"，但如果你尝试去改变一个"视觉锤"，那么只能祈祷了。我同意她的看法，因为"视觉锤"是视觉战略，而不应该是视觉战术：战略是长期不变的，战术是灵活调整的。有许多今天已成为视觉锤的视觉元素，可能在当时并不是那么优秀，但这些公司有耐心，让这些视觉元素经过50年甚至100年的时间去沉淀，最终成为"时间的朋友"。

况且，"传达含义"的方法实际上非常灵活多样，而"砸地位"的视觉锤是更稀缺的资源。品牌应先思考"与众不同"，再思考"正确传达"，因为一个独特的视觉能保证其在顾客的视觉心智中"有地位"，而一个正确传达含义的视觉却不能保证这一点。不论是代表品类还是代表特性，品牌的目标都是在顾客心智中"拥有地位"，用视觉锤"砸地位"就是朝着这个目标出发的。只有这样品牌才能与时间相伴，和历史共存。

到这里，记豪的视觉锤方法论已引入完毕。回顾一下，在第一关的时候，我们就指出了"企业经营的成果就是品牌"，但第一关时更重要的是让品牌先"活"下来，能起一个不错的品牌名已属优秀；到第五关找准品牌定位时，企业的关键任务就是打造品牌、升级品牌，品牌三问、定位公关、广告语、视觉锤都是"拳拳到肉"的科学方法论，都能做到清单化、工具化，让企业厘清做品牌的关键决策并用于实践。

找准了品牌定位，接着做各类配称设计，也肯定了公关的有效性……这么多事情，怎么能让用户更精准地感知到呢？本章方法论的最后，我们再引出一个关键概念——关键时刻（moments of truth, MOT）——"让用户在关键时刻体验到我们想要传递的品牌信息，并做出我们所期待的事情"。以下部分内容节选自高维学堂品牌体验设计导师汪志谦的"品牌体验设计"课程。

在视觉锤系列文章里，记豪也提到了关键时刻，这是在20世纪80年代，由北欧航空公司CEO卡尔森提出的概念，他认为：任何时候，当一名顾客和一项商业的任何一个层面发生联系，无论多么微小，都是一个形成印象的机会。这些微小的机会就是一个个的品牌接触点，正是这一个个小小的关键时刻，组成了品牌进入顾客心智的革命性力量。

然而，每个企业的品牌接触点若梳理出来实在太多，要是逐一进行配称设计会有三个困境：一是品牌消费者不会记得也不在乎体验的所有流程；二是企业把所有流程优化，会投入太多不必要的资源；三是体验迭代不容易，消费者容易喜新厌旧，觉得"就那么一回事"。

5.3.5 最频繁的关键时刻

对于服务业而言，一线员工与顾客的接触构成了企业最重要的"关键时刻"；对于销售实体产品的企业而言，它们的关键时刻就在于顾客与产品的每一次接触。注重关键时刻的意义是什么呢？是为了更合理地在各个部分配置营销资源。为什么海底捞把大量的资源集中在服务员身上？因为服务好服务员，就等于服务好顾客。海底捞的品牌认知不是通过广告植入顾客心智的，而是通过他们的服务员。

"关键时刻"不仅是品牌向顾客交付价值的关键时刻，更是品牌占据顾客心智的关键时刻。

以下是汪志谦做过的一个真实案例，读者可以通过这个案例来理解什么是"关键时刻"，先交代一下背景：华航是一家有着60年历史的公司，其年营业额大约为300亿元人民币，是中国台湾的一家国际级航空公司。

它的客户群以年纪较大的商务人士为主，但是当爱它的人年纪越来越大，空姐的年纪也越来越大时，其商务舱的售卖情况相对于竞争对手而言还有很多的成长空间。

当时华航买了10架新飞机并准备推向市场。但机型不是一个航空公司的唯一核心竞争力，毕竟你能买，你的竞争对手也能买；即使你买的是最新机型，但你的座位跟竞争对手的一样宽，即乘客从硬件上所得到的体验没有什么不同。因此，只有找到"关键时刻"才能让用户体验到真正的差异。

1. 如何捕捉"关键时刻"——峰终定律

航空公司是商务舱赚钱还是经济舱赚钱？答案是商务舱。事实上，每家公司都有赚钱的产品，也有不赚钱的产品。而常有的状况是赚钱的产品卖不动，卖得很好的产品都是利润低的。这时候怎么办呢？你要弄明白买这两种产品的人，他们要的东西有什么不同。用华航来举例，商务舱跟经济舱的乘客要的东西有什么不一样？空间、氛围、体验、餐饮等方面都是，但关键是哪些事才会真正影响他的决策呢？

在信息爆炸时代，消费者接收到的信息非常多，企业必须找到真正影响消费者购买决策的"关键时刻"。在这些时刻，企业必须做到消费者心中真正想要的，才能被消费者记住，进而让其做出购买决策。

在捕捉"关键时刻"方面，我们通常会遇到两大难题：第一，我们要确定它是最重要的；第二，我们要确定这个时刻只有我们做得到，而别人做不到。不然你做到了，别人也做到了，就无法形成差异化。

因此，若要让消费者在某些"关键时刻"记住你，你就要创造峰值。这就是美国诺贝尔获奖者丹尼尔·卡尼曼提出的"峰终定律"：人们对一项事物的体验之后，所能记住的就只是峰值（正向的或负向的）与终时的体验,即消费者只会在这几个个关键时刻记住你。它们便是最重要的"关键时刻"。因此,你要创造峰值,消费者才会记住你。

如果用航空公司举例的话,对长途旅行的商务舱客户群而言,什么是关键时刻?答案是睡觉的时刻。经常满世界到处飞的人都有经验,国际航班通常要飞十几个小时,如果在这十几个小时里没睡好,那是非常痛苦的一件事。因此,在这个关键时刻里,我们要重塑它的峰值,让乘客觉得睡得很舒服,下次还想乘坐这个公司的航班。

找到了睡觉这个关键时刻,这就是洞察。在这个时刻里面,我们要让消费者记住这个航空公司,并且下次还会乘坐该公司的航班。这就是"关键时刻"的落地。

2. 关键时刻的落地

那么,如何让睡觉这一关键时刻落地呢?

体验设计有一个很重要的核心,叫作仪式感。比如,通过一系列的仪式感服务后,让乘客感到自己受到了礼遇。但我们要做的不仅是让他开心,而是让他在对比了其他航空公司之后,觉得你们更胜一筹。

在消费者体验仪式感服务时,我们希望他做什么?答案是拍照。如果消费者在这个时刻说:"等等,我还没看过这个,你慢一点,我得拍下来。"那么他在下飞机之后,就很可能立刻向朋友展示这次体验的不同,这才是最重要的事情。做用户体验设计,如果不能带来裂变、自发宣传,不能影响用户决策,那么一切都是徒劳。

用餐也可以是一个关键时刻,前面说了人的味觉在三四千米的高空中并不灵敏,所以你要做的不仅仅是提升食材,而是全方位提升用餐体验。比如商务舱上餐时,一般桌巾都是白色的,但如果是印着青色水墨国画的桌巾呢?顾客会想:"咦,这是什么?"如果他还发现餐盘的摆设、盘子的颜色和材质都跟一般的航班不同，他多半会拿出手机并说："等一下，让我先拍一下。"然后随便吃两口就完了。商务舱的乘客可能每天都吃得不错，再加上在高空中人的味觉不灵敏，所以航空公司很难靠"吃"本身让他们感到特别，但摆盘却可能创造峰值，让他们记住"这个用餐体验好高档"。

在上文中，消费者遇到的每一个"坑"都是设计团队提前挖好的，而且他们知道这些"坑"会带来怎样的结果。其他方面的事情不用做得特别好，一般般就行，因为消费者记不住那么多，他们只会记住一两件事。消费者会记得的，就是最终体验、最满意和最不满意的时刻。这就是峰终定律的重要概念，因此我们尽量不要创造低峰值，并将重点放在如何创造高峰值方面。

"关键时刻"的落地通常都不会只是一个部门就能做得出来的，所以，"关键时刻"落地的难度是很高的。因此，我们要的不是"多"，而是要打造几个峰值，让消费者记得自己，同时让其产生消费行为或进行裂变宣传。接下来我们再看一个亚朵酒店的实践案例。

3. 亚朵酒店的峰终值打造[⊖]

酒店是一个大家会长时间停留的场所，尤其在房间和大堂公共区域停留的时间是很长的，也就是说作为服务方，有很多接触顾客的机会。从更商业、更功利的角度讲，企业是有很多交易机会的。

亚朵酒店副总裁郑晓波接受采访时表示，"峰终定律"对亚朵的体验设计有很重要的参考价值。在亚朵的体系当中，经过梳理，他们认为跟客源的触点大概有几十个，这里面有一些峰值可以重点设计，因为不可能在每

⊖ 本节素材来源于亚朵集团市场副总裁郑晓波在"李倩的品牌圈"的分享。

一个触点都做到让客人很满意,所以在几个很重要的点上能够给客人留下非常深刻的印象,那其实就能够决定其整体的体验。

比如说亚朵有一个服务叫作"百分百奉茶",只要是客人来到酒店,不管是在登记入住还是在看书,或者是在逛商店,服务员都会奉上一杯茶。冬天是一杯热茶,夏天会是酸梅汤或者是冷饮。这就是百分百奉茶。

亚朵还有一个服务叫作"吕蒙路早"。有一次一位一线员工在帮客人办理入住的时候,那位客人就跟自己的朋友说第二天很早就要出去赶路,来不及吃早餐,因为酒店七点才供应早餐。这位员工听到以后,第二天早上就守在大堂,用饭盒给客人打包了一份早餐,让客人带在路上吃。客人很是感动。所以亚朵就以这个员工的名字给这个服务命名为"吕蒙路早",这个服务产品到现在也一直在供应。

亚朵还注重床品的设计。对于旅客来说,出差在外,最重要的是能睡好觉,其余体验都是次要的,所以亚朵在这上面下了很多功夫。比如亚朵提供了羽绒枕、乳胶枕等很多种枕头供客人选择,睡得舒服还可以直接买走,这其实也是很多客人的一个痛点:有时候酒店睡得很舒服,想问在哪里可以买同样的床品,酒店的回复却总是清一色的"不对外",好像是重大机密。

亚朵的床单、被罩跟别的酒店的不同,不是特别白而是看起来会有点发黄。因为亚朵用的是裸棉,所以颜色会有一点微黄,而且还有棉籽壳在里面,所以可能也会有些黑点。因此洗涤也不能采用很多酒店所用的强磷漂白的洗涤方式,否则两天就洗坏了,所以亚朵采用的洗涤方式是比较安全和环保的,可以达到裸睡的品质。亚朵所做的这些,都是客人自己用眼睛、用身体可以直接感受到的,是不断在创造差异化的峰值体验。

如何打造关键时刻，让用户在关键时刻体验到企业想要传递的品牌信息，因篇幅所限，本节只是用两个案例引入概念，抛砖引玉。更多方法论及实践，可关注微信公众号"科学创业派"，回复"汪志谦文章"即可查看。

至此，整个产品关已经走完，产品存在于物理空间中，品牌存在于顾客心智空间中，两者之间是映射关系。过产品关时我们要做出有竞争力的产品，过品牌关时我们要在顾客心智中建立对产品的认知，这个认知以品牌的方式存在，让顾客产生相关需求时优先想到并选择你的品牌。那么下一步要做的事情就是增长了，不进则退，验证期的第六关正静待你去通关。

5.4　高维学友通关案例

5.4.1　科学创业实践之广西志公教育

在第三关股权设计的实践案例里，志公教育创始人李勇分享了四个股权大坑。他学了就用的不仅是股权知识（股权更多是纠偏校准），还有更立竿见影的定位知识。定位战略落地不到一年，其业绩就翻了四倍。

志公教育成立于 2009 年，主营广西市场的公务员考试培训，竞争对手是中公教育和华图教育这两家全国性的巨头公司。在 2015 年之前，志公的发展一直很快，但到了 2016 年年初，其创始人李勇开始有一种感觉——"我们这个小企业犯了大企业的错误，组织变得臃肿，没有活力，利润大幅度下降。"此时，之前被快速发展掩盖住的很多问题一一暴露出来。

刚开始李勇试图向前辈或者身边的企业家朋友请教，但每个企业的问题都不一样，他找不到答案。企业的痛就是创始人的痛，没有人比他更着急和焦虑，于是他决定走出广西，去北上广深求教学习，试图找到解决办法。

对于这个求解的过程，李勇是这样说的："我很感谢我的企业遇到这些问题，否则我可能会一直盲目自大，直至未来发生更大的不可逆错误。"

李勇虽然创业多年，但直到 2016 年 8 月才在高维学堂第一次接触到定位知识："在此之前关于定位我真是一无所知，连什么是配称都不知道，还不敢问，别人信手拈来的词，我还得赶紧去网上搜索。"

后来志公的定位之所以做得还算不错，是跟企业的痛息息相关。有一件事情让李勇印象很深刻，他去志公桂林分校时，刚好看到有位客户在前台咨询，他就站在旁边听了一会儿，客户问了前台工作人员一个问题："你们跟中公、华图有什么不同啊？"工作人员回答就是老师好、通过率高等。客户听完就说再去别的地方看看，并没有交费。

这个事情触动到李勇了，因为他发现自己工作人员说的这些优势，竞争对手也都可以这样说。那么志公究竟有什么不同？这涉及冯卫东"升级定位"课程里讲的品牌三问里的第二问——"有何不同"，这与李勇当时的痛点无限接近，所以他听课时就特别有感触。

因为之前定位知识的严重不足，李勇上完课后就紧接着看了很多定位方面书，比如《聚焦》[1]和《商战》[2]。然后又去复训了一次"升级定位"课，之后便开始在企业内部做很多分享，一是为了落地做准备，二是为了同频团队认知。

在定位战略落地时，李勇首先是聚焦做减法，找差异化。在他看来，志公已经做了七年，在用户心中肯定是有一些认知的，他们要做的是将这些认知挖掘、放大，于是他们在学员中间做了个调查——志公教育在他们心中代表着什么，也就是调查客户心智中的看法。两个关键词就冒出来

---

[1][2] 此书已由机械工业出版社出版。

了——广西本土、老师好。这两个词是所有学员提及比较多的。

当客户心智当中已有这些词的时候，就应把这些词拿出来提炼放大，作为定位广而告之。"老师好"这个比较难用，因为别人也可以这么说。"广西本土"这个特性就很到位，当时也没有人占领，于是志公升级后的定位是"专注广西公考辅导"。

定位找到了，李勇却立即陷入了一个两难的境地：之前志公在全国四五个省都有分校，官方网站也会介绍全国有多少家分校等，现在却变成专注广西公考辅导了，那么企业简介、组织架构和定位都是冲突的。也就是说，配称和定位是冲突的。所以，他做了一个关键决策：把其他外省的分校统统都关闭！这个决定说起来容易，但让李勇很痛苦："每个分校都是我自己去选的场地、找的人员，而且有些分校的利润还是可以的。但是认准了聚焦就得舍，有舍才有得。毕竟志公在广西这个区域市场还没有做到垄断地位，设立外省分校就是在分散资源和精力。"从2017年1月1号开始，志公官网上不再出现除广西学校以外的任何分校的介绍。

但是，聚焦绝对不等于做减法，更重要的是做完减法之后做加法。原来在外地的那些老师和工作人员大部分都回到广西了，他们便致力于做好本地的研发和市场深耕。志公之前在广西主要是市级分校，在这之后在广西100多个县中的80%都开设了分校，可谓深入县镇地区。这就是加法。

同时，志公还在打造一个重要的界面级配称——员工说起来有底气的广告语，来代替之前常说的老师有多好、通过率有多高这些沟通语言。

李勇根据冯卫东"升级定位"课程里总结的广告语的"二语三性"法则，想出了一句让员工和客户都会说的广告语——"区考辅导，志公更好"。区，是指广西壮族自治区，但大家都知道省考，区考这个词别人听不懂怎么办？李勇带着这个疑问去请教冯卫东，得到的答案是："没关系，广西人懂就好。既然决心要专注，有时候你提一个只有广西人才能懂的词，反而更能强化定位。"对比起来，中公、华图都在提省考，这会让广西本地客户觉得他们不专业、不地道。总的来说，这句广告语，不仅押韵，让客户会用，还能体现聚焦的品类特性。这样定位之后，志公的工作人员、老师、校长和学员都说这个定位好，说起来有底气和信心。

回到本案例开头那个让李勇印象深刻的痛点：志公究竟有何不同？当客户再问有什么不同时，志公的工作人员就会这样回答：中公、华图也不错，他们总部在北京，专注于国家公务员考试。但如果你想考广西本地的公务员，我们志公专注在广西近10年，所有的研究重心都根植于广西、服务于广西。

定位战略落地当年，志公教育整体业绩增长近3倍，有个别的项目增长了4倍，最高的是10倍。

5.4.2　科学创业实践之汪仔饭

在第一关选方向的实践案例里，汪仔饭创始人王津荣分享了他对宠物粮食赛道选择的看法，虽然其在赛道选择上契合了"强弱势品类"的科学方法论，但是他自己也认为团队的内部思维还是比较重的，比如在信任状方面就考虑不周。下面，我们继续看他的分享。

冯卫东认为信任状有三种：权威第三方证明，品牌有效承诺，顾客自行验证。过去通常是第一种和第二种占比较高、影响力较大，第三种则因为信息不流畅较弱。但到今天整个环境发生了巨大变化，第三种开始变得异常重要，所以信任状要按消费者能证明的逻辑去设计，要做到品牌的卖点就是消费者自己认为的卖点。

当时我在课堂上听到这个触动很大。原来我比较重视品牌方也就是自己的宣传和承诺，但实际上却得不到消费者的认可，有点自卖自夸的感觉。

我本身对有些东西是似懂非懂，听到这种有逻辑、有体系的方法论，一下子就像是找到了支点和原理，让我把原本一些模糊的事情或者不敢确定的事情都明确下来了。比如最后定下来的名称"软狗粮"，原来叫作"软粮"，因为我们的产品就是软的。但冯卫东说不能叫这个名字，因为消费者头脑中本来是没有这个词的，发明了这个概念就得去教育，而软狗粮是用两个常用的词拼在一起。

广告语定为"软狗粮，易消化"，是因为冯卫东建议广告语要能带出品类信息，最好还能带出特性，而我们的品类就是狗粮，特性就是软，带来的好处就是易消化。这些都是消费者头脑中本来就有的认知，很容易联想，说出来的话，消费者也比较容易相信。比如"经常用脑喝六个核桃"，核桃在中国人大脑中天然就跟补脑相关，同样地，我们天然都认为软的食物就容易消化。

此外，广告语还要是你的代理商、业务员、导购、用户都愿意去说的话，当时我们提炼广告也是按这个方向来的，要容易说出来、易被理解。

之前我们的广告语是"新鲜粮"，因为我们的狗粮都是用新鲜食材做的。说到新鲜，大家联想到的就是保质期短、原生态、水分足等，但是我们的产品在加工之后就看不到这种感觉了，所以无法自证明是新鲜。这个宣传点的风险就比较大。

通过冯卫东老师两天的课程，我收获最大的就是把"汪仔饭，软狗粮，易消化"9个字说清楚了。配称方面，我们的包装设计是用碗来装，因为既然是给狗做饭就要用碗，用袋子装就不是饭；产品捏上去也是软的，多数狗狗很爱吃。整个环节梳理之后，效果很明显，产品上线第 10 天的时候就已经卖出 3 万碗。

截至 2018 年年底，汪仔饭发展势头良好，根据其行业制定的抖音病毒式裂变也做得非常成功，祝愿未来汪仔饭越做越强。

5.4.3　科学创业实践之高维学堂定位三级跳：开创"科学创业"新品类⊖

本书已经不止一次提到过，2015 年的时候，高维学堂还叫"我包啦"，想做的是一个卖培训软件的平台公司。当初的规划很美好，但现实无情地打了我们的左脸，又打了我们的右脸。幸遇科学定位代表冯卫东，使我们接触到定位知识，向其请教沟通之后，我和另外两位创始合伙人明白：平台肯定是不能做了，还是老老实实扎进企业培训行业深处，探索创新与突破之道吧。

所以，这一阶段是高维学堂从无定位到有定位的过程。我们在知道定位的重要性与有效性后，于 2016 年在定位上主要做了两件事：换品类和改名字。从原来想做技术平台，换到企业培训的渠道品类；把原来看上去寿命不长的名字"我包啦"，改成"高维学堂"。这样做不仅调整了赛道，还让我们有了个好的品牌名，原来在做的一些事情（卖软件的同时我们也在请老师上课，测试这套软件）立即就有了较为清晰的目标和方向。

第一关里总结了渠道品类的三大特性：便宜、便利、特色。高维学堂很快就做了三件事来完成定位 1.0 版的升级：第一件事是找到众筹式学习的差异化定位，做到特色、便利；第二件事是开发不贵的好课，做到便宜；第三件事就是根据定位将广告语变成"众筹你心仪的实战大咖"。这个定位基于高维创始团队在企业培训行业多年的摸爬滚打经验总结而成。我们对

⊖　本节内容由高维学堂创始人林传科编写。

整个产业链条较为熟悉，知道众筹不贵的好课，正是这个行业多年来做不到或者企业不愿意做、用户又极为迫切需要的痛点。

定位找到了，如何占据它才是关键，也就是要围绕这个定位打造一系列的运营配称。众筹可以通过技术手段实现，而对"不贵"和"好课"这两点，可以从界面级配称和非界面级配称两个维度上分别去下功夫。

对创始人这个群体来说，不贵不单指金钱成本，对其而言更宝贵的是时间成本及学错知识的巨大成本。

因此，高维首先在非界面级配称上，砍掉了以往行业链条中冗余的低效和浪费——砍掉销售、砍掉渠道（真正做到用户反向众筹学习）、砍掉广告（广告对于刚起步的企业来说，基本上就是肉眼可见的"大坑"）、砍掉浪费（不坐班不打卡"007式"的工作状态，零办公成本，零固定资产，内部成员极简，能外包的就外包）。

在界面级配称上，做到"最大程度降低用户学习成本"。比如因为砍掉许多浪费，高维创行业学费新低；此外，高维都是自助式选课，让学友可以一站式挑选创业所需的大多数模块知识；高维还不断拓展城市学习点，尽量让用户能够在本地或就近上课。这些举措都是在降低用户学习的金钱和时间成本。"为用户选对知识"，则是在降低用户学错知识的巨大风险和时间成本。

做到这几点，必然就会降低行业成本，提高行业效率，做到让用户"众筹不贵的课"。

那好课又如何做到呢？课程产品是我们在行业内的核心竞争力，没有好课，课程再便宜、形式再独特也只能是昙花一现。在非界面级配称上，高维从"严磨迭代"和"重研发投入"两方面打造每一门课程，逐渐形成了自己特有的选师标准、课程开发方法论。在界面级配称上，高维邀请核心学友创始人参与品鉴新课、试课，让其提出宝贵的迭代意见,我们依此进行磨课。课程通过重重验证后,才会成为常规课程。在品控方面高维是这样做的:一是课后不满意可退可换;二是根据口碑推荐率为课程排序,淘汰季度末位课程,力争做到"闭上眼睛选,门门是好课"。

到这里,我们基本上一直在落实"众筹你心仪的实战大咖"这个定位,运营配称的环环相扣为这样一家初出茅庐的创业企业奠定了良好的用户和行业口碑,在零广告零营销的情况下,由口碑裂变新用户,四年间开了500余场课,服务学友2万多人次。

但是问题也随之而来。俗话说树大招风,高维虽不是"大树",但因为还算不错的表现被很多同行"看中"了,不断出现针对高维课程几乎还原度100%的像素级抄袭。我意识到,有可能自己辛辛苦苦做出来的定位,一夜之间就被各种抄袭和模仿混淆了用户认知。高维的未来到底在哪里?如果还是围绕这个低门槛的差异化定位去拼,又能走多久?

在定位理论里,以上问题其实是有答案的:我们要么打造专用配称(只有自己有别人无),一骑绝尘;要么调整定位,打造高门槛的差异化。而打造专用配称这条路最有可能的结果是,还没打造到一半,这个定位已经不存在差异化了。所以,调整定位势在必行,也就是高维的定位2.0版本——科学创业。

2017年7月,高维学堂正式从"好课不贵"的众筹特性,升级为扛起"科学创业"的新理论大旗(开创新品类),致力于帮助更多创业企业通过更有效的学习,实现科学创业,少走弯路。

开创新品类,尤其是知识服务的新品类,是一条无比艰巨但意义重大的道路。在这个过程中,我们进行了长达数月的测试、探讨和论证,我认为:首先,科学创业意义重大,它并不是高维一己之事业,我们只是试图带动这项对万千创业者意义重大的"科学创业运动";其次,这个差异化门槛虽然在开始时高到有点儿"难以理解",但这也是开创新品类必须突破的关卡。在此过程中我们虽然更累,但是经过一年多实践,愈加发现这件事情值得持续做下去。

在经过从无定位到定位 2.0 的三次跃迁,我们整个团队对定位的理解也更加透彻,并切身感受到了科学方法论的有效性,得以确定了高维的底层框架和核心任务。经此之后,我们的方向和军心是稳定的,接下来要做的就是不断聚焦发力,加强运营配称,做实科学创业。

第六关

促增长：验证增长路径和增长引擎

增长成功的秘诀不在于同时做很多事，而在于找到目前影响增长率的最关键的那一两件事。找到做什么和怎么做，比做本身要重要得多。

——曲卉

关键任务
探寻适合自己的最优增长路径

支线任务
测试适合自己的增长引擎

核心方法论
肖恩·埃利斯㊀《增长黑客》图书，曲卉㊁《硅谷增长黑客实战笔记》㊂图书

任务相关工具
AARRR 模型，增长模型，北极星指标，增长引擎

试验成果
确定增长引擎，组建增长团队，找到北极星指标，找到增长模型

6.1 第六关为什么是促增长

在产品品牌关通过之后，企业可以迈开步子往前扩张了，但很多时候企业会感觉动力不足，所以得找到阻碍快速增长的瓶颈和解决方法。本章便是帮你铆足劲促增长。我们选取的核心方法论来自肖恩·埃利斯、曲卉

㊀ 肖恩·埃利斯（Sean Ellis），增长黑客网络社区 GrowthHackers.com 的联合创始人兼 CEO，增长黑客大会的发起人。其于 2010 年提出了"增长黑客"一词，因此被称为"增长黑客之父"。

㊁ 曲卉，现为美国微投资平台 Acorns 公司增长副总裁、早期风投基金 First Round Capita 的顾问。她曾在增长黑客之父肖恩·埃利斯麾下担任增长负责人，著有《硅谷增长黑客实战笔记》一书。该书曾荣获豆瓣"2018 年十大商业书籍"称号。

㊂ 此书已由机械工业出版社出版。

和埃里克·莱斯，读完本章，你能基本了解增长黑客的核心方法论，知道如何找到适合自己的最优增长路径，并能动手开始测试自己的增长引擎，而这也会影响之后公司团队的搭建和分工。

本章的核心概念是"增长黑客"，这一说法最早是由《增长黑客》作者肖恩·埃利斯在 2010 年提出的，其最初的定义是"一群以数据驱动营销、以市场指导产品方向，通过技术化手段贯彻增长目标的人"。

随着增长黑客的逐渐普及，这个词不仅仅指一群人，也代表一种"以最快方法、最低成本、最高效手段实现用户大量增长，最终增加收入"的运营方式，成为大量新兴企业挑战传统巨头的一把利剑。

在增长黑客的发源地美国，那里的多数互联网企业中，增长团队正在取代传统的团队。一些初创公司不再建立传统的市场营销团队，而是用产品团队和增长团队来替代。增长团队相当于管理所有产品之外的部分，例如拉新、促销以及用户生命周期的其他各个阶段。一些规模较大的公司里，会同时有市场团队和增长团队，比如 Dropbox：市场团队更多地负责新产品的上市，以及公关、品牌相关的活动；而增长团队，则是从用户的获取、激活、留存、召回等一系列环节上去寻找机会，完成优化，寻找新的引爆点。

近两年，大量中国企业也正在尝试接入增长黑客系统，希望用这套低成本、超快速的方式获得高效可持续的健康发展。我们尝试在这本书里接入这套关于增长的科学方法论。

6.2 探寻适合自己的最优增长路径

《精益创业》第 10 章里提出了三种"增长引擎"："增长引擎就像内燃机一样不停转动，反馈循环发生得越快，公司成长得越快。每架引擎都有一套内在的衡量指标，决定了当使用这架引擎时，公司能增长得多快。"

增长引擎为新创企业提供了一套相对小范围的衡量指标，使企业可以集中精力。总有无数种让产品变得更好的想法，但现实是残酷的，大多数想法带来的改变微乎其微，只能算是产品优化而已。新创企业必须关注能产生经证实的认知的重大试验，而增长引擎的框架结构可以帮助他们把注意力集中在紧要的衡量指标上。

在开始促增长之前，先要确定企业更适合发动哪种增长引擎，在了解三种增长引擎前先来了解一个相关概念——海盗指标，即 AARRR 模型。

6.2.1 AARRR 模型⊖

所谓 AARRR 模型其实就是"获取"（acquisition）、"激活"（activation）、"留存"（retention）、"变现"（revenue）、"传播"（referral），五个步骤从上至下像一个漏斗，所以也称作漏斗模型，如图 6-1 所示。

图 6-1 AARRR 模型（漏斗模型）

漏斗的第一层口子最宽，获取就是获取新用户，俗称"拉新"。

⊖ 更多相关内容，可以参阅《增长黑客》第五章至第八章、《硅谷增长黑客实战笔记》第三章至第五章。

漏斗的第二层是激活，就是不光是让用户看到你、点击你，还得注册成为用户。但如果留不住用户，即用户注册完再也没用过产品，这种流量是没有意义的。

漏斗的第三层是留存，就是要让用户持续使用你的产品，不要让他们来得快走得也快。很多公司并不清楚用户是在什么时间流失的，于是一方面他们不断地开拓新用户，另一方面又不断地流失大量用户，就好像不断往一个漏了的桶里面装水。

当用户已经体验过产品的核心价值后，我们要帮助用户形成使用习惯，引导用户使用更多功能，并感受到进展。这时候增长团队需要帮助用户解决的问题是："我不记得使用过这个产品了。""我为什么要继续使用这个产品？""我该在什么时候、什么场景下使用这个产品？""我能继续发现新的价值吗？"这时，庆祝用户的增长和里程碑、适时提醒和沟通、向用户介绍新功能都是可以尝试的方向。

漏斗的第四层是变现，也就是开始从用户那里获取收入。

漏斗的最下面一层，也是最窄的一层是传播，就是让用户愿意替你传播产品或服务，口碑推荐裂变。

如图6-1所示，每层漏斗都有用户流失，漏斗越窄用户流失越多，如果没有梳理漏斗模型，用户在哪一层流失的企业都不清楚，所以促增长最先要做的就是确定企业自己的AARRR模型，根据以往数据分析在哪一层的用户流失最多，之后才可以确定适合发动哪种增长引擎。

6.2.2 三种增长引擎

1. 黏着式增长引擎

黏着式增长引擎关注流失率，流失率指在任意一段时间内，没有继续使用公司产品的顾客占顾客总数的比率。黏着式增长引擎的重点是让更多的顾客成为回头客，关注 AARRR 模型的第一个 R，即让顾客反复使用，表现出黏性行为。所以，使用黏着式增长引擎的公司要非常仔细地追踪顾客流失率。

控制黏着式增长引擎的规则很简单：如果取得新顾客的比率超过流失率，产品将会增长。增长的速度取决于"复合率"，就是自然增长率减去流失率。就像银行户头赚取复利一样，高复合率将带来极快的增长，不需要依靠广告、病毒式增长或公关噱头。

如果企业是以黏着式增长引擎为模板，那么所谓的好消息显然就是有大量新顾客。想要找到增长点，就要关注现有顾客，令产品能更加吸引他们。不管用什么方法，企业的焦点都必须放在提高顾客保留率上。

2. 付费式增长引擎

付费式增长引擎关注边际利润，即产品生命周期价值和获取每位顾客的成本的差值。产品生命周期价值指一位顾客在产品生命周期内为产品支付的总费用减去企业维护客户的费用。付费式增长引擎的工作方式有两种，要么提高来自每位顾客的收入，要么降低获取新顾客的成本。付费式增长的获客成本很高，但通常具备规模性，要求是没有产能限制。

3. 病毒式增长引擎

病毒式引擎和其他增长引擎一样，由量化的反馈循环提供动力。这种循环称作"病毒循环"，其速度取决于"病毒系数"。这是一个数学术语，这个系数越高，产品的传播越快。病毒系数测算每个注册顾客将带来多少使用产品的新顾客，或者说，每位顾客会为产品带来多少位他的朋友。如果每位朋友又是一位新顾客，他们就可能会再向更多的朋友介绍该产品。

如果一个产品的病毒系数为 0.1，即每十位顾客中有一位会介绍一位朋友，这就不是一个可持续的循环。试想有一百位顾客注册，他们将带来十位朋友加入，这十位朋友再介绍一个人参加，循环就到此为止了。反之，系数大于 1 的话，病毒循环将呈几何级数增长，因为每个注册成员会平均带来超过一位顾客。不过 Facebook 前总裁有一个更科学的公式：

$$病毒性 = 有效载荷 \times 转化率 \times 频率$$

它和口碑增长有明显区别，具有病毒式增长特质的产品依靠人和人之间的传递，是正常使用产品的必然结果。顾客并非有意充当"布道者"，他们不需要到处为产品说好话，只要顾客使用产品就自然带动增长。如此这般，病毒式传播无刻不在。

最经典的案例之一就是 Hotmail，其在每封电子邮件的底部加了一条附言链接"备注：获取免费 Hotmail 电邮账户"之后，几周内，这个小小的产品改动产生了巨大的效应。6 个月后，Hotmail 获得了超过 100 万个新用户，又过了 5 周，这个数字达到了 200 万。该项举措实施 18 个月后，Hotmail 拥有了 1200 万注册用户，后来创始人以 4 亿美元的价格把公司卖给了微软。

有效载荷是指每位用户向多少人发送广告、链接等。仍然用 Hotmail 举例，其大部分用户每次只向一位联系人发送邮件，有少数用户发送小规模群发邮件，所以 Hotmail 的有效载荷很低。但是，他们的转化率很高，因为大家从未听说过免费邮箱，所以很感兴趣。这导致潜在用户收到邀请的频率很高，因为大家常常发邮件。Hotmail 这个案例说明，即使有一个指标不是很高，但其他两个表现优秀，还是可以成功的病毒式增长。

最后，从技术上来说，一项业务一次可以运行几种增长引擎。比如，有的产品既拥有极其快速的病毒式增长引擎，顾客流失率又非常低，同样，一个产品也可以兼具高利润和高客户保留率。但是，《精益创业》作者埃里克·莱斯认为成功的新创企业往往只关注了一种增长引擎，做好所有令此引擎运作的工作。有的企业试图建立一个包括所有三种引擎的中控系统，这往往会造成很多混乱，因为需要同时达成这些效果的专业运营技能相当复杂。

诚如埃里克·莱斯所言："我强烈建议新创企业每次只关注一种增长引擎。大多数创业者对哪种增长引擎最有效已经有了很强的信念飞跃假设。如果他们还没想好，那么走出办公楼，花时间理解顾客就能让他们很快知道哪种引擎可能最合用。只有当新创企业彻底运用了这种引擎之后，才应去考虑是否需要转型到另一种引擎上。"

总之，增长就是把漏斗的每一层转化率提高，让流失率尽量减少。接下来我们将展开基本的增长方法论。

6.3 增长黑客方法论

6.3.1 何时启动增长黑客

《硅谷增长黑客实战笔记》作者曲卉在接受访问时表示：做增长要掌握时间点，并不是说任何公司在任何阶段都适合用一套体系化的方式去做增长，因为毕竟在有的阶段你甚至不知道产品能不能成功、有没有用户群，所以需要先做一些大量探索性的事情，在探索的过程中，你会慢慢找到方向，等找到了这个点——我知道至少有一群人会喜欢我的产品，之后再开始慢慢体系化地做增长。

肖恩·埃利斯也认为增长是一个呈金字塔式的模式，而金字塔的最底层就是首先有一个大家都喜欢的产品并和市场相匹配，简称 PMF（product-market fit）。PMF 是在硅谷非常流行的一个概念，它意味着用户认为你的产品是必不可少的，如果他们不这么认为，那你的产品可能就没有足够的潜力。那该如何判断产品是用户觉得很好，还是无所谓的呢？

肖恩·埃利斯设计了一个非常简单的问题：如果你觉得自己没有办法再使用这个产品，你会有什么样的感受？如果回答失去产品会非常失望的用户比例达到将近 40%，这就意味着这个业务是非常值得增长的；不足 40%，可能产品的潜力就远远不够了，产品出现了问题，做增长是无水之源。按照科学创业路线图的设置，走到增长关时，已经科学地验证完模式、产品等增长的关键前提，所以这个问题的答案应该很明确。

总结一下，何时可以启动增长黑客呢？需要符合增长黑客的基本原则之一：确定你的产品是否不可或缺、为何不可或缺以及对谁来说不可或缺之前，不可进入快节奏试验阶段。

不过在确认了 PMF 之后，公司容易陷入一种"危险"情况，因为增长这件事在现实中并不是自动启动的，这导致很多公司对此有误解：他们认为公司只要能"活"下来，基本上是由于产品或服务的确满足了用户需求，也许不够完善，但还是很受欢迎，而且一部分用户愿意自发去做传播和推荐；团队则会不断根据搜集到的用户反馈迭代产品，产品形势看上去非常不错且"增长势头良好"。

此类想法易导致公司忽视一个问题，《精益创业》里是这样描述的："公司有没有一个行之有效的增长引擎？早期的成功和目前产品开发团队的日常工作相关吗？大多数情况下，回答是否定的。成功来自公司过去的决定，而现在从事的任何活动都没有产生效应。但是，由于总指标增长势头看似良好，所以这些问题都被掩盖了。"

这是一个常见的危险情况。公司不论规模大小，就算已经有了一个可行的增长引擎，也可能用错误的衡量指标作为行动指导，即使用那些浅层的表面数据指标，它们一般都是由于临时购买广告、充塞渠道等发挥短暂作用，为的就是让总体数据尽量再好看一些。《精益创业》里把这些对企业增长有害无益的数据称为"虚荣指标"。

而增长引擎可以助力企业集中精力，抛开那些让产品变得更好的无数想法，把注意力集中在能产生经证实的认知的重大试验上。

企业情况各不相同，启动增长黑客时还需要适当"因地制宜"，但底层的逻辑和展开方式是统一的。肖恩·埃利斯认为在开始增长黑客之前，整个团队可以先达成三个共识：

第一，保持增长型心态。有开放、增长型心态，意识到每一件事有更好的解决方式来驱动公司的增长，所以他们必须质疑一切，并通过不断测试来做得更好。这是最重要的一点。

第二，数据在团队业务中扮演着核心角色。所做的一切都是围绕着数据，并运用不同的形式让数据更好地服务于业务增长。团队要不断地考虑自己的数据优势是什么，如何使用这些业务数据增强竞争力，以及如何用数据理解竞争对手。

第三，有一个共同而有效的任务驱动增长。比如用"北极星指标"（后面详细展开）来测量整个团队。这个指标，不是金钱，而从公司的核心价值出发，引领增长。

增长关注的范围虽然广，但并不该是毫无方向地做试验，而是应该有策略、有重点地按流程进行。首先是根据北极星指标，找到目前对这个指标影响最大的领域，比如新用户激活，然后对这个领域进行分析，找到一个突破点，产生一系列可能的试验方向和想法；然后，进入到快速试验迭代的阶段，以一两周为一个周期设计试验，产生试验想法后给想法按优先级排序，然后开发和上线试验，分析数据结果，再把结果应用到下一个试验中，并在全过程中关注指标的变化趋势。

要特别注意的是，增长不是万能的，如果商业模式有问题或产品本身还没有打磨好,是留不住用户的。增长黑客并不能修好一个不断在漏水的桶。

6.3.2 增长黑客七步走

1. 搭建增长团队

搭建增长团队所需步骤如图 6-2 所示。

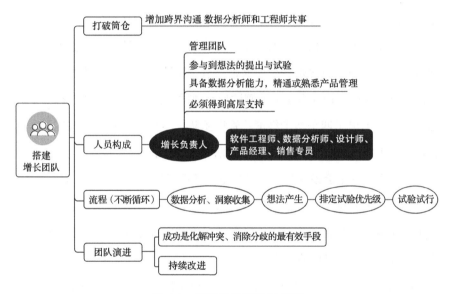

图 6-2 搭建增长团队示意图

曲卉对增长团队的定义是:一个以用户和利润增长为目标的产品团队。增长团队的核心要素是:跨功能的团队,打破产品和市场之间的隔阂;利用定性和定量的数据分析深入了解用户行为;快速地做产品迭代和测试新的想法,并使用深入的分析来指导行为。搭建增长团队的前提条件是:产品建立了核心价值,能够得到高层领导的理解和支持,能获得需要的资源和工具,想好增长团队如何运作,能找到合适的人才。

增长团队要做的事情流程大致如下：为了实现某个目标，首先去分析面临的情况——现存问题；其次是提出可以解决问题的想法或者是实现目标的想法；再次是排列优先级，先去测试哪一个想法，最后去测试哪一个想法；最后进行测试，再进行分析。

在标准的增长黑客团队里，通常会有软件工程师、数据分析师、设计师、产品经理、销售专员。可以看出，标准的增长团队打破了原有的筒仓结构，实现了跨部门、跨职能的人员合作，也就是说，增长团队是由相互平行的部门核心人员重新组合而成的。

团队成员中，增长负责人可以最先就位，他可能是负责增长的副总裁或者是产品经理，总之是一个能够领导增长团队的人，而且他能够去管理团队的测试流程，确保有足够的测试量且测试是有效的。《增长黑客》里对增长负责人列出了四个参考维度：管理团队；参与想法的提出与试验，具备数据分析能力；精通或熟悉产品管理；必须得到高层支持。

在这个团队里会设立目标，目标是非常重要的，正确的目标尤为重要。每一个具体的目标都应该有一个负责人，负责人应该具有企业家精神，他必须非常专注于目标的实现，而且能够非常紧密地跟踪目标进度，并且随进度愈发了解实现目标的方式。

团队的其他成员要能够帮助负责人去做测试，帮助他实现这个目标。如果在早期遇到困难，比如很难从公司其他部门调用设计或者是工程师的资源，那可能需要一个专门的设计师或者是工程师留在团队里面。但可能在团队成立的初期，团队需要使用公司共有的资源。

所以，在实际搭建增长团队的过程中，很难一开始就能匹配上标准阵容，一定是不断优化调整的，关键词是跨部门和快速测试，在这个过程中让团队构成和状态渐入佳境。曲卉在《硅谷增长黑客实战笔记》里举例说明了30人以内的小型创业企业和200人以内的中型创业企业应如何搭建

增长团队:

小型创业企业因为资源有限、人员有限,建议成立一个到三个人的最小化可行性增长团队。比如,从外部招一位增长产品经理,匹配上一位程序员和一位设计师。增长产品经理须是多面手,有数据分析能力,对某个对公司至关重要的用户获取渠道有经验,同时能够进行产品内的优化和增长试验。

增长的关键是要最大化利用现有资源,尽快动起来,并在此过程中保持极大专注。

中型创业企业的规模在逐渐增大,此时产品和市场团队已经形成,建立了自己的领域和流程,对于增长团队会有反对和怀疑的声音。所以增长团队关键是先找一个改善潜力大的领域下手,迅速产生一些成果并大力宣传,以争取其他资源的支持。比如,可以成立一个五人以上的专门增长团队,从内部挑选一位增长产品经理、一位设计师、两位程序员和一位数据分析师。CEO要和增长产品经理一起找到最开始的聚集方向,设定明确的指标来衡量工作进度。鉴于要尽快出胜利成果,但初始阶段其他团队对此又持观望态度,所以这个聚焦领域最好是公司其他团队没有花太多时间在上面的领域。

2. 确定共同使命:"杀手级动作"——北极星指标

确定增长杠杆的步骤如图6-3所示。

北极星指标是指唯一重要的指标,一旦确立,就像北极星一样,指引着全公司所有人向同一个方向迈进。北极星指标所衡量的是,你的用户真正可以从你的产品中获得多少价值,你们又能传递多少价值给用户。如果每天都有新用户使用你的产品,同时还有更多的老用户停止使用你的产品,那么你的价值就会大打折扣。

234 / 科学创业

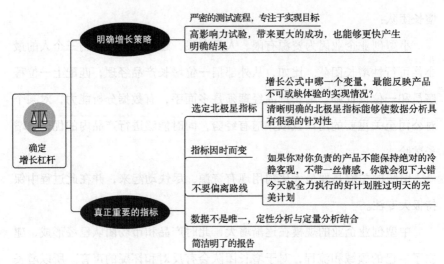

图 6-3 确定增长杠杆示意图

在此强调一点,增长是基于价值的。客户要从你的产品中感受到价值,只有这样你才能获得长时间、持续、稳定的增长。举个例子,如果你作为用户在 Facebook 上只是建立一个账户,对 Facebook 而言没什么价值,因为对其而言只有用户同别人发生联系才能创造价值。所以,Facebook 根据测试,将目标设定为新用户 10 天内需获得 7 个有效链接,因为这个时候客户才能认识到,这个产品是给他创造价值的。而 Facebook 成立之前的社交网络老大 Myspace,运营的主要指标却是总注册用户数。

需要注意,北极星指标是"杀手级动作",即核心的关键指标。要通过团队共创分析内外部可提升指标,最终通过团队共创关键行动策略图筛选出北极星指标。和北极星指标相对的是"虚荣指标"(vanity metric),比如注册用户数。用户注册了不代表他真的喜欢你的产品,他可能只访问了一次就不再来了。

共同使命有多大的力量?肖恩·埃利斯举了个亲身经历的例子:

我曾经在 LogMeln(一款基于 Web 的安全可靠的远程接入软件,可以让用户在任何一个可以上网的电脑上控制家中或者办公室的电脑）公司担任市场营销副总裁，我的工作是帮助人们了解产品并接受产品，我关注的是投资回报。

但我发现，95%下载这个产品的人，实际上从来不用这个产品，他们不仅浪费了时间，还会跟他们的朋友说不要使用这个产品。我把这个数据交到公司CEO那里，说这些业务增长的钱都被浪费了，我们该怎么办？

CEO的反应令我吃惊。他说，不要再找新的市场渠道了，产品部不要创造新的产品功能，开发部门不要开发新的产品功能，大家要聚在一起，用很短的时间，确保新的用户来实际使用我们的产品。

此后三个月，这个改善数据越来越好，我们能够赚钱，用户也向自己的朋友推荐产品，这让这家公司估值高达60亿美元。所以，我们一定要知道用户使用我们产品的次数、频繁程度。只有了解到这些数据，你才能更好地传递价值，驱动可持续的增长。

曲卉给北极星指标定了六条标准，当你设定好公司的北极星指标之后，可以按照这六条做一个自检：

（1）产品的核心价值是什么，这个指标可以让你知道你的用户体验到了这种价值吗？

（2）这个指标能反映用户的活跃度吗？

（3）如果这个指标变好了，是不是能说明整个公司在向好的方向发展？

（4）这个指标是不是很容易被整个团队理解和交流呢？

（5）这个指标是一个先导指标，还是一个滞后指标？

（6）这个指标是不是一个可操作的指标？

确定目标之后，找到所有领域里杠杆效应最明显的地方，进行试验改进。杠杆效应就是指性价比最高，相对而言资源投入小的地方。对绝大多数产品而言，改善留存，最具有杠杆效应的领域都存在于产品之中。很多产品团队开发了一个新功能之后就马上进入下一个功能的开发，但实际上这些功能即使用户渗透度不错，也还有很多可以优化改进的空间。

3. 构建增长模型

曲卉认为，目标定好之后，就是构建增长模型，之所以叫"模型"，是因为它很像一个数学方程，包含了对用户或利润增长有影响的主要变量。此模型有三个元素：输出变量、输入变量和方程。

输出变量一般来说就是北极星指标，输入变量则是由梳理用户旅程得出的，也就是记录一个用户从对产品一无所知到体验到产品核心价值要经历的步骤。然后给每一步找到一个相应的指标，这些指标就是增长模型里的"变量"。《硅谷增长黑客实战笔记》里提供了一个以总活跃用户为北极星指标的基本模型：

总活跃用户＝新增活跃用户（访客流量 × 新用户激活率）+ 已有活跃用户（已有用户数 × 老用户留存率）

根据这个模型我们看个简单的例子。假设一个电商网站的北极星指标是销售额，一个用户（旅程）需要经过以下四步才能产生销售额：访问网站——注册账户——第一次买东西——重复性购买。其增长模型就是：

电商网站销售额＝新增活跃销售额＋已有活跃用户数销售额

＝（网站访问量 × 用户注册率 × 首次购买率 × 平均订单额）+（已有用户量 × 复购比例 × 平均订单额）

增长模型一是可以揭示影响增长的所有输入变量，并且用量化的指标指导试验；二是可以帮你排序优先级，让你专注在最有影响力的部分，从而实现结果最大化，当然实际中还有更复杂的定量增长模型，可以量化不同增长项目的长期影响;[⊖]三是可以帮助你将大的增长指标分解，并定量地预测未来的增长趋势;四是可以为进一步的分析提供方向和骨架;五是增长模型也是有效的管理决策沟通工具，可以避免意见之争，统一团队方向。

当你画好 AARRR 模型、确定了一种增长引擎、搭建好团队、确定好增长杠杆、设置好增长模型后，就差不多诸事皆备了，可以正式挑选一层漏斗先行动起来：快速测试，多次试验，观察成果，不断迭代，让每一层"漏掉"的用户越来越少。

选用增长黑客这套方法论来做增长，是基于其背后相对体系化的知识和实践验证，而且增长在显性层面是最符合科学精神的方法论之一，洞察、实验、（数据）总结、分析，不断循环迭代，就好像在实验室里展开一场又一场的实验。

但是作为一门新兴的知识，增长黑客仍需要更多人参与实践和完善，目前很多成功的应用案例更偏向于互联网企业，北极星指标、漏斗模型、A/B 测试等方法都是非常适用于互联网产品的增长工具。偏重线下的企业或传统企业，一定也会有北极星指标，也能画出漏斗模型和增长模型，但是在具体开展动作时，相对会庞杂一些。企业一旦尝到增长的胜利果实，哪怕是小果实，就会停不下来，因为增长的奇妙之处就在于：从点上来看，它可以用一个很小的支点、很轻的动作就撬动起激动人心的数据变化，并且成果看得见摸得着，全员都能感受到；但是，从面上来看，增长更是一件缓慢而系统的事情，探索之路永无止境，跟科学创业之路有一脉相承之处——走过一关，紧接着就是下一关，每一关都值得反复迭代、深思、做透。

⊖ 此部分内容较复杂，不在此展开，有兴趣的读者可以查看《硅谷增长黑客实验笔记》第二章的内容。

6.4 一点思考[1]

增长这一关，代表案例如瑞幸咖啡、拼多多、抖音等，已经有很多解读。但是仍鲜有重线下的企业或传统企业走通增长黑客的案例，所以增长这关的最后一节我们稍微做一点延伸思考与探讨。

1. 营销与增长的差别

传统营销与增长黑客的重要差异之一是对"流量"价值的定义不同。在传统营销的方法论里，其追求的是对目标受众的持续影响，但事实上我们根本没办法保证一整年的整合营销方案能对某个特定消费者进行持续影响，进而实现我们的营销设想。这是因为，传统营销是一次性的。

相较于传统营销，增长黑客体系在方法层面最大的差异是"留存"，即我们需要将流量留下来，并对流量进行持续运营以导向不同的对企业有价值的结果。换言之，在增长黑客体系中，每一次投放获取的流量，将被尽可能长时间地留存在企业的用户线上产品中，直到用户产生价值。

对流量价值的定义不同，也会导致企业对流量的定义不同。传统营销追求将目标受众直接转化为消费者，因此在过去的10年中，传统企业与传统广告公司都在共同追求一个词——"精准投放"，即我们投放的流量中，目标受众的含量越高，则可以认为这次广告投放的效果将越好。

但在这个流程中，却缺少一个关键认知：除一些消费频次极高的快消品以外，其的消费通常都需要消费决策时间。除非我们的广告恰如其分地出现在消费者的消费决策过程中，其进而跳转产生了订单，否则我们很难说也很难证明广告实际产生了什么效果。而这也正是当前传统广告行业的

---

[1] 本节内容节选自微信公众号"你也秃啦"的文章，作者授权同意发表。

瓶颈所在，即便我们有了各种强大的第三方监测服务。

而在增长黑客体系中，尽管我们也同样追求将目标受众转化为消费者，但我们不急于求成，或者说为了确保更好的转化效果，我们得确保自己能实实在在地影响目标受众的消费决策过程。所以，我们可以建立一个中间态，让目标受众先变成用户，再对用户进行影响，进而达成购买转化。而且，这个"用户"的中间态将可以持续很长时间。

瑞幸咖啡恐怕是所有运用增长黑客实现快速增长的企业中，最接近传统企业的。在瑞幸咖啡的案例中，大多数人会认为不论是"新客免费""分享得咖啡"，还是"买五赠五"，这些增长策略中的关键词是快速并且远低于市场平均水平的获客成本，但我认为这之中最关键的因素是"屯货"，这个机制才是真正触发瑞幸快速增长的同时侵蚀市场份额的杀招。可以说，只有有了屯货机制，才可能实现如下两点：

（1）用户可以在短时间内不受限制通过不断地向好友分享获得赠饮。

（2）用户可以不受限制地参与平台的优惠活动，大量买进"买五赠五"的优惠。

当用户因为邀请好友与"买五赠五"活动而在瑞幸咖啡积累了大量未消费咖啡之后，这将意味着两件事：第一，在消费完这些咖啡之前，这个用户都将是瑞幸咖啡的用户，瑞幸实现了用户留存；第二，在消费完这些咖啡之前，这个用户都将很难是其他品牌咖啡的用户，瑞幸提前赢得了未来数周甚至数月的市场份额的争夺。在消费完这些咖啡之前，瑞幸将有大量的时间促使这部分用户产生其他更多的价值。

2.传统企业的增长黑客模型

那么传统企业或重线下的企业如何实践增长黑客呢？这里抛出一些论点和大家一起思考。

传统企业通过传统营销手段获取流量，不再让这些流量只产生瞬时效应，通过增长黑客去实现留存和转化。也就是在现有的营销体系中，增加留存及转化环节，这样不但实现了原本想而无法实现的目标，而且更有可能通过将"用户"这个中间态实现裂变，进而获得了更低于当前营销渠道成本的新流量渠道。

不论是被人们更广泛运用的更关注获客的 AARRR 模型，还是后来更关注留存的 RARRA 模型，都无法直接被传统企业拿来运用，因为大家"增长"的目的不同。互联网企业增长的目的有时候单纯是为了获得用户，即便这个用户不产生消费行为，仅仅每天打开该企业的页面或 APP，对其而言也一样产生价值。但传统企业的目的不是运营一个日活很高的线上产品，他们期望每一个流量都能产生更直接的价值。所以，传统企业的增长黑客模型，可以更精简也更明确一些。他们可以明确将用户引导到两个路径上：社交裂变或消费决策以产生订单。因此，传统企业的增长黑客模型，可以概述为这样一个流程：

（1）留存：将流量留存至一个线上平台，当前尤以微信小程序或 APP 为最佳，因为这两个平台形态将可能最大限度发挥社交裂变的效用。

（2）用户分层：根据我们对留存用户价值的预期（社交裂变及消费决策），可将线上用户分成三个层级，分别引导到社交裂变、购买及复购或组合购买等不同的购买行为。

（3）社交裂变：通过利益让难以产生订单的用户，也会产生对企业有价值的行为，通过其在社交平台的主动分享及分享后获得的实际流量给予用户相应的奖励。此举将为企业带来两方面的价值：第一，直接为企业带来一个新的低成本的流量获取渠道；第二，让对产品有兴趣但仍然对下单犹豫不决的用户有实际机会体验到产品，进而产生后续的消费行为（此举对一些消费频次较高的品类尤其有效）。

（4）消费决策：针对有消费意愿的用户，根据企业主要产品与行业竞品的情况及用户消费决策时的思维方式，建立用户的消费决策影响模型，引导用户做出最终对企业有利的消费决策。

根据企业产品消费频次的高低，整个增长黑客模型也将向不同的方向倾斜：消费频次越高，社交裂变更容易做到产生价值；消费频次越低，则影响消费决策的工作更可能产生价值。

最后，我们需要再次强调一下，传统企业运用增长黑客时，一个线上留存平台是必须的存在，但这并不意味着我们需要运营一个常规意义上"成功"的线上产品。

抛砖到此，遗憾的是没有案例来详细展开说明。期待能有增长黑客在传统企业或者重线下的企业里发挥巨大能量的案例出现。

第七关

带团队：验证组织模式和有效工作方法

本章主要作者

华为原组织变革专家、高维学堂原组织变革导师蒋伟良，德锐教育创始人、高维学堂有效管理导师欧阳开贵、邓良，《商业模式的经济解释》⊖作者、高维学堂商业模式导师林桂平，NXT 管理咨询机构合伙人倪云华，行动教练创始人、高维学堂领导力导师季益祥，美国人力资源管理协会首位 OKR 认证讲师、高维学堂 OKR 敏捷绩效管理导师姚琼

关键任务

建立有效工作的团队

支线任务

维护信任，简化管理

核心方法论

蒋伟良"流程型组织变革"课程，林桂平"赋能型商业模式"课程，欧阳开贵与邓良"解读有效管理者"课程，季益祥"教练式领导力"课程，姚琼"OKR 敏捷绩效管理"课程，倪云华《如何打造一流创业团队》图书

任务相关工具

贡献四问，流程图，OKR 模版

试验成果

人人成为自己的 CEO

7.1　第七关为什么是带团队

增长关不容易通过，但一旦突破，几乎是吹响了企业从进攻期迈向扩

⊖　此书已由机械工业出版社出版。

张期的冲锋号角。当号角吹响了，兵力就得跟上，所以第七关是为验证期收尾——建立起能"打硬仗"的高效团队，激发组织里每一位伙伴的善意和潜能。

对于验证期的企业来说，"人多力量大"可能是个伪命题。公司要发展，员工就得增加，但是每个阶段需要多少人、需要什么人，现在的人哪些是不必要的？这些问题需要认真思考。之前创业圈里流传过一个半真半假的玩笑：企业发展不景气，不得已进行裁员，但在此过程中发现了非常有趣的两个情况，一是把人员压缩一半，公司没什么变化，业绩反而提升了；二是把工资最高的开除了，公司运营也没什么变化，反而盈利了。如此这般，现实中有多少企业正在变得臃肿而不自知呢？

阿里巴巴前 CEO 卫哲认为，人效不到 100 万元的公司就不能称得上是互联网公司。华为原组织变革专家蒋伟良认为，只要公司人数达到"一张饭桌坐不下了"的程度时，改革重点就需要从团队建设变为组织建设了。所以在学习团队建设之前，我们需先审视组织自身的问题，因为如果桶是漏的，金子银子都装不住。

7.2 人效为什么越来越低

1. 不以客户为中心了

很多企业创始人会怀念创业最早期团队的那种状态：非常高效，大家没有职位、部门之分，都一心为了客户。随着公司的发展、规模的扩大，有了各种部门，各种职能都健全、完善了，公司运转反而不高效了。这说明随着公司的发展，公司内部的运转流程开始不以客户为中心了。不以客户为中心，那以什么为中心了呢？比较常见的有以下四种情况。

第一，以职能为中心。职能型组织是今天多数公司的组织形态。因为企业在做大的过程中，开始不得不设立部门，比如销售部、生产部、人力资源部、财务部等。各部门之间往往树立了部门墙，缺乏协同，流程往往是"段到段"而不是"端到端"。当面对客户需求变化时，会相互推卸责任，往往沟通很久却没有任何结果。

第二，以老板为中心。很多企业，特别是中小企业都是以老板为中心的。一个企业家往往自认为没人能管他，因为他就是创立者。但当公司规模扩大后，每一个员工都在服务客户，如果都以老板为中心，公司面临的问题就大了。

第三，以规范为名义。以规范为名义，导致很多企业在做大过程中被拖累。规范是没边界的，我们可以给每个人戴上帽子，说他违背了规范。所以，我们在组织建立了很多制度、流程和规范，要求员工按部就班，不许干多了，不许越雷池半步，也不许创新，那最后这个公司就"死"了。

第四，以风控为名义。有些大企业以风控为名义，建立了各种各样的风险管理控制手段和方法，以"不出事"为导向来进行管理。那么，最大的"不出事"就是不干事，也就是懒政。

还有很多创业企业在融资之后，拼命花钱——大干快上、盲目扩张，扩张必然就要大幅招人，还要增加各种营销费用，然后就把原来发展得很好的企业搞垮了。因为这个时候他们已经忘记了什么是客户，什么叫以客户为中心。

创始人可以对照上面四类企业常见的"不以客户为中心"类型，把其作为四面镜子，时刻反思自己公司的人和流程是否以客户为中心。

2. 要建立以客户为中心的流程

产品和服务本质上都是一组流程，员工必须运转在以客户为中心的流程上，公司才能创造客户价值。管理学大师迈克尔·哈默认为，流程就是一套完整的、"端到端"为客户创造价值的活动链接集合。如何才能建立以客户为中心的流程呢？我们先看一下什么是流程及好流程的特点。

(1) 完整性："端到端"而不是"段到段"，从客户需求中来到客户需求中去。比如产品开发的流程，起点应该在产品规划，然后是客户需求、量产、交付、回款。但很多时候，公司内部的流程是"段到段"，而不是"端到端"。

若某个企业一年开店300家、关店100家，看上去业绩很好，但却造成了大量资源浪费。因为其开店的流程是：选址审批流程——装修流程——陈列流程——店长选拔流程——店员培训流程。这明显是一个"段到段"的错误流程。正确的开店流程应该是：开店规划——选址需求——开店资源池——开店成功（盈亏平衡等各种指标）。这才是一个"端到端"的流程。

(2) 为客户创造价值。前文讲过，企业存在的目的是创造客户，创造客户的前提是要创造客户价值，所以企业的流程除了要"端到端"，还要为客户创造价值才行。你要用你的流程帮助客户成功，让客户赚钱，让客户开心，然后才是你顺便赚钱。利润最大化的流程是不可取的，因为这势必损害客户和员工的利益，企业要保持利润的合理化。

任正非对集权性管理有一个深刻反思：管理者要站在"河上"，"子在川上曰，逝者如斯夫"，管理者只能灌溉，不能做大坝，不能介入员工的管理，要让员工以客户为中心高效地完成工作。即所有的流程都要"端到端"，要高效完成，直接穿越公司各个部门。

建立以客户为中心的流程，这是"砍人"的着手点。以客户需求为起点，以交付客户价值为终点，务必使公司的流程形成"端到端"的流程服务闭环。

3. 应根据流程增设职位、搭建团队

以客户为中心的流程有了，接下来就是流程运转，也就是要建立与流程相匹配的组织，而组织是由职位和团队构成的。职位和团队应该建立在以客户为中心的流程上。

好的公司应该以客户为中心，去重新思考每一个职位、部门和组织的存在价值，以流程为导向重新搭建团队，建立委员会、跨部门团队，要让那些职能型部门变成资源型，要削弱整个中央集权式的管理模式。

好的团队应该像一条龙一样，不管如何舞动，其身躯内部所有关节的相互关系都不会改变。市场如龙头，不断地追寻客户需求；组织如身体，随龙头不断摆动，提高对顾客需求的反应速度与效率，降低创造顾客价值的产品或服务的供应成本，让一线员工能够有权力呼唤支援。

比如华为之所以建立了赫赫有名的销售"铁三角"团队，是因为在一个项目中他们发现团队沟通不畅、信息不共享，客户关系很不到位：执行产品的解决方案完全不能符合客户的要求，交付的能力也不能让客户满意，客户经理在前端掌握的信息没有办法很快传递到后端，客户的要求信息往往在传递中快速被衰减。客户线不懂交付，交付线不懂客户，产品方案线只关心报价，而所有的队伍都在请求客户快速签单，他们忘记了自己存在的价值是来实现客户需求。在痛苦的失败后，华为提出了建立以客户经理、方案经理、交付经理为核心的业务管理团队，这就是"铁三角"的管理模式：

客户经理负责所在区域的多产品销售，要以客户为中心；
方案经理负责产品为中心的多客户、多区域销售；
交付经理负责产品的稳定量产及交付，要提高客户满意度。

在这个结构下，三者形成一个矩阵，客户经理是客户界面的主负责人，方案经理和交付经理在后两端。这就是"铁三角"背后的逻辑。

美军的特种作战部队，也是以客户为中心来建立流程和职位，只不过这里的客户是敌人而已。例如，美军在阿富汗的特种部队分为多个作战小组，每个小组三个人，一名战斗专家、一名信息专家和一名火力专家，彼此互相了解。假如发现敌人，战斗专家负责警戒，保护小组成员的安全；信息专家快速确定敌人的数量、位置和装备；火力专家根据信息专家的反馈配置最合适的火力，按照规定直接向后方下达作战命令。命令下达后，美军飞机、导弹等炮火会覆盖目标区域，瞬间消灭掉敌人。授权程度按照炮火成本而定，例如，一次作战的炮火成本低于5000万美元时，火力专家可不经上级批准而直接向后方下达作战命令。

华为"铁三角"模式和美国特种部队的作战模式，均是以客户为中心建立流程、职位的，这是当今最富有战斗力的组织模式，目前全世界没有一种组织形态超越它。

如果确认了组织这个"桶"是完好的，那么应该往里装什么样的人呢？以下是晨兴资本合伙人刘芹的看法。

7.3 创业公司要找什么样的人⊖

7.3.1 组织上做减法

我认为小公司，不光要在战略方向、路径上做减法，组织上也要做减法。组织上如何做减法呢？我给大家四点建议。

第一，找尽可能少的人。创业公司首先要聚焦业务，先想清楚自己的战略是什么。确定了战略之后，再去寻找战略对口的人才。跟与战略对口的人共事，做事效率才高。战略想清楚后，最重要的是找人。找人和想战

⊖ 本节素材来源于晨兴资本合伙人刘芹在2014年晨兴峰会上的内部主题演讲。

略是一个硬币的两面，战略想不清楚，你会找不对人，也不容易说服人。这是因为对战略的思考及对核心竞争能力和壁垒的思考会转化为对公司必备核心技能的思考，而核心技能是由人掌握的。

所以，你将战略想得越通透，就越清楚自己需要什么样的人。我们有时候会说一个公司有DNA，什么是DNA？简单讲就是战略想透之后，公司组织了一群适合这个战略方向的有那种特定技能的一群人。所以找人这件事情，其实非常考验你对自己创业方向的思考深度。

如果一个小公司连自己的战略都没想清楚，就开始用一个大公司的视角做人才培养，会浪费很多管理精力。所以小公司要找尽可能少的人：能雇一个人，绝对不雇两个人。

第二，你找到的员工是什么样子，你便是什么样子。找人一定不容易，你计划花多少精力和心血在这方面及你对找人应有多重视，每个人的答案都不一样。但我提醒基金投资的创业者们，其实你对找人的重视程度充分反映在了你每天花多少时间和精力及你对品质的要求这些方面，与你自身对这个事情的重视程度是挂钩的。

比如雷军，2010年的小米在干什么呢？他们实际上在"玩儿"，并没有产出所谓的产品。我觉得他们当时是在磨炼团队及在磨炼团队中找人，所以这个团队一旦行动起来，速度惊人。因此我觉得找人极其关键，你要足够重视。

第三，找到你能找到的最优秀的人。很多创业者跟我说，说服一个有能力的人为自己工作特别难，所以他们就偷懒而去找一些信任的人，其实这是对执行力的稀释。

2010年雷军给我打电话说他很痛苦：曾经和一个人谈了5天，每天10小时以上，还是说服不了他加入。我开玩笑回复他：不能因为你叫雷军，创业就能偷懒。我的意思是，哪怕有成功经历的人创业，说服一个有能力的人来为他工作也不容易。创业者不能因为说服一个有能力的人来工作很难,就去找比他差的人。我认为一个公司组队要避免找能力比自己差的人,要尽量找能力最强的人。你看刘备的手下,诸葛亮、张飞、关羽都比他强,这就是做减法的思维。

不管你有多优秀,你都要尽可能找到身边你能找到的最优秀的人。自己很强还能欣赏别人很强并有能力把最强的人聚集起来,这个就叫作领导力,这也是和战略相关的,为什么呢?你要说服一个很厉害的人,他自己的野心都很大,如果你的愿景和目标不是足够大,甚至是不比他的更大,那么他不会选择你。

所以,你要能说服一些优秀的人加入到你的团队,首先要求你的战略方向和愿景能打动他。很多人认为这是很难的,那么有可能是你的愿景不对:你站在珠穆朗玛峰看世界和你站在海平面或站在钢筋水泥的城市看世界,视野是不一样的。我认为,找人其实和你的战略思考深度关联,它跟你是不是认同别人的价值深度关联。

第四,找那些能自驱动的人。找人是建立公司执行力的第一步。我非常欣赏今天的互联网行业是以精益创业(lean startup)为主的。什么是精益创业?我认为有几个特征:你找的人都是自驱动的人,最好的管理是不用管理,因为他比你还在意要让这件事情成功。

小公司建立团队不要找需要被管理的人,要找有自驱动力的人,他能被你的愿景所感化而自愿加入。人数越少越好,有的需要可能10个人就够了,有的需要30个人,还有可能更多。如果你自信你找来的人个个都是精英,那就不需要太多人。我比较反对创业公司找一些需要花时间去培养的人来组建团队。

今天创业已经是个显学。很多年轻人认为最好的工作在20世纪90年代是加入跨国公司,而今天是创业。我觉得这是大家招揽一流人才的机会。

在今天的创业环境里，还有必要去找没有经验的大学生，从零开始培训吗？如果有选择，是不是应该找有经验、效率高、足够快的人？

在这件事上，我和有些创业者是有不同意见的。我的不同意见不是反对培养人，而是认为对于小公司而言从头培养太奢侈，他们应该把精力放在去找到足够优秀的人方面。当团队中每个人都很优秀，你其实不需要很多人。人一多，效率就低，事就复杂，人少则容易突破。

我认为最好的管理就是不用管理，小公司一定要找到能自我驱动的人。你为什么要管他呢？如果他自己十分热衷做这件事，你唯一要做的事情就是梳理业务。小公司跟大公司比，优势就是快。管理对小公司而言太奢侈了，中大型公司才搞管理。所以，小公司的团队一定要找能自我驱动的人才。当然这些主要是针对初创公司而言，初创公司应该做减法，但当业务发展到一定阶段时，肯定是要做乘法和加法的。

以上就是刘芹对于初创公司组织设计方面的精彩观点，看完后你大概也知道要找什么样的人了，那具体用什么吸引这些人呢？可以参考倪云华在《如何打造一流创业团队：创业者最实用的管理指南》一书里提出的 3S 原则，下面分享给大家。

7.3.2　用什么吸引你想要的人才

3S 指三个分享原则：分享愿景、分享公司和分享价值。

1. 分享愿景（share the vision）

一个公司的愿景和目标，即 vision，是这个团队希望实现的方向。这里分享两个知名公司的 vision：阿里巴巴的愿景是，成为全球最人的电子商务服务提供商，一家持续发展 102 年的公司，成为全球最佳雇主公司；Facebook 创立时的愿景是，连接全世界。

"分享愿景"，是指管理者和创始人把这个团队或公司关于未来的宏大理想传达给希望吸引的人才。很多时候，优秀的人才之所以愿意加入该团队，其实是奔着团队希望做成的某件事情和未来能够共同成就的事业而去的。在阿里巴巴早期发展阶段，甚至包括它上市之后，阿里的成员们始终坚持的口头禅就是"梦想还是要有的，万一实现了呢？"。

所以，在团队的组建过程当中，管理者如何获取优秀人才对公司的愿景、核心理念的认可和支持，让他们与自己同舟共济，是达成目标的关键。

作为一个好的管理者，或是优秀的领导者，我们一定要成为一个非常优秀的"布道者"。所谓的"布道"，是指可以把脑海当中规划的愿景目标、宏伟梦想不断地传递给身边的人，让他们对梦想有憧憬、有希望，并深信可以通过所在团队的努力去实现。

苹果公司的乔布斯、阿里巴巴的马云都是非常优秀的"布道者"。他们会在各种场合抓住机会向团队描绘公司的未来图景，尤其是在公司最困难的时期，因为这种时候员工最需要的就是坚持下去的信念。

这是 3S 原则的第一个关键 S。不论规模大小、员工多少，每个公司都应当有一个远大的、宏伟的愿景以凝聚人心。但是，现实中很多公司都忽略了这个因素，有些人觉得自己公司还小，还不需要考虑这些。缺乏愿景的公司会产生一系列的问题，如有时候团队成员辛苦工作，但却并不知道需要达成的目标是什么，这样的状态持续一段时间以后，成员就会陷入疲态和迷茫，这对于优秀人才的挽留是极其不利的——越是优秀的人才，越在乎未来。

2. 分享公司（share the company）

"分享公司"的核心概念是从利益的角度出发，是向每一位新加入的成员传达："我们很在乎你的加入，我们希望你成为这个公司的一部分。这个公司也有你的一份，公司未来的成长所获得的收益，你是有份的。"

这是从人的经济性的角度来考虑的，任何人的职业付出都会考虑经济利益，这是管理者一定不能忽视的问题。"分享公司"旨在激发人才加入公司和团队，并不遗余力地发挥才能，让员工能够意识到随着团队的成长和公司的增值，他也能从中获得更大的利益；让他意识到今天的加入和付出，通过资本杠杆，可以在未来换来成倍的财富增长。

"分享公司"的另外一个好处，其实是将公司或者团队的短期人力成本分摊到相对长的时间周期里，这对于许多处在早期发展阶段的公司或团队是非常有利的。

3. 分享价值（share the value）

价值（value）指我们想要吸引的人才所在乎的东西，也就是人才希望从团队中得到的东西。每个人在选择一份工作的时候，一定都有自己的个性诉求：可能在乎工作环境和氛围，可能在乎工作内容，或是在乎公司是否有牛人或领导能否给予帮助。一个管理者想要吸纳一个人才的时候，一定要清楚他最在乎的是什么，若能够清晰地知道他的需求，这将对于团队收获人才大有裨益。如果能够准确把握优秀人才的需求，并且着重满足他这个需求，那么我们在谈判的过程中就可以占得先机。

对于优秀人才的获取，管理者可能要采取"盯人"战术，不断反复地沟通，三顾茅庐才能达到目的。优秀人才的加盟，有时候可以开辟一个新的"战场"，带来持续的胜利。所以，为此付出的所有都是值得的。

然而企业要想走得更远，就必须明白人（员工）是最重要的资产。但这个时代不是去管理员工，也不再是简单地激励员工，而是要为员工赋能。赋能其实是商业模式的一个核心概念：企业存在的合法性在于其赋能能力有多高。所谓赋能，即赋予能力，指的是可以使利益相关者的能力产生倍数级的产出，一倍的能力能发挥出五倍、十倍甚至更高倍数的产出效果。企业可以对客户、供应商、员工甚至是竞争对手赋能，下一节重点讲解如何打造能给员工赋能的组织。

7.4 打造赋能型组织[⊖]

打造赋能型组织，就是在企业内部，以交易替代治理和管理。这种交易方式主要涉及交易的双方活动环节如何切割，即具体的责、权、利如何配置。通常，根据切割、配置的不同，我们把交易方式分为三类：

（1）管理。所谓管理，指的是其中一方的时间、精力被另一方所支配，由此获得薪酬，而产出则由后者拥有。

（2）治理。这可以理解为股份层面的合作，双方按照股份的多寡配置收益权和控制权。

（3）交易。简单而言，双方各出资源能力，投入到某个业务，此业务产出按照事先约定分配。

对利益相关者的合作而言，选择管理、治理或是交易，其实都是可以的，并没有唯一选择。一般而言，交易界面越清晰，产出越容易衡量，越适合采取"交易"的方式；反之，交易界面越不清晰，产出越不容易衡量，则越适合采取"管理"的方式。"治理"的方式则介于这两者之间。

我们从一个案例说起。某家电巨头打造了赋能型组织，一年内门店数量从100多家涨到1000家。这个过程中必须把两个问题弄明白：第一，复制能力是不是很强？第二，赋能后台是不是也很强？

在门店设计的具体步骤上，首先要分析门店如果要复制扩张，障碍会

⊖ 本节内容来源于林桂平博士的线下课程"赋能型商业模式"。

在什么地方；然后寻找瓶颈，分析产生瓶颈的原因；最后在有障碍的地方分解环节。在赋能的过程中，该家电巨头所做的事情可分为以下三个步骤。

第一步：能力分解，"小前端＋大后台"。因为需要在一年之内复制1000家，所以一定要降低对人的依赖。门店实际上是销售，涉及的环节有销售、配送、安装、售后，要实现复制的话，就要分解动作重新组合——有些动作要放在前台，有些动作要放在后台。关键动作分解完之后，会产生三种解决方案：

（1）有些环节适合规模化，可以放到后台；有些环节不能规模化，可以放到前台，通过小组实现。

（2）若分解后，个人能力很难实现，那么可以组成一个小组，用小组的方式把个人能力专业化转变为小组能力复合化，但此过程中可能有一个环节需要通过技术手段解决。

（3）设计复制门店，确定后台与门店是什么样的交易关系、双方各做什么事情、如何定价。这是一个大致思路。

以上解决方案有两个关键点：一是在前台大大降低对人的依赖，二是需要很强大的赋能后台。如果店长只处理销售，其他环节全部交给后台，由后台的规模化去实现，那么此时店长最重要的能力是销售，而这恰恰是店长最擅长的能力。通过能力分解，可以做到"人尽其用"。此时招聘店长，他只需具备销售能力，招聘变得更容易。

传统连锁店为了保持控制力一般采用两种模式：一是直营，100%控股，对店长实质上是"管理"；二是控股（为了激励店长，有时候会采用控制权控股方式，但收益权店长占更大比例），对店长实质上是"治理"。

经过调研该企业发现，对门店业绩而言，店长和店面地址都很关键。让店长拥有更高激励，让其绝大部分时间、精力都放在思考如何经营好门店上面非常重要。于是，该企业确定了第一条交易设计方式：主要采取"交易"的方式，门店经营由店长拥有完整的所有权，总部与门店按照家电进货的业务进行结算。

总部跟门店的分账机制就是扣点。销售环节其实特别简单，配送、安装等环节可以完全依赖后台，所以店长只负责跟客户接触这个界面，效率就会很高。此外，由于店长拥有100%的股权，所以他会把业绩做得非常好。

第二步：动态切换。开店的最初大家会缺乏信心，比较好的销售员可以出来先做创新，由公司提供装修、样机等支持。这时候公司需要承担收入的风险。门店赚钱之后可以开始复制，此时以前的优惠条件就应取消，公司承担的就不是收入风险而是利润风险。之后此公司开始扩张，分阶段实现目标，说明这一步也很成功。

第三步：知识管理。该家电巨头的知识管理通常包括以下两方面：

（1）人才培养。基本上两三个月会有一次培训，分两批，一批是新店长，另一批是优秀店长的进阶培训。给他们进阶培训讲解商业模式，这样将来就能够不断把经验累积起来。其实培训也都是在提取这种经验。

（2）IT化。整个后台系统在不断迭代，让店长的工作难度逐渐下降。现在，通过知识管理，其店面成熟期缩短一半，业绩比之前提高了80%。

这种变革一定是自上而下和自下而上两个方向结合进行的，才能把这种赋能真正做出来。很多赋能在前面有一个顶层设计，后面的很多事情需要从下面总结，这样整个系统会在进化，而下面的人也才能够不断进化。这样，店长会处于自己创业的状态，会投入完全的时间与精力。

在这种交易设计下，店长被充分激励，而店面地址又被稳定控制住，所以在很短的时间内，该家电厂商就开出了1000多家门店，为总部提升市场竞争地位、实现可持续盈利做出了巨大贡献。

很多企业的管理误区主要是不管在核心环节还是非核心环节，都喜欢采取治理和管理的方式，这就容易做成"麻雀虽小，五脏俱全"，虽然看起来很完整、齐全，却没有竞争力强的环节，很容易被市场竞争淘汰掉。

广州有一家硬件电子公司的做法也很有代表性，他们非常支持基层员工创新创业。曾在互联网上非常热门的"芬尼克兹的裂变式创业"也是借鉴了这家公司的做法。

该公司的做法是，如果员工有创业的意愿，也有把项目做大的能力，公司就会在其创业的起步阶段提供资金、供应链体系、渠道体系、品牌、人力资源等方面支持，并且提出分阶段成长的计划——开始阶段主要是培育，中间阶段主要是支持发展，后续阶段则支持长大、独立。具体设计步骤如下。

首先，如果员工提出一个很好的点子，认为这个产品未来应该会有市场，就需要去调研并出具调研报告。如果公司战略规划部认为调研合理，就会为此项目先成立一个事业部，确保产品有一年的销售期，并进行独立核算。当每个月的盈利都能保证的时候，就会为这个项目团队成立一个子公司。在这个子公司中，团队占股20%，公司占股80%。团队如果连续3年都能保持盈利的话，团队将占股60%，公司只占股40%。

为什么这么设计？因为创业初始阶段风险比较大，团队员工又没什么钱，所以这时风险主要由公司承担。在这个动态股权激励机制中，随着子公司的经营日益成熟，公司的股份不断下降，这是非常合理的，因为团队动力非常重要。这是整个动态设计里非常好的一个部分。

其次，由于团队创业项目跟公司主营业务是协同的，公司可以在初始订单、供应链、渠道等方面都给予创业团队更好的支持，使创业团队跟独立创业相比，能获得更好的起飞平台，风险也更低。

最后，在父母健康管理、子女教育上公司也给了很多支持，让创业团队没有后顾之忧。由于公司具备品牌和社会影响力，因此在父母健康、子女教育方面，有能力比创业团队获得更好的资源，做更有力的投入。

总而言之，这家硬件电子公司在内部创业团队还弱小的时候，就为他们提供了很多创业路上需要的互补资源能力，包括资金、风险承担、订单、供应链资源等，还为他们解决了后顾之忧。因此，多年来该公司内部创业热情高涨，成功率很高，员工忠诚度也很高。在硬件电子这样竞争激烈、流动性大的行业，实现了"3%的人才流失率，1‰的录取比例"的奇迹。

7.5　成为有效的管理者

未来的组织模式中，知识工作者是主体，给他们赋能是核心，只有这样组织才能持续创新、保持旺盛的生命力。那么这样的组织对管理者又有什么样的要求呢？德鲁克在其著作《卓有成效的管理者》㊀中提出了一个核心词：有效。

7.5.1　贡献四问

在《卓有成效的管理者》的第三章中，德鲁克谈及了贡献，欧阳开贵和邓良据此提炼出了著名的"贡献四问"，可以帮助管理者和组织提高管理的有效性。

1. 第一问

管理者要常自问"对于我服务的机构而言，在绩效和成果上，我能有什么贡献？"。有效的管理者一定要注重贡献，并懂得将自己的工作和长远目标结合起来。也就是说，管理者不能陷入日常运作中去，因为这跟组织

㊀ 此书已由机械工业出版社出版。

需要的经营绩效和外部成果可能没什么关系，只是在消耗成本而已。

德鲁克认为，很多管理者都重视勤奋，但忽略成果。他们耿耿于怀的是，所服务的组织和上司是否亏待了他们，是否该为他们做些什么。他们抱怨自己没有职权，结果是做事没有效果。如果一个人只知道埋头苦干，如果老是强调自己的职权，那不论其职位有多高，也只能算是别人的"下属"。德鲁克还认为有效的人际关系有四个基本要求，而着眼于贡献，需要满足这些条件：互相沟通，团队合作，自我发展和培养他人。

互相沟通是近 20 年来最引人重视的一项管理课题。原来我们一直把沟通当成是上对下的，是主管对下属的事。然而，依靠上对下的单向关系，沟通永远不可能成功，这是我们从实际经验和沟通理论上得到的结论。上级对下属说得越严厉，下属就越听不进去，因为下属要听的是自己想听的，而不是对方所说的。

2. 第二问

一位在工作中以贡献为中心的管理者，通常期望其下属也能以贡献为重。因此，他肯定常常问他的下属："我们的组织和我，应该期望你有怎样的贡献呢？我们该期待你做些什么？如何才能使你的知识和能力得到最大的发挥？"。这也是贡献四问的第二问。

下属经过思考，提出他认为可以做出的贡献之后，主管才有权利和责任对他所提出的建议是否可行做出判断。大家注意，一定是下属先思考。如果下属自己都没有思考他的贡献是什么，这个时候去跟他谈贡献、提要求，下属作为一个体力工作者所能做的，更多只是被动和接收。

所以要启发下属更多地提问，让他自问自己的贡献是什么。这是管理者要面临的一个挑战。当他思考这个贡献之后，主管才有权利和责任对他所提出的建议是否可行做出判断。我们都有这样的经验，由下属自己设定的目标往往会出乎意料。换言之，主管和下属看问题的角度往往极不相同。下属越是能干，就越愿意自己承担责任，他们的所见所闻，所看到的客观现实、机会和需要，也越与他们的主管不同。因此，下属的结论和主管的期望往往是有明显差异的。出现这种分歧时，主管和下属双方孰对孰错，通常并不重要，因为这个时候双方已经建立了有效的沟通。

那么日常工作中，管理者如何对员工进行有效提问，从而有效沟通，并激发他的潜力呢？讲完贡献四问后，有专门的一小节内容来讲解管理者应如何有效提问。

3. 第三问

知识分子有责任让别人了解自己。有些专业人员认为，普通人应该并且可以做出努力来理解他们，甚至认为他们只要和同行的少数专业人员沟通就够了，这真是傲慢的自大。

大家有没有遇到过这种情况？很多专业人员认为"你们这些普通人听不懂就对了"，以此显得自己很专业。傲慢又自大，可以说是专业人员的一种特点了。其实，对知识工作者来说，尤其应该重视贡献，唯有如此，才能够使他的工作真正有所贡献。他们会向机构内部人员（包括他们的上司、下属，特别是其他部门的同事）提出这样的问题："为便于你为机构做出贡献，你需要我做些什么贡献？需要我在什么时候，以哪种形式，用什么方式来提供这些贡献？"这也是贡献四问的第三问。

那么，专业人员应如何发挥自己的才干呢？德鲁克认为专业人员发挥才干的领域有以下两个。

第一，专业人员必须有他的专业战场。通常这个专业战场是在一线，在业务端。这是他的专业如何建功立业的地方，这是他的用武之地。换句话说，专业人员真正建功立业的战场不应该是他所在的专业部门，而应该是在业务线。因为，业务线才是产生成果的地方，是真正能够懂得顾客的地方。如果专业人员长期对一线缺乏了解，对顾客完全无感，那么他的专业才干绝对无法发挥出来，甚至会成为组织的成本。

第二，专业人员要有自己的专业圈子。这个专业圈子有可能在组织内部，也有可能超越组织。企业一定要鼓励专业人员走出去，因为专业领域的发展趋势常常无法在组织内部找到，只能在他的专业领域里找到。专业人员要去捕捉专业发展的脉搏，否则他的专业会成为组织的限制。一旦专业人员拥有这种圈子，他往往能整合很多专业资源，并以此帮助企业。

但是在企业内部，管理者往往不知道该怎么管理专业人员。很多人问我："老师，专业人员应该怎么管？"其实，这个问题从一开始就错了：没人愿意被管，德鲁克也不赞成这样的"管理"，尤其是对专业人员——他们都是在某个领域比较厉害的人，就更不愿意被管了。

管理者怎样才能发挥专业人员的才干呢？管理者要告诉他们企业的事业是什么，一定要回答清楚。其实这不应仅是针对专业人员，而应是对每一个人。我们一定要清楚地告诉大家，哪怕只有"服务"两个字，我们也要告诉大家，因为这意味着我们的组织要怎么为"服务"而改变。

德鲁克曾提到一个贝尔公司的例子。该公司最早的CEO费尔先生做了四项很重要的决策，其中第一项是由于他认为贝尔公司的事业就是服务，便提出了"为社会提供服务是公司的根本目标"的口号。

但是他并不止于这个口号，而是制订了用来衡量分公司经理及经营水平的统一标准，用以衡量服务工作的好坏。可他从来不强调利润完成的情况，经理只需对服务情况负责。至于公司的管理和资金的筹集，那是公司高层的任务，经理人员只需负责把公司的最佳服务转化为适当的收益。

4. 第四问

当一个人重视贡献，并自问过前三个问题后，这个人一定想自我发展。德鲁克认为，个人能否有所发展，在很大程度上要看他是否重视贡献。如果我们能自问："我对组织的最大贡献会是什么？"这就等于是问："我需要怎样的自我发展，我应该学习什么知识和技能，才有助于我对组织做出贡献？我应该将我的哪些优点用在我的工作上？我应为自己设立怎样的标准？"。这也是贡献四问的第四问。

当一个人因为贡献的相关问题引起一系列触动时，他一定会想这些问题：我能够比原来做得更好吗？我的标准能够更高吗？我应该去提升哪些能力？这正是因为工作激励了员工，调动了他内在的力量。当然，这不是上司要求的，也不是那种说教式的培训可以得到的。

但是，如果员工没想清楚自己对组织的贡献，那么组织绝对不能支持他的自我发展，因为组织投入的资源必须是为了组织所需要的贡献。员工有了这样的自我发展愿望，才是组织需要的人。

重视贡献是一项组织原则，使管理者能掌握各项工作的关联性，能让管理者在一团乱麻似的事务中理出轻重缓急。重视贡献，就是重视有效性。

7.5.2 如何有效提问

贡献四问是实现有效管理的重要框架。日常工作中，管理者的重要工作之一就是与员工相互沟通，在此过程中用提问的方式来激发员工的潜能和自主意识，将会大幅提高沟通效率。

管理者都想让员工自己找到解决问题的办法，而最好的方式就是提问。管理者提出的每一个问题，都能够给被提问者创造一个良好的机会，使他们充满力量去做那些以前无力去做的事情。提问具有巨大的潜力，能够增强信心、促进学习、提升能力、启发灵感。提问能够促进组织中每一个人的成长，同时也让每一个人能够更好地为组织贡献。

所以，当员工带着问题来询问的时候，管理者别急在第一时间给出答案，而可以通过提问的方式让对方和自己了解与思考。提问不难，只是小小的行为改变。行动教练创始人、高维学堂"教练式领导力"季益祥老师对于管理者在日常工作中如何有效提问，给出了以下三点实操建议：用开放式问题代替封闭式问题；用未来导向型问题代替过去导向型问题；多用如何型问题，少用为什么型问题。

1. 用开放式问题代替封闭式问题

"好不好""行不行""对不对"是封闭式问题，有一个标准答案。而要启发思考，必须多用没有标准答案的开放式问题。

"你怎么看？""你的目标是什么？""你的资源有哪些？""还有哪些方法？""最重要的是什么？"，这些都是开放式问题。开放式问题的范畴就是5W2H，5W 是 what、why、where、when 和 who，2H 是 how much 和 how。下面用 5W2H 举例：

- 今天教练式领导力的课程，你们学到了什么？
- 为什么教练式领导力培训对我们这么有帮助？
- 我们在哪里学习教练技术最正宗？
- 你什么时候学的教练技术？
- 怎么成为一个真正的教练式领导者？
- 你准备花多少时间来学习教练技术？

平时工作和生活中有很多目标类的问题不太容易衡量，比如效率、积极性、执行力、凝聚力等，这时候人家用 how much 提问就彻底解决了，这个就叫作度量式问题。

怎么用 how much 提出度量式问题呢？我们看个例子：假如用 1 到 10

分来衡量员工的积极性，10 分是最理想的状态，你想要多少分？对方回答想要 8 分，这个问题一下子就得到答案了。我们可以利用这种问题，让员工来衡量他目前的状态以及期待的状态。

开放式问题的范畴最大，提问时可以先发散后收敛。管理者用"还有呢"作为口头禅进行发散式提问，对 50% 的员工效果都特别好。比如，你作为管理者可以先问："×××，你怎么看？"员工被这样问过一次之后，知道下次你还会这么问，所以他下次一定带着行动方案来找你。当员工说了自己的看法、方案之后，你可以接着问"还有呢"，这是激发潜能的提问，只要员工有方法，你就可以接着问，一直问到对方说没有了为止。这就是习惯，是进一步探索，是进一步放大和扩展。

管理者如果不想说那么多"还有呢"，就保持沉默，看着对方点头。一般都是员工承受不住这种目光，便会继续讲。因为他知道你在等着他继续说，而且你给了这么长的思考时间，他还得讲出几点看法。这也是一种很有效的方法，如果员工很聪明，他就会越想越多，能够将自己的观点都说出来。这就是不断的发散式提问。

接下来你作为管理者就可以进行收敛式提问："×××，你讲的九点当中，哪几点成本最低，哪几点风险最小，哪几点效果最好？"对方说："第一、六、九点风险最小，效果最好。"你评估之后，就可以让他去做了。这就是一个有效的对话，可这种方式只对一部分员工是有效的，并不是对所有人都有效。

当有些管理者问"×××，你怎么看"时，下属会回答"不知道，还是请您明示"。肯定有这样的员工，不是每个员工都那么有想法。这时候管理者可以换一个方法，对员工说"你再想想看"，这也是一个好方法。或者让员工谈谈关于这件事期待的理想目标及为什么要实现这个目标，与目标相关的话题可以谈一谈。因为目标不清晰，方案就不清晰；目标一旦清晰，就可以立刻询问员工如何实现目标。

但员工也许会回答:"领导,目标是清晰的,但我还是不知道怎么做,因为困难太多、挑战太大。"那么,管理者要退回一步,询问:"你觉得目前面临的困难和挑战有哪些,瓶颈在哪里?""咱们为了解决这个问题,你觉得需要什么资源?"明确了目标,了解了现状,再去找解决问题的方案。

"你看看怎么做?""可能的方法又是什么呢?""哪一个是最好的或者最重要的呢?""何时开始行动落地呢?"相当一部分员工被问到这些问题时,就能拿出方案。开放式问题,如果要问得有水准,给大家三个建议:

(1)问复数类的问题,别问"还有哪个",要问"还有哪些"。

(2)问题要更直观、更聚焦。"你觉得成本最低的是什么?""最系统的是什么?""风险最小的又是哪些?",这样的问题容易回答。

(3)可以转换不同的视角,让员工站在当事人的视角、客户的视角、管理者的视角,将自己代入这些角色,用他们的视角看问题。"你是我的话,你说我会怎么看?""假如你是客户的话,怎么看待这件事?",用这样的问题向员工提问。

2. 用未来导向型问题代替过去导向型问题

我们的目标在未来,我们的梦想在未来。"你希望未来达成的结果是什么?""下一步你准备如何行动呢?""如果你持续这样行动,三个月之后会有什么不同?",这些都是未来导向型问题。未来导向型问题有两个特点:第一,要有跟未来相关的词汇,比如下一步、今后、将来、三年后;第二,要有跟目标关联的词汇,比如你想要的是什么、目标是什么。未来导向型问题,是帮助员工获得希望的问题。下面举三个例子:

- 假如每天都能坚持做一次深度倾听,三个月以后会和现在有什么不同呢?
- 当你退休的时候,你会怎么看待这个阶段的学习?

- 你有什么特别想告诉现在的自己吗?
- 这就是面向未来体验的提问,它就像一束光,照亮了被指导者前进的方向。

3. 多用如何型问题,少用为什么型问题

如何型问题就是用"如何"或"怎么样"等词汇提问的问题,它能帮助员工积极地面对现状,不会造成员工的抵触情绪:

- 为什么迟到?如何才能准时到呢?
- 为什么不达标?如何才能更好地达标?
- 为什么到现在还学不会?如何提高我们的学习效率呢?

大家可以感受下,上面每一组中的两个问题,都是前一句追究责任、后一句积极面对现状,而后者不会造成抵触情绪。我们用"如何"提问的时候,就是在探索行动方案的时候。提供帮助和支持的提问,切记一定要放在最后,越早风险越大。先问这种问题的就是典型的"背猴子"型领导。

不用担心,只要让员工多开口讲,哪怕最后你也没给他解决方案,话讲完后他心情就会舒畅很多,这就是提问的价值。所以,从现在开始管理者就要转换思维,从过去喜欢"给",变成习惯"取":"给"是把你的智慧给出去,"取"是把对方的智慧取出来。

在不鼓励提问的组织里,信息通常被个人收藏起来而不共享,大家埋头做自己份内的工作,几乎没有人愿意承担风险。久而久之,会形成僵化、避免风险、墨守成规的组织氛围。

杰克·韦尔奇认为,领导者必须真正成为提出最多、最好问题的人。一个好的提问型的领导,他在组织当中创造了一种群策群力的氛围,让每个人都对自己的使命负责,让每个人都愿意参与到事情的解决当中来,让每个人都愿意承担一些责任。久而久之,团队的创造力和参与感就培养起来了。

7.6 用 OKR 管理绩效

自检组织的健康程度、选对人才、赋能给员工、成为会用提问激发员工潜能的管理者……那用什么绩效管理工具能把这群人聚合在一起，始终朝着同一个目标前进呢？本关的最后，我们带来对知识型组织尤其有效的绩效管理工具——OKR（objectives and key results，目标与关键结果），其从英特尔源起，在谷歌成熟，已为不少知名公司与企业所采用。OKR是一种企业、团队、员工个人目标设定与沟通的最佳实践与工具，是通过结果去衡量过程的方法与实践，同时，它还是一种能够促进员工与团队协同工作的思维模式。

7.6.1 OKR vs KPI

在谈OKR之前，不得不先谈大家都熟悉、用得很习惯的KPI。（关键绩效指标）KPI是工业化时代从粗放向精细化转变的产物，在这个阶段企业竞争的方向相对明确，谁能使产品更好、速度更快、价格更低，谁就能在行业中占据优势，所以企业的战略往往是自上而下的。

当企业高层很清楚他要什么的时候，通过自上而下分解KPI来达成战略会非常有效，因为成功因素非常清晰。当产品过剩、需求多样化、行业用户需求很难确定时，高层也不敢说推出的产品一定是成功的，谁也不能保证战略和策略一定是有效的，因此用KPI考核，通过自上而下的方式配置资源，会给企业造成很大的风险。

此外，和考核挂钩的KPI会导致创新概率降低。员工会将所有精力投放在完成考核指标上，考核和被考核者是博弈的关系，被考核者很难给自己定下挑战性目标，因此创新的概率将大大降低。就算创新，仍然是指向维持性的创新。

所以，很多位于行业前列的企业，比如谷歌，开始用一种新的绩效工具——OKR。为什么？因为在谷歌，你可以判断趋势，却无法肯定你的产品是不是用户想要的，很难在不确定中制定KPI，而且风险太大；如果全部都是KPI，将倾注企业大量的资源投入，万一不成功，损失是非常惨重的。

当然，OKR跟KPI并非是水火不容，也不能绝对地说谁更好用。它们分别适用于不同的企业和行业，还有些企业两者都在用。

1. KPI不是OKR

假设你的组织有一个运营模式，其中包括你每天做的事情：拓展潜在客户、提供产品和服务、进行销售、满足客户需求赚取利润等。我们把这套流程称为"常规业务"。

战略性项目是"创造什么"，而"常规业务"是关于"改进什么"。KPI是用来衡量驱动当前运营模式的关键成功因素的指标，它推动"常规业务"。KPI只是规划目标和执行目标过程中可衡量的组成部分，而OKR则是一个总体目标管理系统。

2. OKR包括KPI

假设你有一个关于新客户收购的目标，你可能会设定以下主要结果：在第一季度末新客户增长50%。我们大胆地强调"获取新客户"，因为这代表了这个特定KR（关键结果）的KPI。新客户获取（KPI）是确定公司成功的一个因素。再看看以下两个例子：

- KR1：第一季度毛利率提高至30%（里面包含了KPI：毛利率）。
- KR2：第三季度公司收入增加到500万美元（里面包含了KPI：销售额）。

如你所见，KR 本质上包含 KPI，因为 KR 必须量化。但是 KR 更容易写出来，因为不需要提取 KPI 指标。

3. OKR 提供野心与现实之间缺失的联系

OKR 可以帮助你摆脱现状，带你进入创新的，往往是未知的领域。一方面，如果你有一个伟大的梦想或一个鼓舞人心的愿景，你需要 OKR 带你到那里，因为 OKR 象征着野心；另一方面，KPI 衡量的是正在进行的流程或活动的数量或质量，所以其衡量已经存在的流程或活动更合适。

4. KPI 和 OKR 实际上是黄金搭档

我们在前面说到，KPI 是成功的指标，是工作的结果或衡量标准，而 OKR 代表目标和关键结果。

可以找一个生活中的例子来说明两者的关系：健康的关键绩效指标可能是你的胆固醇水平、血压等，这些数字告诉你健康状况如何；但是，它们没有告诉你如何改善这些数字的方法，这时 OKR 就派上用场了。如果你的胆固醇水平过高，你可以设置 OKR，目标是"降低我的胆固醇水平"，那么"每周运动 3 次"和"每周吃 5 次健康午餐"则是关键结果，你的关键绩效指标则是"胆固醇水平降低 10%"。你可以在这个例子看到，KPI 是主要结果的一部分，而 OKR 是实现 KPI 的关键途径。

7.6.2 OKR 的操作要点

标准的 OKR 模板如表 7-1 所示。

表 7-1 一份标准的 OKR 模板

公司 OKR 目标：提高品牌认可度和知名度
关键结果 1：增加 20% 的社交媒体互动量
关键结果 2：9 月 18 日前推出客户推荐计划
关键结果 3：扩展社交媒体知名度，占领 2 个新的目标市场
关键结果 4：通过将客户文章放在 4 个行业相关的网站来拓展影响力
营销部门 OKR 目标：提高 3.5% 的社交媒体互动量
关键结果 1：9 月 1 日前，研究和确定 3 个最受欢迎的社交媒体网站，找到新的目标受众并制定互动战略
关键结果 2：参与 6 个 Twitter 的聊天，并引入行业领袖
关键结果 3：在 3 小时内回复新留言
关键结果 4：在 Facebook 和 Twitter 上增加 20% 的粉丝数量
个人 OKR 目标：增加 25% 的社交媒体连接数量
关键结果 1：在 2 个新的社交网站上发布信息：LinkedIn 和 Quora
关键结果 2：增加发帖频率，Twitter 每天 8 次，Facebook 每天 3 次
关键结果 3：加入 5 个 LinkedIn 的小组（每小组至少 2 500 名成员），在每个小组最热门的 10 个问题下进行评论
关键结果 4：通过每周在 Quora 上发布 3 个答案和 1 个问题，来获得 15 个粉丝

使用 OKR 时，每个人都好像是自己的 CEO，要自己管好自己。所以，相比起 KPI 直接跟奖金挂钩的外在激励，它更多是内在驱动的激励，也就是成就感。企业中需同时存在内在激励和外在激励，但是根据马斯洛需求层次理论，等级更高是内在激励——成长与归属。比如年终奖固然重要，但这是基本的东西，是员工该得的，不会让他内心产生主人翁的感觉。

OKR 代表目标和关键结果，简单地说，目标告诉你要去哪里，关键结果将让你知道自己是否到达那里。O（目标）是定性的，并回答"我们想要或需要实现什么"这个问题，它应该是简短的（3～7个字，一句话），并且以符合公司文化的方式写成。KR（关键结果）是可量化的，这意味着其需要符合 SMART 原则，并且团队应有 3～5 个 KR。使用 OKR 的注意事项如下：

（1）O 别设置太多。最多设定 5 个 O，每个 O 最多含有 4 个 KR。保证每个人的 OKR 工作单都简洁明了，没有长篇大论。

（2）O 需要有挑战性，KR 必须具体。OKR 的精髓就是鼓励员工突破自己的能力，很容易就能达到的目标就不要写了。需要"跳起来"才能实现的 O，方是合格的 O。实施 OKR 最常出现的状况就是员工认为制定 OKR 就是写目标和计划，往往写出来也都特别简单，几乎是流水账，这是不可取的。

OKR 打分有多重形式，数字、颜色等都可以灵活设置。最佳的 OKR 不一定是 100% 完成的，完成 3/4 就很好。得高分者并不一定受到表扬，可能说明其本期目标制定时野心不够，下期制定时需要调整；得低分者也不会受到指责，而要通过分析工作数据，找到下期 OKR 的改进办法。

（3）跨部门合作要写进 OKR 清单里。部门的 O 要能支撑公司的 O，但是它们之间的关系有可能是必要但不充分的，特别是对市场、运营和产品技术部门而言。因为这些部门需要得到多部门的支持和认可方能进行工作，因此这些部门在制定 OKR 时应该提前和可能涉及的合作部门沟通，把双方的工作写进彼此的 OKR 清单里。

（4）第一次使用 OKR 时，只把它当成是沟通工具。切记，别急于将 OKR 用于考核员工和控制员工。

（5）OKR 必须要可量化，符合 SMART 原则。

（6）OKR 的考核结果主要用于检验工作成果与进展，不与奖金直接挂钩。

7.6.3 OKR 实践和模板

在 OKR 落实的辅导过程中，我们经常听到这样的声音："我设定的 OKR，好像和 KPI 没什么区别。""我的工作好像不能提出挑战性的 OKR。"同时，我们也会看到一些这样制定 OKR 的例子：

- O1：确保财务指标实现。

    KR1：确保收入达到 ××× 万元。

    KR2：确保支出控制在 ××× 万元。

- O2：安全 0 事故。

    KR1：每天进行安全检查。

    KR2：对外来施工者进行安全审核。

以上这种 OKR 好像和 KPI 没什么区别，那再变革或引入 OKR 有什么价值呢？会不会就是多增加一个文档工作？在分析这种现象的时候，我们要搞清楚 OKR 应该从哪里来。

首先，OKR 一定要源于组织的战略！过去在实施 KPI 的时候，组织往往会建立一个 KPI 指标库，其潜在假设是目标和策略大多是静态不变的。但 OKR 不是这样的，它一定是动态的，它一定不是从一个指标库中去选择。例如，组织增加收入是一个永久性的目标，但是每年需要实现的策略应该有所变化，尤其是在当前竞争激烈的市场环境中，每一个 KR 在每一个阶段都应该有所不同。

有时候 OKR 没办法设定，就是因为组织的战略不明确。当组织战略不明确的时候，大家往往就会从部门或岗位自身的职责出发去定义，这样写出来的 OKR 就会和 KPI 差不多。

其次，OKR 要有挑战！挑战的含义，不仅仅是目标需要挑战，比如收入从 2 亿元增加到 3 亿元，而还包括完成目标的策略和过程的挑战。比如，安全管理部门有"安全事故为零"的目标，这个目标重要么？非常重要！但是，假如我们已经建立好了完善的制度流程，而且执行也比较严格，为其配备了必要的资源，使得过去几年都完成得比较好，那我们还要将其设定为 OKR 么？如果我们的策略还是这样，我觉得就没有必要，因为这只是需要有执行力就可以了，只需要正常的努力。假设我们引进了一台新设备，那么我们就可以设定一个新的 OKR，围绕着"新设备的安全"，因为这是一个新的挑战。

OKR 要求挑战，这种挑战意味目标要具有雄心！这种雄心，一定意味着你对过去的工作要重新思考、创新或改善。从职责的角度去考虑 OKR，我们要去思考那些需要去改善或创新的地方，以更好地实现最终要达成目标。

最后，公司的 OKR 如何来定？对于一个公司来说，财务和市场的要求，天然是目标的起点。围绕这个目标，我们要去做战略分析和战略策划。实现财务与市场的要求，就需要通过具体的内部业务规划来实现，而要实现业务规划的效果，必须有一定的组织能力做支撑。这些业务规划策略和组织能力支撑就是公司 KR 的来源。图 7-1 是平衡计分卡的战略解构逻辑，也可作为制定公司 OKR 时的参考。

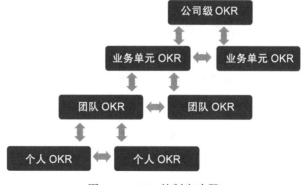

图 7-1　OKR 的制定步骤

我们来看一个橄榄球队 CEO 制定的 OKR：

O：为股东创造财富。

KR1：赢得超级杯。

KR2：上座率 88%。

为"股东创造财富"是一个非常宏观的目标。其实，我们也可以按照图 7-1，将其分解为两个方面：

O1：增加收入（上座率 88% 其实是收入的体现，这是财务目标）。

O2：赢得超级碗（市场目标）。

要想收入增加和赢得超级杯，就必须在业务上去实现，比如在队伍训练、比赛管理、公关宣传等方面制定具体的 KR。

当然，除了财务和市场的目标，公司根据业务发展阶段的不同，也有其他一些目标。比如，刚创立的公司，建立团队可能就非常重要；对于业务转型的公司，开发一个新产品很重要。这些目标一定是围绕长期的财务和市场目标而形成的。所以，一个公司的 OKR，既可以来自短期的市场和财务目标，也可来源于为了长期目标的当下重点业务规划目标和组织能力目标。

那么，如何制定部门和员工的 OKR 呢？

部门和个人的 OKR，一般是来自于对上级目标的分解和横向部门的协作。这种分解，不仅仅是数字的直接承接和分解，更是一种责任逻辑的联结。比如，我们常见的"增加收入"这个目标，就不能简单将其分解到销售部门，直接由该部门来承担。而是需要我们认真分析：要增加收入，需要在哪些方面去努力，如产品是否要改进、质量是否要提升、交货是否要准时、市场渠道是否要扩大等。各个部门都要围绕这个目标去努力，而不仅仅是销售部门。

但是，有时候我们会发现，由于组织目标的聚焦，有些部门和员工会发现自己与组织当前的几个 O 并没有很明显的承接关系，那此时该如何去设定 OKR 呢？此时的 OKR 可以来源于以下几个方面：

- 年度重点工作
- 内 / 外部客户要求
- 岗位日常工作的改善 / 创新
- 组织 / 个人能力发展

不过需要注意的是，在从这些维度设定 OKR 的时候，我们一定要问这个问题：它对组织能产生贡献吗？⊖

至此，第七关的核心科学方法论已概述完毕。随着团队的搭建和成长，验证期就要结束了。团队建设是企业永恒的任务，实际上，几乎每一关的任务都伴随着企业的整个生命周期。

7.7 科学创业实践之高维团队建设⊖

在高维学堂，员工与公司大部分是合作关系，极少数才是雇用关系，因为高维学堂内部有一个信念：雇用会让人变得平凡。人如何能更好地突破自己，突破雇用关系便是其中一个较大的挑战，它要求人们突破原有的认知去提升个人价值。高维正在做这方面的努力。

高维员工常笑说自己是在一个有组织没纪律的团体：与同事、上司一年都见不上几面，全国各地分布式办公，没有办公室、没有上下班、没有假期与工作日的概念……这种工作模式也并非一开始就这样，而是失败中领悟出来的。

⊖ 关注高维学堂微信公众号，回复"姚琼 OKR"即可获得 20 种 OKR 模版案例大全。
⊖ 本节内容由高维学堂创始人林传科编写。

2015年高维还叫"我包啦",做技术平台。当时我们是有办公室的,并组建了一个技术团队,但解散之后只剩下我和CTO刘伟。这种情况倒逼着我们思考究竟组织的另一种可能性——毕竟工作得继续。于是我们不得不先自己做架构,然后进行任务分拆,再把任务分包出去,许多工作由兼职人员完成。结果我们发现,这种模式和聚在一起办公比起来,不仅该完成的都完成了,时间成本、管理成本、物质成本反而更低了。

此外,当时刘伟搬到离公司很远的地方居住,上下班来回近四个小时。由于我们认为作为创业团队的股东谁也不会偷懒,加之每天耽误在路上的时间太不划算了,所以决定分开办公:他在他家办公,我在自己家办公。结果我们发现整体效率更高了,不见面不用聊些"乱七八糟"的事情,沟通变得特别高效。之后这种组织内部分布式自由办公、组织外部建立一个个合作关系的模式,就成了高维组织的基本形态。

对我们来说,这已经成为再也正常不过的工作方式,也没觉得有任何不适,但是每次与外人聊起来,他们的第一反应永远是:"不可能吧?真的连办公室都没有吗?"然后就会问一系列问题:"你们总共有多少人啊?""这么少人干这么多事啊?""不一起办公怎么工作啊?""真的不用打卡吗?""那你们有假期吗?"……

对啊,这种组织形式如何有效工作,且如何让人效远远超过同行呢?不在一起办公只是一个形式上的不同,也会有在一起办公但是人效远超同行的公司,我们真正要挖掘的是组织内部的生长基因。

我们认为问题的关键是回到人本身。首先,成长至关重要,成长在高维学堂内部属于第一追求,只有成长了,才可能有成果,才可能让自己的价值得到更好创造的可能性;其次,学习力是第一竞争力,学习最终可以转化为成果,当一个人没有成果,那么他在这个组织里就失去了存在的意义；最后，成就感也是很重要的，人毕竟是情感动物，当人得到认可和肯定时，情感上也会得到满足。

从成果层面来说，成果就是绩效结果，工作是一个日常手段，最终转化来的是结果。可以把工作做一个切分，A 部分属于增值型工作，B 部分是增效型工作。确定价值之后，要提高创造价值的效率，比如学习就是增效型工作，它可以把经验转化成知识、把工作拆解成流程，这些工作看起来没有直接产生价值，但是提高了工作效率。AB 类工作通常共同开展在某一个人身上。

在这两类工作中又同时存在着两种工作属性：一种是探索型工作，尤其对于创业企业而言，其存在大量探索性工作，探索意味着不确定性，企业必须连续适应这种不确定性；另一种是相对确定的工作，按部就班。我们害怕团队过度偏向确定性的工作，因为这种时候员工就会由一个知识工作者变成体力工作者。当一个人不创造知识的时候，其个体价值就会降低。

当我们在工作时，一定要注意以下三点。

1. 成果在外部

明白成果在外部这一点非常重要，因为人是以自己为中心进行思考和展开工作的，非常容易陷入内部视角。对一个组织而言，它的成果在外部；对组织里的每一个个体而言，他的成果也是在外部。

你再有才华，没有转化为成果、没有对你的用户进行服务，其实都是成本，不能转化为真实的价值。我们经常以为自己是在工作，其实我们是在经历一个投入与产出的过程。任何一个人在工作过程中都会投入特别多的东西，比如时间、知识、机会成本，当我们选择在某处工作、选择某份事业的时候，其实意味着我们已经放弃了其他所有选择，这是巨大的成本。既然我们已经付出了这么高的成本，更应该最大化地将它们转化为价值，而不仅仅只是把工作当成一项任务来完成。怎么样把投入的这些资源最大化地转化为成果，这个思维很重要，如果做不到，至少先要有这样的一个意识。

2. 先大后小

在创造价值的过程中，要时常关注外部成果和整体价值，而不仅是自己的专长、利益和部门。要先看到整体，再反过头来看看自己的位置是不是最佳位置、是不是能够创造出最好的贡献，只有这样才能找到自己最高的价值区间，而不是维持传统的工作模式。要先放下自己的所得利益，目光放得长远一些，看到自己的不足，这样才能看到更多的可能性，然后去创造价值。

3. 聚焦贡献

看见了价值创造过程，看见了整体利益，个体则需要聚焦贡献。我们要自问：在整个价值系统里面到底谁需要我的产出？我的产出对外部成果是否有贡献，有多少贡献？我做的事是否只有我能做，我在团队中是否不可取代？

如果后两个问题的答案是"是"，那么说明你已经具备了自己的核心竞争力，具备了自己的专长和一些特殊的知识与技能。但你还要去思考：我是否还有更高的价值贡献，这件事是否发挥了我的所长？人和企业一样，都有自己所擅长的，所以一定要尽可能发挥自己的所长，同时不断突破自己，让自己所擅长的更具竞争力。

有了这三个思维后，我们就应开始考虑路径了，即找准对象、探索需求：我的用户是谁，他需要我贡献什么成果？确定了用户需求之后，就会进入价值验证过程，这是一个特别漫长且充满不确定性的过程。价值验证有三个步骤：关键假设、试验验证和灰度测试。

当用户的需求没有被满足时，我们一定会有一些方案去应对，但在方案中可能存在一些不确定性，这就需要我们去验证。关键假设的获得需要经过大量的学习，或经行业内资深前辈的指导，不同的试验设计所涉及的方法都是不同的。

高维学堂内部有两个方法应对灰度测试，第一个是"先锋队"，第二个是"实验田"。行军打仗有先锋小队，袁隆平种植杂交水稻会开发实验田，是一样的道理。灰度测试是为了完成价值闭环：需求——产品——付费——交付——运行。其中任何一环没有打通，这个产品都不算完成。

学习的目的是什么？是为了解决问题。我们要像做试验一样做工作，有耐失败体质，拥抱过程中的不确定性，更关注尝试的过程而不仅是为了输出一个结果。当你能做到这一切的时候，就要保持质量的稳定，追求商业成果的实现。

那么如何实现更高效率呢？就是要实现价值链创新，即将工作标准化、流程化、外包化，不做重复的工作，只合作、不雇用，开启人才"外挂"。

像科学家一样思考，像工程师一样工作，像经营公司一样经营自己，每个人就都可以成为自己的CEO。

最后再总结一下高维团队工作法，每一条都已经深入到这个组织的骨髓里。也欢迎所有认同这些工作理念，想成为自己CEO的伙伴加入我们：

- 像做试验一样做工作。
- 工作，是学习的一部分。
- 只工作，不上班，不考核。
- 去中心化、去职层、自治、自驱动的工作文化。

- 有效工作法 + OKR 工作法。
- 根据意愿轮岗,让每个人找到最兴趣、最擅长的职位,极致发挥所长。
- 让每个人成为某一领域的顶尖高手。
- 独立思考,独当一面。

Postscript 尾声

科学创业，少走弯路

创业验证期的弯路（"高发大坑"）提示：

- 创业，是从幻想到梦想，中间隔着行动。而梦想与现实，中间隔着验证。
- 任何创业的理想和梦想都建立在现实的不堪之上。对于创业者来说，首先要能承受现实的不堪，梦想和理想才能展开。
- 理性创业是这样的：少谈情怀，那是面对媒体的；少谈模式，那是面对投资者的；回到"地面"，认真面对用户。
- 若创业路上有太多已经"成年"的竞争对手，那么与其身处同一条赛道的创业"婴儿"，必须如履薄冰、砥砺前行。
- 不要错误地只追求商业成果，而忽略认知成果。
- 谨防公司没有主导局面的真正领导。
- 警惕"虚荣指标"。
- 要依靠公关而非广告。
- 谨慎考虑融资。
- 切勿过早进入非适宜人群。
- 作为非网络效应型的企业，不要过早扩张。
- 谨防只关注创新却不关注结果。

- 要明白初创企业大多不是被"饿死"的,而是被"撑死"的。
- 创始人很容易被那些说要为他们的创业想法提供资源、能力支持或资金支持的人所伤——作为给答应提供资源、能力(兼职合伙人)和资金帮助的人的回报,新手创业者可能会出让不低的股权份额。

参考文献

[1] 埃里克·莱斯. 精益创业 [M]. 吴彤, 译. 北京：中信出版社, 2012.

[2] 张云, 王刚. 品类战略 [M]. 北京：机械工业出版社, 2017.

[3] 艾·里斯, 劳拉·里斯. 品牌的起源 [M]. 寿雯, 译. 北京：机械工业出版社, 2013.

[4] 杰克·特劳特, 史蒂夫·里夫金. 与众不同：极度竞争时代的生存之道 [M]. 火华强, 译. 北京：机械工业出版社, 2011.

[5] 艾·里斯, 杰克·特劳特. 定位：有史以来对美国营销影响最大的观念 [M]. 谢伟山, 苑爱冬, 译. 北京：机械工业出版社, 2011.

[6] 魏炜, 朱武祥, 林桂平. 商业模式的经济解释：深度解构商业模式密码 [M]. 北京：机械工业出版社, 2015.

[7] 丹尼尔·卡尼曼. 思考，快与慢 [M]. 胡晓姣, 李爱民, 何梦莹, 译. 北京：中信出版社, 2012.

[8] 彼得·德鲁克. 卓有成效的管理者 [M]. 许是祥, 译. 北京：机械工业出版社, 2019.

[9] 劳拉·里斯. 视觉锤 [M]. 王刚, 译. 北京：机械工业出版社, 2012.

[10] 肖恩·埃利斯, 摩根·布朗. 增长黑客：如何低成本实现爆发式成长 [M]. 张溪梦, 译. 北京：中信出版社, 2018.

[11] 曲卉. 硅谷增长黑客实战笔记 [M]. 北京：机械工业出版社, 2018.

[12] 倪云华. 如何打造一流创业团队：创业者最实用的管理指南 [M]. 北京：中国友谊出版公司, 2018.

[13] 根来龙之. 创新的逻辑：优秀企业的商业模式 [M]. 汪婷, 译. 北京：电子工业出版社, 2015.

沙因谦逊领导力丛书

清华大学经济管理学院领导力研究中心主任
杨斌 教授 诚意推荐

合作的**伙伴**、熟络的**客户**、亲密的**伴侣**、饱含爱意的**亲子**
为什么在一次次的互动中，走向抵触、憎恨甚至逃离？

推荐给老师、顾问、教练、领导、父亲、母亲等
想要给予指导，有长远影响力的人

沙因 60 年工作心得——谦逊的魅力

埃德加·沙因（Edgar H. Schein）

世界百位影响力管理大师之一，企业文化与组织心理学领域开创者和奠基人
美国麻省理工斯隆管理学院终身荣誉教授
芝加哥大学教育学学士，斯坦福大学心理学硕士，哈佛大学社会心理学博士

1《恰到好处的帮助》

讲述了提供有效指导所需的条件和心理因素，指导的原则和技巧。老师、顾问、教练、领导、父亲、母亲等想要给予指导，有长远影响力的人，"帮助"之道的必修课。

2《谦逊的问讯》（原书第 2 版）

谦逊不是故作姿态的低调，也不是策略性的示弱，重新审视自己在工作和家庭关系中的日常说话方式，学会以询问开启良好关系。

3《谦逊的咨询》

咨询师必读，沙因从业 50 年的咨询经历，如何从实习生成长为咨询大师，运用谦逊的魅力，帮助管理者和组织获得成长。

4《谦逊领导力》（原书第 2 版）

从人际关系的角度看待领导力，把关系划分为四个层级，你可以诊断自己和对方的关系应该处于哪个层级，并采取合理的沟通策略，在组织中建立共享、开放、信任的关系，有效提高领导力。

约翰·科特领导力与变革管理经典

约翰·科特

举世闻名的领导力专家,世界顶级企业领导与变革领域最为权威的发言人。年仅33岁即荣任哈佛商学院终身教授,和"竞争战略之父"迈克尔·波特一样,是哈佛历史上此项殊荣的年轻得主。2008年被《哈佛商业评论》中文官网评为对中国当代商业思想和实践有着广泛影响的6位哈佛思想领袖之一。

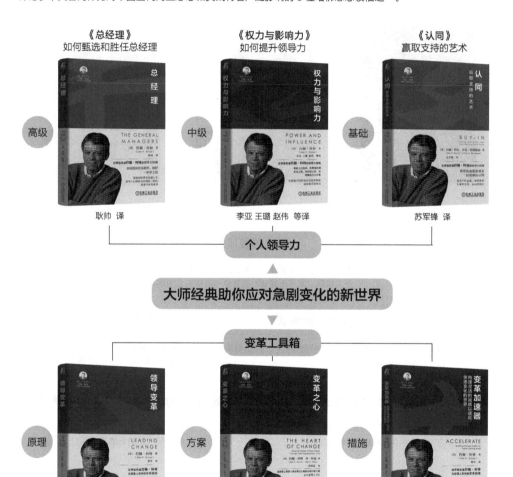

欧洲管理经典 全套精装

欧洲最有影响的管理大师
（奥） 弗雷德蒙德·马利克 著

超越极限
如何通过正确的管理方式和良好的自我管理超越个人极限，敢于去尝试一些看似不可能完成的事。

转变：应对复杂新世界的思维方式
在这个巨变的时代，不学会转变，错将是你的常态，这个世界将会残酷惩罚不转变的人。

管理成就生活（原书第2版）
写给那些希望做好管理的人、希望过上高品质的生活的人。不管处在什么职位，人人都要讲管理，出效率，过好生活。

管理：技艺之精髓
帮助管理者和普通员工更加专业、更有成效地完成其职业生涯中各种极具挑战性的任务。

战略：应对复杂新世界的导航仪
制定和实施战略的系统工具，有效帮助组织明确发展方向。

公司策略与公司治理：如何进行自我管理
公司治理的工具箱，帮助企业创建自我管理的良好生态系统。

正确的公司治理:发挥公司监事会的效率应对复杂情况
基于30年的实践与研究，指导企业避免短期行为，打造后劲十足的健康企业。